新编21世纪
高等职业教育精品教材
旅游大类

酒店财务管理

（第3版）

主编　**章勇刚　杨国强**

FINANCIAL
MANAGEMENT OF HOTEL

中国人民大学出版社
·北京·

前 言

PREFACE

2021 年 4 月，习近平总书记对职业教育工作做出重要指示，强调加快构建现代职业教育体系，培养更多高素质技术技能人才、能工巧匠、大国工匠。党的二十大报告指出："教育、科技、人才是全面建设社会主义现代化国家的基础性、战略性支撑。"教育是国之大计、党之大计。高等职业教育是我国教育体系的重要组成部分，肩负着"为党育人、为国育才"的神圣使命。切实加强教材建设，编写质量上乘、切合职业教育特点的教材，是贯彻落实习近平总书记重要指示和党的二十大精神的直接体现。

21 世纪是酒店业迅猛发展的时代，尤其是数字化进程的加快带来了竞争环境的变化。2021 年，教育部正式将"酒店管理专业"更名为"酒店管理与数字化运营专业"，酒店必须在提高竞争能力的同时，更关注财务管理能力的培育和提高。因为在酒店经营管理能力组合中，财务管理的能力相对来讲比较薄弱，财务管理实践也存在诸多误区，影响了财务管理绩效的最大化。

对于在校学生来讲，需要在知识架构中打牢财务管理的基础，以便在今后的管理实践中更好地发挥决策者的作用。基于这样的考虑，本书在修订中，既注意介绍财务管理的基本原理，又根据多年高职教育的教学经验积累，注意不忽略实践性和可操作性，将原模块二与模块一合并，将模块一项目五单独组成新的模块二——资金时间价值，并对内容进行了完善和补充，使学生更好地理解资金的时间价值和现实应用。同时应对数字化挑战，在职教云开设酒店财务管理网课，提供教学课件、视频、课后练习等数字化教学资源，供学生进行数字化学习。

本书注重体现高星级酒店财务部岗位服务与技能，在课堂教学中，既强调财务管理的基础理论体系构建，又注重财务管理专业技能的实战性。本书的创新之处在于内容的构思、设计和编写体现了校企合作的特点，根据高等职业教育学生的项目课程学习的需要，借鉴浙江世贸君澜大酒店的财务管理制度和工作职责，立足酒店财务管理工作的实际，将财务管理知识、工作内容与酒店标准相融合，深化各项知识点，使内容更具针对性、专业性，以满足现代酒店财务管理教学的需求。

本书从酒店财务管理的各业务环节出发，全面、系统地介绍酒店财务管理的内容，在结构设计上采用模块、项目编排方式，包括九个模块：酒店财务管理基础知识、资金时间价值、酒店筹资管理、酒店投资管理、酒店营运资金管理、酒店收入管理及成本控制、酒店固定资产管理、酒店财务预算管理、酒店财务分析。本书注重理论与实践的结合，根据酒店业发展需要及完成岗位实际工作任务所需要的知识、能力、素质要求选取教学内容。在编写过程中，编者与行业酒店合作进行基于工作过程的课程开发与设计，充分体现了职业性、实践性和开放性的要求，为学生未来的可持续发展奠定了良好的基础。

由于编者的水平和时间有限，书中难免存在不足之处，敬请广大专家和读者批评指正。

编者

目　录

CONTENTS

模块一　酒店财务管理基础知识/1

项目一　认识酒店财务部/4

项目二　酒店财务管理组织与财务关系/19

项目三　酒店财务管理职能与目标/22

项目四　酒店财务管理环境/27

模块二　资金时间价值/33

项目一　单复利计算及应用/36

项目二　年金计算及应用/37

模块三　酒店筹资管理/45

项目一　酒店筹资基本知识/48

项目二　酒店筹资分析/51

项目三　酒店筹资渠道与方式/54

项目四　酒店筹资风险控制与结构优化/67

模块四　酒店投资管理/77

项目一　酒店投资概述/80

项目二　酒店投资额的确定/81

项目三　酒店投资的现金流量分析/86

项目四　酒店投资决策评价指标分析/92

模块五　酒店营运资金管理/101

项目一　酒店现金的日常管理程序及标准/103

项目二　酒店最佳现金持有量计算/110

项目三　酒店应收账款管理/112

项目四　酒店存货管理/116
项目五　酒店资金营运能力分析/134

模块六　酒店收入管理及成本控制/139
项目一　酒店产品价格确定及收入控制/141
项目二　酒店成本费用控制程序及标准/155
项目三　酒店采购流程及采购控制程序与标准/164
项目四　酒店税收计算与管理/171
项目五　酒店利润分配与盈亏平衡分析/179
项目六　酒店收益管理/184

模块七　酒店固定资产管理/193
项目一　酒店固定资产种类及日常管理程序与标准/195
项目二　酒店固定资产报废与更新程序及标准/201
项目三　酒店固定资产折旧管理/203

模块八　酒店财务预算管理/213
项目一　酒店预算的组织与编制程序/215
项目二　酒店预算编制/222
项目三　酒店预算管理的执行与控制/228

模块九　酒店财务分析/237
项目一　酒店经营安全程度评价/239
项目二　酒店财务分析指标及其计算/243
项目三　酒店财务综合分析法及其局限性/259

参考文献/265

模块一 酒店财务管理基础知识

学习目标

知识目标

- 认识酒店财务部的工作职责和岗位结构。
- 掌握酒店财务管理的概念、特点、关系。
- 熟悉酒店财务管理的职能和目标。

能力目标

- 能运用酒店财务管理目标理论来具体分析某一类酒店的财务管理目标。
- 能明确各种财务关系，正确处理各种财务关系。
- 能根据不同案例，分析酒店财务管理目标，认识不同的财务管理目标对酒店经营的影响。

模块导入

金融与财务：中国 CFO，从“账房先生”到“首席聚焦官”

普华永道在对亚太区 400 名 CFO 调查之后，对外界宣称：“在中国，除了一些著名的跨国公司外，大多数中国企业的财务职能仍停留在传统的记账阶段，CFO 更像账房先生。”无独有偶，《首席财务官》杂志上也发布了《中国 CFO 生存状况调查》，认为中国 CFO 的工作重心主要还聚焦在传统财务管理上，他们“逼近权力核心却远未登堂入室，角色疏离且核心使命远未达成”。这些调查结果并不出人意料。一些企业的财务主管也承认，他们中的大多数还身处公司决策圈之外，并不能完全介入公司的决策流程。据调查，在《财富》杂志世界 500 强公司中，有 1/3 的 CEO 是财务工作出身。为什么中国企业的财务负责人换了一个现代的称呼，却仍然不能摆脱“账房先生”的尴尬角色？细究之下，原因有二：其一，传统的管理流程仍占据主导地位，大小事务“一把手”说了算，财务部门的作用被低估，这是外部环境的约束；其二，财务负责人自身还不足以担当“战略家”的角色，这是内在条件的约束。中国的 CFO 要完成从“账房先生”到战略家的转型，必须突破这内外两层的约束。

首先，要变革管理流程和企业文化。CFO 不应只是财务管家，更应成为各部门的业务合作伙伴。一方面，CFO 应该是 CEO 的“支持者”，为重大决策提供准确的信息。同时，在决策通过之后，做坚定的“执行者”。另一方面，CFO 要成为 CEO 的“制衡者”，运用公司治理结构赋予自己的制衡力，防止 CEO 作出错误的决策。在世通和安然公司财务丑闻相继曝光后，美国在《萨班斯-奥克斯利法案》(Sarbanes-Oxley Act) 中，再次明确 CFO 与 CEO 拥有同等重要的法律地位。财务与 IT、HR 部门的关系定位也很关键。信息技术在企业运营中的广泛运用，特别是 ERP 等管理软件的普及，使得传统的财务流程实现了自动化或外包化，财务人员得以从繁杂的交易性操作中解脱出来，将注意力更多地集中在战略和决策上。但是，CFO 应该在多大程度上介入 IT 事务？在技术投资方面，CFO 有多大的发言权？这些都要求对 CFO 和 CEO 的关系有一个清晰的界定。

有人对 CFO 这个缩略词做了一个别解——Chief Focus Officer，即“首席聚焦官”。其含义为：一个称职的 CFO 有责任帮助公司明确战略目标，并告诉员工如何将“聚焦点”放在实现这些目标上。在这个意义上，首席财务官的核心价值并非构建在后台的内部财务活动管理上，而是以前台的价值创造为重心，协助 CEO 提升企业的核心竞争力，建立无可取代的竞争优势。要成为一名这样的“首席聚焦官”，就要求CFO具备战略家的素质。根据德勤会计师事务所的研究，作为一个合格的CFO，他不仅是一名战略家，还应是一名高明的领航员和敏锐的分析家；他不仅是政策的制定者和温和的指导者，还应是实施经理和监督官；他不仅要擅长风险管理，还应该为股东价值最大化而努力，并作为评价其业绩的重要标准；他应该善于资本运作，并对会计、税务和管理咨询极为擅长。要做到这一切，有一个重要前提，就是他的一切工作都应该向董事会负责，并取得董事会的支持。只有内外兼修、突破双重约束，CFO的职责才不会仅限于记记账、做做表。一位具有宏观视野和精确分析能力的首席财务官，将是左右企业未来发展的战略家。

思考：走访2～3家酒店的财务部经理，了解一名优秀的酒店财务经理需要具备哪些素质。

项目一　认识酒店财务部

酒店财务部属于酒店的决策系统，是酒店实行全面经营管理和经济核算的重要职能部门，担负着酒店的经济效益核算、财产物资管理、财务预算管理以及为总经理的管理决策提供科学依据、充当参谋的重任。在管理上实行财务总监负责制。其主要任务是：协助总经理根据董事会的要求编制年、季、月经营财务计划和三年、五年规划；正确、及时地核算和监管酒店的财务状况、经济活动和经营成果，为管理当局提供准确、可靠的财务会计信息；加强计划预算管理，认真编制财务预算；加强经济核算，做好各项控制工作，节约费用，降低成本，多创利润；做好对采购工作的管理；加强财务分析，考核各项经济指标的执行情况，反映经营管理状况，总结经验，发现问题，促进酒店改善经营管理；筹集和积累资金；合理分配、运用资金，并争取较大的经济效益；坚持会计监督，贯彻财经制度，维护财经纪律，保护酒店的财产和利益。

一、财务部的工作任务

（一）筹资活动

筹资是指酒店通过各种融资渠道，运用不同方式，从酒店外部有关单位、个人或从酒店内部筹集酒店经营活动所需资金的活动。酒店从事经营活动，首先必须筹集一定数量的资金，通过发行股票、债券、吸收直接投资等方式筹集资金。根据酒店筹集资金的渠道，将筹集的资金分为权益资金和负债资金，对筹集资金的管理包括选择筹集资金的渠道与方式、确定权益资金和负债资金的比例、控制筹集资金成本等内容。

酒店在进行筹资管理时应考虑：预测资金需求量，估计筹资额度；规划筹资渠道和资本结构，合理筹集和节约使用资金；选择最合适的筹资方式，使资金符合实际的需要；确定资金成本和筹资风险，使酒店获得最佳收益，并防止因决策失误而造成的损失；保持举债能力，为酒店的稳定和发展创造条件。

（二）投资活动

筹集资金的目的是把资金用于生产经营活动以取得盈利。投资就是把筹集的资金投入生产经营的过程。酒店把筹集到的资金用于购置固定资产、无形资产，并依靠自身的业务经营实现收益，形成对酒店的对内投资；酒店把筹集的资金用于购买其他企业的股票、债券或与其他企业联合进行投资，形成酒店的对外投资。酒店无论对内还是对外投资，都需要资金，当酒店利用投资取得利润或投资收益时，则会产生资金的收入，这种因酒店投资而产生的资金收支，就是由投资而引起的财务活动。

酒店在进行投资时应考虑：预测投资规模，使之符合酒店的需要和偿债能力；确定投资结构，分散资金投向，提高资产的流动性；分析投资环境，正确选择投资机会和投资对象；研究投资风险，并把风险控制在一定的范围内；评价投资收益和风险，进行不同的投资组合；选择最佳投资方案，实现酒店的整体目标。

（三）资金的日常管理活动

日常资金管理是指酒店为了满足日常经营业务活动的需要而对酒店各类资产进行的经常性管理。日常资产管理涉及面十分广泛，包括现金收支的预算、原材料采购资金的安排、债权债务的结算及固定资产的合理使用与维修管理等。加强酒店资产的日常管理，有利于提高资产的使用效率，保证酒店经营的正常进行。

酒店在进行资金的日常管理时应考虑：确定最佳现金持有量，保证资金供给；挖掘资金潜力，节约使用资金；加速资金周转，提高资金使用效率；合理安排流动资金和流动负债的比例。

（四）收益及资金分配活动

资金的分配主要是指收益的分配。酒店营业收入和其他收入扣除生产经营过程中发生的各项耗费之后的余额，称为息税前收益，即支付利息和税金前的收益，息税前收益是财务管理中的一个重要概念。酒店收益补偿原先耗费的成本之后的余额，形成酒店盈利，不足补偿的部分便是企业的亏损。在盈利的分配顺序上，向债权人支付利息处于第一分配顺序，否则酒店有可能被迫清算，依法向国家缴纳增值税和所得税是企业法定义务，具有强制性。在支付利息和税金之后的部分称为税后利润，是酒店最终的经营成果，属于酒店投资者所有，是收益分配的重点。企业净收益一部分以股利的形式分红给投资者，一部分留存酒店进行再发展，一部分分发给员工与管理公司作为奖励。收益分配管理的内容主要包括确定分配与否、分配的时间与方式、分配的比例与结构等。

酒店在进行收益及分配管理时应考虑：预测营业收入，不断开拓市场和扩大销售，确保货款回笼；预测成本费用，编制成本预算，采用适当的方法降低成本；按法律如期缴纳各种税费；分析盈利情况和资金变现能力，确定股利政策和股利支付方式，并按期进行收益分配。

二、酒店财务管理的基本环节

酒店财务管理环节是指财务管理的工作步骤和一般工作程序，主要包括：财务预测、财务决策、财务计划、财务控制和财务分析，这些环节构成了完整的财务管理工作体系。

（一）财务预测

财务预测是指根据酒店财务战略目标和规划，利用酒店财务活动的历史资料，结合现实的要求和条件以及市场变动的情况，对酒店未来财务活动的发展趋势做出科学的预计和测量，以便把握未来、明确方向。

财务预测的内容涉及酒店资本运作的全过程，一般包括流动资产需求量的预测、固定资产需求量的预测、成本费用预测、销售收入预测、利润总额和分配预测，以及有关长短期投资预测等。财务预测的程序是：明确预测目标、收集整理资料、建立预测模型、论证预测结果。财务预测的方法包括定性预测和定量预测两种。定性预测方法是由熟悉情况和业务的专职财务人员，根据过去的经验和专业知识，各自进行分析、判断，提出初步预测意见，然后通过一定的形式（如座谈会、谈论会、咨询调查、征求意见等）进行综合，作为预测未来的依据。定量预测方法主要依据历史和现实的资料，建立数学模型，进行定量预测。常见的预测模型有因果关系预测模型、时间系列预测模型、回归分析预测模型等。

（二）财务决策

财务决策是指财务人员根据酒店财务战略目标的总体要求，运用专门的方法从各种备选方案中选择最佳方案的过程。财务决策是酒店财务管理的核心，是在财务预测基础上进行的，它是财务计划的前提。财务决策实质上是财务目标和实施方案的选优过程，其成功与否直接关系到酒店的兴衰成败。

财务决策包括投资决策、筹资决策、分配决策等。在酒店主要财务决策中，投资决策是最主要的，其要决定的第一个问题是酒店需要持有的资产总额，在此基础上作出投资对象、投资数量、投资时间、投资方式和投资结构的优化选择。筹资决策主要解决如何以最小的资本成本取得酒店投资所需要的资本，并保持合理的资本结构，包括确定筹资渠道和方式、筹资数量和时间、筹资结构比例关系等。分配决策主要解决利润的合理分配问题，包括确定利润支付比率、支付时间、支付数量等。

（三）财务计划

财务计划是酒店财务管理活动的纲领，是运用科学的技术手段和方法，对各项财务决策目标进行综合平衡，对未来财务活动做出具体的说明，拟定实现财务具体指标的方法和措施，用统一的结构协调各项计划指标之间的相互关系，编制各项财务计划的过程。财务计划是财务预测、决策的系统化和具体化，是控制财务活动、分析生产经营成果的依据，也是落实酒店经营目标和保证措施的重要工具。例如：酒店明年的目标是营业额增长10%和能耗成本下降15%，二者能同时实现吗？财务计划要分析可能性，并制定详细的实施计划。

（四）财务控制

财务控制就是依据财务计划目标，按照一定的程序和方法，发现财务计划和预算执行过程中的实际偏差并纠正偏差，确保酒店及其内部机构和人员全面实现财务计划目标的过程。

财务计划的执行要依靠财务控制。财务控制是由确定控制目标、建立控制体系、信息传递和反馈、纠正实际偏差所组成的一个完整的控制体系，具有很强的连续性、系统性和综合性。

（五）财务分析

财务分析是酒店以财物报表等有关资料为主要依据，运用专门的方法，对酒店财务活动过程及其结果进行分析、解释和评价的一项专门工作。财务分析是评价和衡量酒店各部门和各级管理人员经营业绩的重要依据，是挖掘潜力、改进工作、实现财务管理目标和酒店战略的重要手段，也是酒店投资者、管理者和其他信息使用者作出正确的经济决策的重要依据。财务分析的主要内容是盈利能力分析、偿债能力分析、运营能力分析。

三、酒店财务部岗位设置

酒店根据其规模大小，财务部岗位设置各有不同，本书以浙江世贸君澜大饭店为例，其财务部人员结构如图1-1所示：

（一）财务总监岗位职责

财务总监岗位职责如表1-1所示：

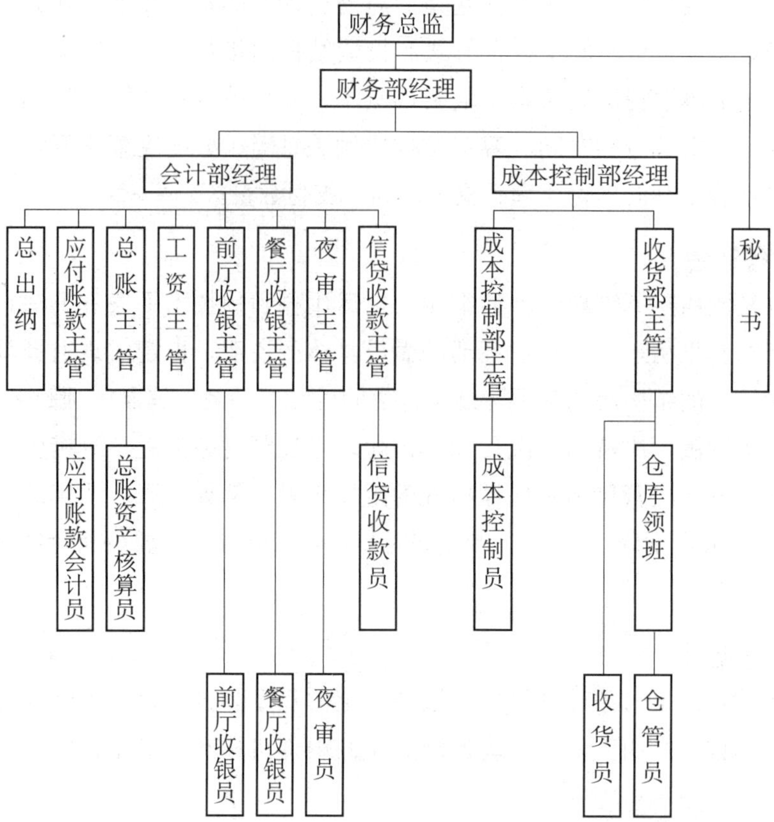

图1-1　财务部人员结构

表1-1　财务总监岗位职责

部门：财务部	职务：财务总监
直属上司：总经理	下属：财务部经理、秘书

职责描述：

1. 在总经理领导下，认真贯彻执行《中华人民共和国会计法》和有关的法律、法规、制度，监督考核酒店有关部门的财务收支、资金使用和财产管理等计划的执行情况及其效果，保护酒店财产，维护财经纪律，对本酒店的财务状况负责。

2. 领导财务部的全体人员认真落实岗位责任制，健全和严格实施经济责任制，建立良好的财务会计工作秩序，并对其工作负责。

3. 通过财务分析，指导开源节流，精打细算，反对浪费，提出挖潜措施，积极开辟财源，不断地提高经济效益，按有关规定处理好国家、酒店、职工三者的经济关系。

4. 组织各部门编制财务收支、成本费用等计划和预算，审查核定计划外重大收支项目，并负责各项经营计划的协调平衡，落实完成计划的措施，对执行中存在的问题提出改进意见。

5. 负责组织酒店的全面经济核算，对重要经济事项作出效益评价，参与主要经济合同的谈判、签署，并监督执行情况。

6. 组织制定酒店财务管理制度和会计核算制度，严格会计监督，支持财会人员依法履行职责，并组织贯彻执行。

7. 控制酒店的采购、收货、库存、发放等工作，建立健全必要的规章制度，确保所有进货价平物美、库存适量和物尽其用。

8. 严格执行国家的外汇管理制度，负责做好外汇管理工作。

9. 督导酒店电脑系统的维修保养、更新和管理工作，确保电脑系统正常运行。 10. 协调与酒店各部门的关系，并负责与财政、银行、税务、外汇和保险机构的联系。 11. 定期向总经理如实反映酒店经济活动和财务收支情况，正确及时地提供管理信息，作为改善酒店经营管理决策的依据。 12. 负责财务部队伍的建设，制定各级人员培训计划，提高财务部全体员工的业务素质，拟订财务部各部门机构设置和人员配备方案，并实施各级人员任免和奖惩方案。

（二）财务部经理岗位职责

财务部经理岗位职责如表 1－2 所示：

表 1－2 财务部经理岗位职责

部门：财务部	职务：财务部经理
直属上司：财务总监	下属：会计部经理、成本控制部经理
职责描述： 1. 在财务总监的领导下，直接负责财务部的日常管理。 2. 督导会计部和成本控制部的业务操作。 3. 协助财务总监起草各种管理制度，并监督检查落实各有关制度。 4. 协助财务总监编写年度、季度、月度财务计划。 5. 审核财务日报表、月报表及年度报表。 6. 负责酒店的财产管理。 7. 监督审查酒店内部的财务收支情况，确保酒店一切营业收入、开支及有关经济活动能按国家的有关法规和制度进行。 8. 财务总监不在岗时，代行总监职责。	

（三）会计部经理岗位职责

会计部经理岗位职责如表 1－3 所示：

表 1－3 会计部经理岗位职责

部门：财务部	职务：会计部经理
直属上司：财务部经理	下属：总出纳、应付账款主管、总账主管、工资主管、收银主管、夜审主管、信贷收款主管
职责描述： 1. 审核检查全部记账凭证和原始凭证是否合理、合法、正确、有效，手续是否完整，列支是否正确。 2. 核对总账与各明细账的电脑账及手工账，确保无误，对需调整的账项要附有凭证及说明，并经财务总监批准后方可调整。 3. 督促检查各种财务报告的及时性、正确性，做好财务决算，按时向财务总监呈报会计报表。 4. 督促检查各项税金的计算上缴，加强与财政部门的业务联系，协调外部关系，取得有关信息。 5. 审核检查总出纳的收支凭证，定期或不定期检查总出纳备用金情况，以保证现金的安全与完整，督促检查有价证券的使用保管情况。 6. 督促检查应付账款金额是否正确，挂账是否准确，账务处理是否及时。 7. 及时检查银行存款未还账项余款调节表的编制情况，发现问题后及时查找并纠正。 8. 及时检查各明细账项，督促检查往来账项的核对与催收。 9. 按时完成总监交办的工作，解答财务总监提出的问题，提供数据资料。 10. 配合业主做好账务处理，按时完成年审工作。	

11. 负责接待并配合各级外部审计查账工作，审核检查所有对外编报的数据及财务报表，确保无误。 12. 督促检查会计档案的妥善保管与存档，存档有记录，调档有手续，对经济资料负责保密。 13. 督导酒店固定资产、低值易耗品的核算、管理。 14. 督导工资主管正确核算员工的薪金、费用及按规定划分各部门的工资、税金和各项费用，全面实施经营责任制和工效挂钩的绩效考核制。 15. 负责下属员工的排班、考勤和考核工作，并根据他们的表现提出奖惩意见。 16. 完成上级分配的其他工作。

（四）秘书岗位职责

秘书岗位职责如表1-4所示：

表1-4 秘书岗位职责

部门：财务部	职务：秘书
直属上司：财务总监	下属：无
职责描述： 1. 负责接待财务部的来客和接听电话。 2. 做好各类文件、信件、报表的收发、存档、传送工作。 3. 建立财务档案，以便随时通知财务总监当天应办事项。 4. 本部门召开主管会议时，做会议记录。 5. 根据财务总监的要求起草、打印各类文件。 6. 办理本部门员工的到职、离职、调动手续以及人事部委办的工作。 7. 每月收取各班组排班表，交部门经理、总监审核批准后送人事部。 8. 掌握并准确发放办公用品、工衣、工鞋、劳保等物品，并了解使用情况。 9. 负责本部门每日的考勤，每月汇总各班组考勤情况，并上交人事部，收、发考勤计时卡，制作全勤奖、饭费补贴、奖金等各类表格。 10. 协助部门经理检查部门员工纪律的执行情况，并做好记录，向部门经理汇报。 11. 接受并完成总监、经理临时指派的其他工作。	

（五）总出纳岗位职责

总出纳岗位职责如表1-5所示：

表1-5 总出纳岗位职责

部门：财务部	职务：总出纳
直属上司：会计部经理	下属：出纳员
职责描述： 1. 负责酒店的流动现金，以确保酒店日常营业的需要。 2. 计算、汇集及验收收银员每天的现金收款总金额。 3. 负责收入现金、支票，将每天营业收入存入银行。 4. 在酒店规定的时间内对员工的医药费进行报销和办理离职人员的结算工作。 5. 编制收款凭证，登记现金、银行日记账。 6. 负责每日点算手存现金，做好日收入和支出项目账，并结出现金余额。 7. 负责编制每日出纳报告。 8. 负责做好预收定金及各部门暂支款的辅助台账，并及时催收暂支款。 9. 定期检查各部门的备用金，并做好检查报告。 10. 负责编制收入分析表、银行存款余额调节表。 11. 积极参加培训，遵守酒店的规章制度，完成上级分配的其他工作。	

（六）应付账款主管岗位职责

应付账款主管岗位职责如表1－6所示：

表1－6　应付账款主管岗位职责

部门：财务部	职务：应付账款主管
直属上司：会计部经理	下属：应付账款会计员
职责描述： 1. 负责应付账款会计员的业务工作，指导监督应付账款会计员遵守有关财务规定和付款程序，合理安排资金。 2. 负责对应付款、未付款项的核算和管理工作。 3. 根据成本控制部转入的入库单、无发票收货记录等编制转账凭证并挂账。月末与成本控制部进行核对，保证一致、准确，并做好与总账的核对工作。 4. 认真填写支票，签发支票。发出支票有登记手续，保证做到准确无误。 5. 催收未及时报账的已发支票，最长不得超过一个月期限。 6. 负责空白支票的购买、领用、保存，不得空缺，并有登记手续。 7. 负责办理汇款手续，做好支票的保管登记，负责为总出纳提供现金支票。 8. 与供应商核对应付款项，按照与供应商签订的合同办理有关财务结算手续。 9. 根据酒店的收入和银行存款实际情况，控制应付账支出，保证做到银行不透支。 10. 每月根据实际收支情况，填制银行存款余额调节表，报部门经理及总监。 11. 银行存款情况对外保密，负责有关账簿、支票、印鉴的安全保管，不得丢失。 12. 随时接待供应商有关应付款项的查询工作。 13. 负责指导监督应付账款会计员的业务工作。	

（七）应付账款会计员岗位职责

应付账款会计员岗位职责如表1－7所示：

表1－7　应付账款会计员岗位职责

部门：财务部	职务：应付账款会计员
直属上司：应付账款主管	下属：无
职责描述： 1. 收集每天收货部的收货记录汇总表及有关发票。 2. 检查并保证发票的数量、单价与采购申请单、仓库补货单、月结单收货记录和其他有关凭证相符。 3. 检查发票及购货订单上的签署、印章。 4. 检查发票上的数量、单价及合计金额，确保正确无误。 5. 按收货记录分别输入电脑。 6. 编制银行付款传票和银行汇款单，交应付账款主管审核。 7. 负责落实付款事宜。 8. 每月打印应付账款电脑明细账表。 9. 每天向成本控制主管提供应付货款资料。 10. 负责凭证的装订和存档工作。 11. 积极参加培训，遵守酒店规章制度，完成上级分配的其他工作。	

（八）总账主管岗位职责

总账主管岗位职责如表1－8所示：

表1-8　总账主管岗位职责

部门：财务部	职务：总账主管
直属上司：会计部经理	下属：总账资产核算员
职责描述： 1. 根据已经审核的记账凭证，登记费用及成本明细账。 2. 每月将洗衣房的原材料消耗进行分配。 3. 根据记账凭证将有关业务输入电脑，确保正确无误。月末分摊人事费用及洗衣费用，并编制转账凭证。 4. 督促有关人员将所有入账凭证在结账前及时完成，不得影响结账工作。指导下属员工的业务工作，协助主管会计师做好工作。 5. 月末按时编制财务报表并做到账表相符，发现问题及时调整。调整账项要依据真实资料，并附说明，经上级批准方可调整。 6. 按规定打印报表，按顺序装订成册，按要求发放。 7. 积累总结各项指标完成情况的资料，随时回答上级提出的问题，按时完成领导交办的一切工作。 8. 负责保管会计档案，装订成册，登记管理，未经上级批准，不得外借。	

（九）总账资产核算员岗位职责

总账资产核算员岗位职责如表1-9所示：

表1-9　总账资产核算员岗位职责

部门：财务部	职务：总账资产核算员
直属上司：总账主管	下属：无
职责描述： 1. 正确划分固定资产与低值易耗品，编制固定资产目录，对固定资产进行分类编号，加强管理。 2. 会同有关部门根据本部门经营状况，认真核定固定资产需用量，并随着经营情况的变化进行调整。 3. 了解分析固定资产的使用和完好状况，为编制固定资产更新和修理计划提供资料。 4. 对购置、调入、内部转移、租赁、封存、调出、报废的固定资产，要督促有关部门或人员办理相关手续，并根据固定资产登记卡定期核对，编制增减情况表，做到账、卡、物相符。 5. 按月正确计提固定资产折旧。 6. 会同有关部门定期做好固定资产的盘点工作，发现问题查明原因，分清责任，提出改进意见，并按规定办理相应手续。 7. 积极参加培训，遵守酒店规章制度，完成上级分配的其他工作。	

（十）工资主管岗位职责

工资主管岗位职责如表1-10所示：

表 1-10　工资主管岗位职责

部门：财务部	职务：工资主管
直属上司：会计部经理	下属：无
职责描述： 1. 在接到人事部审核的各种考勤报告和病事假等的扣款通知后，及时输入电脑。 2. 将人事部转来的工资变动表进行登记、编号、计算，并输入电脑。 3. 计算工资，打印工资报表，及时送交人事部。 4. 申请支票，将工资软盘及支票及时送至银行，由银行输入到员工存款的账户上。 5. 打印工资条，发放至员工。 6. 根据人事部的起薪、停薪工资变动表及时到银行办理开户、清户、冻结账户等手续，并计算各种有关补发款项，经部门总监及经理审批后及时发放。 7. 在工资电脑程序变动或发生问题时，及时处理。 8. 每月把工资、各种福利通知单及工资变动表分类装订成册妥善保管，注意保密。 9. 每年对员工工资、福利、津贴等各个时期的发放标准和变动情况做出对比和分析。 10. 对各工种员工人数、工资、津贴及总额平均数，做出累计和人均统计表，并编制情况报告。 11. 按时向上级主管部门报送有关报表，催收财政补贴。	

（十一）收银主管岗位职责

收银主管岗位职责如表 1-11 所示：

表 1-11　收银主管岗位职责

部门：财务部	职务：收银主管
直属上司：会计部经理	下属：收银员
职责描述： 1. 以身作则，带领收银员严格执行酒店各项规章制度。 2. 对所属员工进行业务培训，随时掌握员工的思想动态和业务水平。 3. 定期对工作情况进行总结，定期召开员工会议，解决存在的问题，并提出改进意见。 4. 检查各班现金、票证的上交和保管情况，不定期检查各收款员的备用金。 5. 检查所属员工对各种设备（如电脑、打印机、计算器等）的使用和维护保养情况，保证各项设备的正常运转。 6. 每日检查客人消费超限额情况，依照催收程序对超限额的客人进行催收，对屡催不付者及时向总监和经理报告。 7. 掌握客人的付款情况，检查各旅行社、合约单位、公司长包房、各记账单位的账务结算是否正确，及时查看散客预交保证金、划押信用卡情况，对不给授权的信用卡要及时与客人联系并催收。 8. 每天检查离店客人的未结原因，做出及时的处理。 9. 每月 25 日开始安排人员与长住户和写字楼各公司对账并催收。 10. 在日营业报表与日审收入报告发生差异时，及时查明原因并上报财务总监，经批准后处理。 11. 与其他相关部门协调、沟通、密切合作，以提高工作效率。 12. 完成上级指派的其他工作任务。	

（十二）收银员岗位职责

收银员岗位职责如表1-12所示：

表1-12　收银员岗位职责

部门：财务部	职务：收银员
直属上司：收银主管	下属：无

职责描述：

1. 对照预期离店客人报表，整理好离店客人的客账资料，确保账单相符。
2. 签收核对餐厅挂账账单。
3. 整理核对IDD及DDD账单。
4. 签收其他营业部门的营业单据并予以过账，及时收取非住店客人的消费账款。
5. 准确、迅速地为客人办理C/O结账事宜。
6. 按照规定做好客用保险箱服务工作。
7. 按照规定做好外币兑换服务，管好备用金。
8. 对照当天入住客人报表，查验当天入住客人的预收定金等情况，并予以过账。查验已压印的信用卡签字、有效日期、单据种类等。
9. 将已过账的营业账单，按日期顺序整理后放入房客账套里。
10. 负责填制有关报表，整理营业单据，移交夜审员审核。
11. 积极参加培训，遵守酒店规章制度，搞好员工之间的团结合作。

（十三）夜审主管岗位职责

夜审主管岗位职责如表1-13所示：

表1-13　夜审主管岗位职责

部门：财务部	职务：夜审主管
直属上司：会计部经理	下属：夜审员

职责描述：

1. 担任夜间前台收银主管工作。
2. 分配和检查夜审员工作。

（1）餐厅收银机清机，编制餐饮营业收入表。
（2）将餐厅收入及夜间营业收入输入电脑。
（3）审核收银员报表和所附各类账单。
（4）汇编餐饮收入分析表。
（5）查点客用保险箱钥匙。
（6）对照预期离店客人报表，整理当天离店客人账套。
（7）登记酒店宴请账和高级员工用餐账。

3. 负责更新电脑中的有关记录。
4. 编制当日营业额分析表和营业收入汇总表。
5. 检查团体系统登记主账单内容。
6. 审核当天到达的客人或团体房价变更和变更授权有效签署的情况。
7. 布置下属员工派送每日的夜审电脑报表给有关部门主管，并将营业单据送交应收账款主管。
8. 负责下属员工的培训工作，以提高他们的操作技能。
9. 检查员工纪律，关心员工的思想和工作，完成上级分配的其他工作。

（十四）夜审员岗位职责

夜审员岗位职责如表 1－14 所示：

表 1－14 夜审员岗位职责

部门：财务部	职务：夜审员
直属上司：夜审主管	下属：无
职责描述： 1. 核对餐厅收银机清机报告。 2. 核对前台收银员报告及营业单据。 3. 审核各收银交款报告表。 4. 将当日餐饮收入及其他收入过账。 5. 更新电脑中的有关记录。 6. 对照住店客人报表，整理审核挂房账单。 7. 对照有关报表，查验信用卡签名、授权密码、有效日期等。 8. 对照预期离店客人报表，整理好当天离店客人账套。 9. 担当夜间前台收银员工作。 10. 积极参加培训，遵守酒店规章制度，搞好员工之间的团结合作，完成上级分配的其他工作。	

（十五）信贷收款主管岗位职责

信贷收款主管岗位职责如表 1－15 所示：

表 1－15 信贷收款主管岗位职责

部门：财务部	职务：信贷收款主管
直属上司：会计部经理	下属：信贷收款员
职责描述： 1. 向会计部经理负责，以确保信贷程序能够按管理层要求正常运行。 2. 负责离店客人的账务。 3. 每天做收款计划，安排收回超过 60 天的账务，跟踪完成收款计划。 4. 催收 30 天以下的宴会挂账。严格控制宴会的挂账。挂账要有申请表，由总监批准，特殊的挂账要由总经理批准。 5. 与其他酒店交流本地市场的经营情况，经常了解旅行社的信誉情况。 6. 对 90 天、120 天的挂账，要求销售部共同催收。 7. 在业务上与前台、销售等有关部门保持密切配合。 8. 负责长住户、写字楼的押金合同的保管。 9. 每日向管理层提交信贷报告，提出详细的分析建议。 10. 对信誉不好的旅行社要向有关部门发放备忘录，提醒注意。 11. 对旅行社的投诉，要协调解决。 12. 申报已确定无法收回的账款，由总经理或财务总监批准，做坏账处理，金额超过 3 万元的，还要由业主公司批准。 13. 每月向财务经理提交账龄报告，并提出改进的措施及建议。	

（十六）成本控制部经理岗位职责

成本控制部经理岗位职责如表 1－16 所示：

表1-16　成本控制部经理岗位职责

部门：财务部	职务：成本控制部经理
直属上司：财务部经理	下属：成本控制部主管、收货部主管

职责描述：

1. 检查每日成本报告，及时为厨房、餐厅提供信息。
2. 根据每天的经营情况，检查审核每日各种物品、食品及饮品材料的数量、价格。
3. 编制当月成本报告及与成本相关的各种报告，并报上级管理部门。
4. 每月对库房、厨房、酒吧进行月底盘点，半年对客房及厨房进行在用物品的盘点，向有关领导提供数据及情况并写出报告，计算出实际消耗成本。
5. 每月底汇集各种成本方面的数据，做出转账凭证，保证会计报表的正常报出。
6. 与采购、餐饮部门定期进行市场调查、分析，有效地控制进价。如发现进价高，及时与大厨联系，杜绝质次价高的食品及物品入库。
7. 做好每年的食品、饮品成本计划，对新的菜单计算成本。
8. 做好采购部物品的数量及价格审核。
9. 每次大型宴会要进行宴会预订单及账单收款审核，尤其是物品、食品、饮品的领取，防止浪费。
10. 根据收款员的报告做好对食品、饮品的销售分析和比较，向餐饮部提供数据。
11. 每日审核高级员工用餐单和交际单是否手续齐全，月底正确划分计算成本。
12. 每月检查职工食堂成本并做出报告，向主管领导汇报。

（十七）成本控制部主管岗位职责

成本控制部主管岗位职责如表1-17所示：

表1-17　成本控制部主管岗位职责

部门：财务部	职务：成本控制部主管
直属上司：成本控制部经理	下属：成本控制员

职责描述：

1. 了解副食品市场行情和收货组收货质量及价格。
2. 负责检查各部门酒吧、布草、生产器具的明细账，经常核对数量，正确计算内部调拨。
3. 及时反映仓库物品存量，控制补货量，协助财务部经理控制储备资金周转。
4. 定期做好食谱成本估价表，根据销售价，估算毛利。
5. 每月负责盘点食品饮料、客用品、印刷品等，及时调整本月合理消耗，正确计算成本，编制盘点表和转账凭证。
6. 每季监盘各仓库的用品用具，确保账实相符，并协助成本控制部经理编写盘点报告。
7. 查验每日仓库申领单，并按成本项目汇集计算各部门领货成本，编制转账凭证。
8. 整理记录市场采购价格变动情况。
9. 配合酒吧核对、编制每天酒水销售报告表。
10. 配合客房部核对每天客房迷你吧销售报告表。
11. 协助餐饮部编制新菜肴的成本价和售价。
12. 查看入厨单、餐单与收银报告表，编制餐饮饮食项目销售记录。
13. 每月编制各部门领用物品报表，收、发、存报表和存货报表。
14. 积极参加培训，遵守酒店规章制度，完成上级分配的其他工作。

（十八）成本控制员岗位职责

成本控制员岗位职责如表1-18所示：

表 1-18 成本控制员岗位职责

部门：财务部	职务：成本控制员
直属上司：成本控制部主管	下属：无

职责描述：

1. 做好在库物品的入、出库记录。
2. 做好月底盘点工作。
3. 记录各部门的申领物品时间，计算发放物品的成本以及数量和金额。
4. 做好每天收货部的收货记录，确保收货单和发票核对无误。
5. 做好每月总仓库的消耗报告。
6. 每三个月做一次棉织品的消耗报告。
7. 做好对工程物资、总仓库的盘点工作。
8. 做好总仓库的物品采购记录和报告的编制。
9. 做好总仓库物品领用的转账凭证。
10. 向成本控制经理和总监汇报新采购的物品情况（数量、单价）。
11. 抽查总仓库物品。
12. 做好积压物品和短缺物品报告。
13. 做好总仓库盘点的盈亏情况报告。
14. 每月底做好餐饮部的清洁品、客房部的服务用品的期末在产盘存表，并做出相应的转账凭证。
15. 每月做好总仓库物品的入库、出库、结存后物资动态表。
16. 每月做好各部门办公用品消耗情况表。
17. 每半年对客房部、餐饮部的在用品进行盘点（包括餐厨具、瓷器、玻璃器、银器及棉织品），对消耗情况进行控制，并做出消耗情况的报告。
18. 随时接受经理分配的工作。
19. 做好各部门从收货部领用的不通过库房的物品的记录。

（十九）收货部主管岗位职责

收货部主管岗位职责如表 1-19 所示：

表 1-19 收货部主管岗位职责

部门：财务部	职务：收货部主管
直属上司：成本控制部经理	下属：收货员、仓库领班

职责描述：

1. 制定收货部的各项制度、操作程序和要求，并督导下属员工认真执行。
2. 协调与采购部、各厨房和有关部门的联系。
3. 制定货物的最高和最低储存量，并对某些常用物品根据使用情况做好自动补货工作。
4. 负责每月存货的盘点工作，并编制盘点报告表。
5. 负责每季度编制弃用及流量较少的物品清单，以供上司参考。
6. 协助财务部做好成本控制工作，严格把好收货、保管关，将损耗降至最低。
7. 负责做好物品的收发记账工作，做到账物相符、账账相符。
8. 负责收货部员工的当值、考勤和考核工作，并根据他们的表现情况提出奖惩意见。
9. 制定和实施下属员工的培训工作，以提高他们的业务水平。
10. 负责收货部的消防安全和环境卫生工作。
11. 督导员工的纪律，关心员工的思想状况，完成上级分配的其他工作任务。

（二十）收货员岗位职责

收货员岗位职责如表 1-20 所示：

表1-20　收货员岗位职责

部门：财务部	职务：收货员
直属上司：收货部主管	下属：无

职责描述：

1. 严格按照酒店的收货程序，根据符合签字要求的采购单、申购单，检验到货物品的数量、质量、规格等各项内容是否达标。
2. 严格按照采购单内容要求办理验收手续。
3. 负责填制每日收货汇总表。
4. 协助采购部跟踪和催收应到而未到的物品。
5. 负责做好采购单据的存档工作。
6. 完成上级交办的其他工作。

（二十一）仓库领班岗位职责

仓库领班岗位职责如表1-21所示：

表1-21　仓库领班岗位职责

部门：财务部	职务：仓库领班
直属上司：收货部主管	下属：仓管员

职责描述：

·物品库

1. 严格遵守酒店各项规章制度，特别是《物品库工作程序和物品库安全消防管理制度》。
2. 确保所负责的库房干净、整齐，每天都要检查水、电、气是否有跑漏现象；处理不了的马上向上级主管汇报，一定要把事故消灭在萌芽状态。
3. 对库房物品的使用要做到心中有数，量少的要及时补充，对不用的物品（长期积压的）及时提出处理意见，供主管参考。对于质量次、价格高的物品或与订货不符的物品要拒绝入库。
4. 出库时，一律凭出库单，没有出库单的不予发货。

·食品库

负责酒店所有食品、饮品的后勤供应工作。要将发放货物记录与成本核算账核对，做到账物相符，无差错。

1. 食品入库要严格把好质量关。根据收货单核对实物。
2. 认真检查入库的食品、饮品的品名、数量、外观包装、生产厂家是否符合要求，如有问题不予入库。
3. 对入库的货物，要堆放整齐，安全摆放。
4. 出库要做到先进先出。
5. 食品、饮品入库后要及时登账，货物发出要及时减账，随时做到账物相符。

（二十二）仓管员岗位职责

仓管员岗位职责如表1-22所示：

表1-22　仓管员岗位职责

部门：财务部	职务：仓管员
直属上司：仓库领班	下属：无

职责描述：

1. 随时检查库房各种物资的品名、数量，如库房物资存量不够，要填采购单，写明库存量、月用量、申购量、到货期限，确认无误后交成本控制部经理。

2. 物品、食品、饮品入库必须严格检查，要根据申购的数量及规格，检查货物的有效期、数量、质量，符合要求方可入库。

3. 物品、食品、饮品到货入库后要及时入账，准确登记。

4. 发货时要根据规章制度办事，领货手续不全不发货，如有特殊原因需得到有关领导审批后方可出库。

5. 经常与使用部门保持联系，如有积压，要提醒各部门，以防浪费。

6. 积极配合成本部门做好每月的盘点工作，做到账物相符。

7. 下班前要对库房进行安全检查，切断电源，锁好库房，把库房钥匙封好交给保安部登记后方可离开。

项目二 酒店财务管理组织与财务关系

案例分析

如何选择合适的酒店组织制度

张先生拥有一家经营十分成功的旅游酒店，30年来，张先生一直坚持独资经营，亲自管理，现因年迈，打算从管理岗位上退休，但仍然希望酒店能掌握在自己家族手中，目标是将酒店留给自己的儿子。张先生正在考虑是否应该将他的酒店转为股份公司，如果将酒店转为股份公司，他可以给自己的儿孙们留下数量可观的股份，也可以将酒店留给儿孙们让他们合伙经营。为了能够选择正确的酒店组织形式，张先生制定了下列目标：

(1) 所有权。张先生希望他的3个儿子各拥有20%的股份，4个孙子各拥有10%的股份。

(2) 长期经营。张先生希望即使发生儿孙死亡或放弃所有权的情况，也不影响酒店长期经营。

(3) 所得税。张先生希望酒店采取的组织形式可以尽可能减少酒店应缴纳的所得税，他希望酒店经营所得尽可能更多地分配给酒店所有人。

(4) 所有者的债务。张先生知道经营酒店会发生诸如宾客财务失窃、火灾等意外事件，需要酒店保有大量的资金，张先生希望能够确保在酒店发生损失时，儿孙们的个人财产不受影响。

思考：你认为酒店应该采用公司制还是合伙制？采用公司制或合伙制，对酒店财务管理会分别产生哪些影响？

酒店是指以服务为中心，以出售有形设施和无形服务为主要商品的企业，是独立经营、自负盈亏的经济实体。为了在激烈的市场竞争中生存和发展，酒店需要不断强化各方面的管理工作。财务管理是酒店经营管理系统中的一个重要子系统，是有关资金的获得和有效使用的一项经济管理活动，在酒店管理中占有重要地位。

一、酒店的组织形式

在市场经济中，最常见的酒店组织形式有独资酒店、合伙酒店、有限责任制酒店和股份制酒店四种组织形式。

（一）独资酒店

独资酒店是个人业主制企业，又称个人企业，指一个自然人出资兴办，财产为投资人个人所有和控制的酒店。这种酒店在法律上不具有法人资格，酒店业主以其个人财产承担酒店经济活动和债务的全部责任。

独资酒店拥有者完全拥有酒店所有权和控制权，酒店由个人出资、自主经营，利润归个人所有；因对酒店拥有绝对的控制权，在决策过程中能及时根据市场变化调整经营活动，机动灵活，适应性强。

但是，独资酒店的业主对酒店的债务承担无限责任，当酒店的资产不足以清偿酒店债务时，法律强制酒店业主以个人财产来清偿酒店债务，一旦酒店破产，可能倾家荡产，风险比较大；发展规模有较大局限性，独资酒店不能像其他酒店那样有较多的资金来源和筹资手段，在扩大酒店规模方面难度较大。独资酒店寿命有限，一旦酒店业主死亡、破产、犯罪或退出，酒店在法律上也就经营结束了。

（二）合伙酒店

合伙酒店是指由两名以上的合伙人共同出资、共同经营并对酒店的债务承担无限连带责任的酒店，以订立的合伙协议为法律基础，共同出资、合伙经营、共享收益、共担风险。在法律上是自然人企业，不是法人企业。

合伙酒店扩大了资金来源和筹资渠道，提高了酒店的信用；在制定决策和经营过程中，可以发挥各合伙人的才智和经验，提高决策能力和经营水平。

但是，与独资酒店一样，酒店合伙人承担无限责任，而且各合伙人之间要承担连带责任，如果酒店出现问题，各合伙人的所有财产都具有风险。合伙酒店管理权分散，重大决策需要征得所有合伙人的同意，当有合伙人发生变动时，必须重新确立新的合伙关系。

（三）有限责任制酒店

有限责任制酒店是指50个以下股东共同出资设立，股东以其出资额为限对酒店承担责任，酒店以其全部资产为限对酒店的债务承担责任的法人企业，有限责任酒店具有独立的法人资格，享有法人财产权。

有限责任制酒店股东以其出资额为限对酒店的债务承担有限责任，当酒店经营失败时，股东以其对酒店投资赔偿为限，个人其他财产不受关联影响，风险降低。有限责任制酒店的股份可以转让，也可以增加新股东，筹集资金更方便。

但是，有限责任制酒店设立手续复杂，组建成本高；政府管理严格，不能保密信息；双重缴纳所得税，所获的利润先按税法缴纳酒店所得税，再向股东分配利润，股东在取得利润后，再按税法缴纳个人所得税。

（四）股份制酒店

股份制酒店是指全部资本分为等额股份，股东以其所持股份为限对酒店承担责任，酒店以其全部资产为限对酒店的债务承担责任的法人企业，其基本特点是有限责任、等额股份、所有者与经营者分离、股份自由转让。

股份制酒店可通过发行股票和债券形式筹集资金，股份可以自由转让，有利于酒店筹集资金；酒店具有独立法人，不受各投资人影响；管理效率高。

但是，股份制酒店政府管理严格，设立手续复杂，组建成本高，股份公司发行应有2人以上200人以下为发起人，注册资本最低限额为人民币500万元；不能对酒店信息进行保密，需要定期公开酒店经营资料；双重缴纳所得税。

有限责任制酒店和股份制酒店组织形式的优势：

（1）有利于筹集资本。有限责任制酒店和股份制酒店组织形式更具有筹资的优越条件，严格的酒店治理结构、较高的信息透明度和资本的流动性有利于证券发行。对于股份有限公司，尤其是上市股份有限公司，可以在公开的资本市场发行股票，包括首发股、增发股和配股，从外部筹集巨额资本。

（2）有利于投资决策。建立完善的议事制度和形成严格的决策机制、执行机制、监督机制，有利于投资前的可行性研究、优选投资方案和监管投资过程以及评价投资结果。酒店投资的核心问题是投资问题，投资问题决定筹资问题并影响酒店的收益分配问题。

（3）有利于分散投资者的融资风险。一般来说，股份制酒店的投资者较多，对酒店来说，众多的投资者不仅有利于筹资，还有利于分散注资的风险，避免筹资失败。酒店在负债经营时，存在财务风险，一旦出现破产清算，酒店承担有限责任，股东对酒店债务同样承担有限责任。

二、酒店的财务关系

酒店的财务关系是指酒店在从事生产经营过程中，在资金的筹集、调拨、使用、分配等财务管理资金活动中与各有关方面发生的经济关系。

（一）酒店与投资者和受资者之间的财务关系

酒店从不同的投资者那里筹集资金，进行生产经营活动，并将所实现的利润按各投资者的出资比例进行分配。酒店还可将自身的法人财产向其他单位投资，这些被投资单位即受资者，受资者应向酒店分配投资收益。酒店与投资者、受资者的关系，即投资与分享投资收益的关系，在性质上属于所有权关系。处理这种财务关系必须维护投资、受资各方的合法权益。

（二）酒店与债权人、债务人和往来客户之间的财务关系

酒店由于购买材料、销售产品，要与购销客户发生货款收支结算关系，在购销活动中由于延期收付款项要与有关单位发生商业信用——应收账款和应付账款，当酒店资金不足或资金闲置时，则要向银行借款、发行债券或购买其他单位债券。业务往来中的收支结算，要及时收付货款，以免相互占用资金。无论由于何种原因，一旦形成债权债务关系，则债务人不仅要还本，而且要付息。酒店与债权人、债务人、购销客户的关系，在性质上属于债权关系、合同义务关系。处理这种财务关系，也必须按有关各方的权利和义务，保障有关各方的权益。

（三）酒店与税务机关之间的财务关系

酒店应按照国家税法和规定缴纳各种税款，包括所得税、流转税和计入成本的税金。国家以社会管理者的身份向一切企业征收有关税金，这些税金是国家财政收入的主要来源。及时、足额地纳税是生产经营者对国家应尽的义务，酒店必须认真履行此项义务。

（四）酒店内部各部门之间的财务关系

一般来说，酒店内部各部门与酒店财务部门之间都要发生领款、报销、代收、代付的收支结算关系。处理这种财务关系，要严格分清各有关部门的经济责任，以便有效地发挥激励机制和约束机制的作用。

（五）酒店与员工之间的财务关系

酒店要用自身的营业收入，按照员工提供的劳动数量和质量向员工支付工资、津贴、奖金等。这种酒店与员工之间的结算关系，体现了员工个人和集体在劳动成果上的分配关系。处理这种财务关系，要正确地执行有关分配政策。

项目三　酒店财务管理职能与目标

案例分析

强化财务管理职能，提升企业经营效益

某星级酒店注册资本1.2亿元，职工300余人，拥有客房250间，餐饮营业面积

2 000余平方米，2015 年开业，试营业半年后发现亏损 300 余万元。酒店委托财务部进行全方位的财务调查。财务部对酒店各部门经营情况了解后，认为亏损是酒店营业部门财务控制不力导致的。一是采购部采购环节漏洞较多，采购的物品和低值易耗品价格高，验收部门验收不严格，计量单位控制不力；二是餐饮厨房没有严格按照菜谱标准进行操作，菜品原材料浪费比较严重，未严格掌握菜品定价政策，造成餐饮毛利润率低于酒店要求；三是各部门办公用品浪费严重，用电控制不力，造成酒店经营费用严重超支。以上因素造成酒店餐饮成本率高达 58%，比行业平均水平高出 18%，废品报废率超过行业标准，水、电、气等能源浪费严重，财务税收也没有进行合理的规划。

2020 年，针对上述情况，酒店财务部出台了财务管理规定，并对酒店人员编制、税收进行有效优化，仅房产税一项就节约 60 万元，酒店经营成本率下降 9%，年增加利润 322 万余元，2020 年盈利 150 余万元。

思考： 实地走访 1～2 家酒店财务部门，调研该酒店财务管理方面存在哪些漏洞，该采取哪些措施。

一、酒店财务管理职能

管理的基本职能是决策、计划和控制，财务管理在酒店企业中处于理财的重要地位。财务管理职能包括财务决策、财务计划和财务控制三个方面。财务决策解决“做什么”，财务计划解决“怎么做”，财务控制解决“如何做好它”。

（一）财务决策

财务决策是有关资金筹集、使用和分配的决策，它是财务管理首要的也是最重要的职能。财务管理决策职能是指财务管理具有能够对企业财务活动进行分析决策的功能，而这种功能的发挥标志着决策的完成。财务决策主要包括投资决策、筹资决策和收益分配决策三个部分。决策不是决定，决策是一个分析的过程，它是收集情报、设计方案、选择方案的一个完整的过程。

（二）财务计划

计划是指预先决定做什么、何时做、怎样做和谁去做。财务计划是指通过价值形式对酒店未来一定时期的财务活动的具体内容所做出的筹划，它是酒店财务活动的依据。财务计划实际上是以价值形式反映酒店未来一定时期财务活动应达到的目标。

财务计划既是一种综合性的价值管理活动，又是一种系统性计划。在市场经济体制下，财务计划是以利润为中心来规划酒店财务活动的，通过利润规划使财务计划构成一个完整的系统工程，这使财务计划成为酒店财务活动和经营活动的行动指南，为协调各部门的行为提供了依据和方向，同时编制财务计划本身也是协调经营行为的一种手段，最终成为控制和考核经营绩效的依据。

（三）财务控制

控制是执行计划的手段。财务控制就是以财务计划为依据，对酒店日常财务活动乃至生产经营活动进行指导、督促和约束，确保计划全面完成的一种管理手段。广义上说，财务控制包括制定控制标准、实施日常控制和定期考核评价三个环节。制定计划为控制提供依据，又是控制的方式之一。财务控制的内容相当广泛，其核心是成本控制，主要环节包括确定标准、计算偏差、分析偏差和矫正行为等。

酒店财务管理的上述三项职能是相互影响、相互依存的。财务决策是前提，没有财务决策，财务计划就成为无本之木；财务计划又是财务控制的依据和目标，财务控制是实现财务计划的手段，控制效果的好坏直接关系到酒店财务决策的成功与否，影响酒店财务活动的经济效果。

二、酒店财务管理目标

酒店财务管理目标是指酒店财务管理所要达到的最终目的。从根本上说，酒店财务管理的目标取决于酒店的目标，所以财务管理的目标和酒店的目标是一致的。创立酒店的目的是营利。已经创立起来的酒店，虽然有改善职工待遇、改善劳动条件、扩大市场份额、提高产品质量、减少环境污染等多种目标，但是营利是其最基本、最重要的目标。营利不但体现了酒店的出发点和归宿，而且可以概括其他目标的实现程度，并有助于其他目标的实现。

酒店财务管理目标有以下几个：

- 生存；
- 偿还到期债务；
- 利润最大化；
- 保持长期持续盈利增长；
- 酒店价值最大化。

关于酒店财务管理目标，主要有以下两种观点：

（一）利润最大化

这种观点认为：利润代表了酒店新创造的财富。利润越多，说明酒店的财富增加得越多，越接近酒店的目标。

这种观点的缺点是：（1）没有考虑利润的取得时间。例如：今年获利100万元和明年获利100万元，哪一个更符合酒店的目标？（2）没有考虑所获利润和投入资本数额的关系。例如：同样获得100万元利润，一家酒店投入资本500万元，另一家酒店投入资本600万元，哪一个更符合酒店的目标？（3）没有考虑获取利润和所承担风险的关系。例如：同样投入500万元，本年获利100万元，一家酒店获利已全部转化为现金，另一家酒店获利则全部是应收账款，并可能发生坏账损失，哪一个更符合酒店的目标？如果假设投入资本相同、利润取得的时间相同、相关的风险也相同，利润最大化是一个可以接受的观念。事实上，许多经理人员都把提高利润作为酒店的短期目标。

（二）酒店价值最大化

这种观点认为：增加股东财富是财务管理的目标。股东创办酒店的目的是增加财富。如果酒店不能为股东创造价值，股东就不会为酒店提供资金。没有了权益资金，酒店也就不存在了。因此，酒店要为股东创造价值。股东财富可以用股东权益的市场价值来衡量。股东财富的增加可以用股东权益的市场价值与股东投资资本的差额来衡量，它被称为“权益的市场增加值”。权益的市场增加值是酒店为股东创造的价值。

财务目标被表述为股价最大化。在股东投资资本不变的情况下，股价上升可以反映股东财富的增加，股价下跌可以反映股东财富的减损。股价的升降，代表了投资大众对公司股权价值的客观评价。它以每股价格表示，反映了资本和获利之间的关系；它受预期每股收益的影响，反映了每股收益大小和取得的时间；它受酒店风险大小的影响，可以反映每股收益的风险。值得注意的是，酒店与股东之间的交易也会影响股价，但不影响股东财富。例如：分派股利时股价下跌，回购股票时股价上升等。因此，假设股东投资资本不变，股价最大化与增加股东财富具有相同的意义。

财务目标还被表述为酒店价值最大化。酒店价值的增加，是由于权益价值增加和债务价值增加引起的。假设债务价值不变，则增加酒店价值与增加权益价值具有相同的意义。假设股东投资资本和债务价值不变，酒店价值最大化与增加股东财富具有相同的意义。

三、财务目标与经营者

股东为酒店提供了财务资源，但是他们处在酒店之外，而经营者即管理当局在酒店中直接从事管理工作。酒店是所有者即股东的酒店，财务管理的目标也就是股东的目标。股东委托经营者代表他们管理酒店，为实现他们的目标而努力，但经营者与股东的目标并不完全一致。

（一）经营者的目标

股东的目标是使自己的财富最大化，千方百计要求经营者以最大的努力去完成这个目标。经营者也是最大合理效用的追求者，其具体行为目标与委托人不一致。其目标包括增加报酬、增加闲暇时间、避免风险。增加报酬，包括物质和非物质的报酬，如工资、奖金、荣誉和社会地位等。增加闲暇时间，包括较少的工作时间、工作时间中较多的空闲和有效工作时间中较小的劳动强度等。上述两个目标之间有矛盾，增加闲暇时间可能减少当前或将来的报酬，努力增加报酬会牺牲闲暇时间。经营者还面临努力工作可能得不到应有报酬的风险，他们的行为和结果之间有不确定性，经营者总是力图避免这种风险，希望付出一份劳动便得到一份报酬。

（二）经营者对股东目标的背离

经营者的目标和股东不完全一致，经营者有可能为了自身的目标而背离股东的利益。这种背离表现在两个方面：

（1）道德风险。经营者为了自己的目标，不一定会尽最大努力去实现酒店的目标。他们没有必要为提高股价而冒险，股价上涨的好处将归于股东，如若失败他们的“身价”将下跌。他们工作中并不卖力，目的是增加自己的闲暇时间。这样做不构成法律和行政责任问题，而只是道德问题，股东很难追究他们的责任。

（2）逆向选择。经营者为了自己的目标而背离股东的目标。例如：装修豪华的办公室，购置高档汽车，蓄意压低股票价格，私自截留公司资金导致股东财富受损等。

（三）防止目标背离的方式

防止经营者背离股东目标的方式一般有两种：

（1）监督。经营者背离股东目标的条件是双方信息不对称，经营者了解的酒店信息比股东多。避免“道德风险”和“逆向选择”的出路之一是股东获取更多的信息，对经营者进行监督，在经营者背离股东目标时，减少其各种形式的报酬，甚至解雇他们。但是，全面监督实际上是行不通的。股东是分散的或者远离经营者，得不到充分的信息；经营者比股东有更大的信息优势，比股东更清楚什么是对酒店更有利的行动方案；全面监督管理行为的代价是高昂的，很可能超过它所带来的收益。因此，股东支付审计费聘请注册会计师，往往限于审计财务报表，而不是全面审查所有管理行为。股东对情况的了解和对经营者的监督是必要的，但受到监督成本的限制，不可能事事都监督。监督可以减少经营者违背股东意愿的行为，但不能解决全部问题。

（2）激励。防止经营者背离股东利益的另一种途径是采用激励计划，使经营者分享酒店增加的财富，鼓励他们采取符合股东利益最大化的行动。例如：酒店盈利率或股票价格提高后，给经营者以现金、股票期权奖励。支付报酬的方式和数量大小有多种选择。报酬过低，不足以激励经营者，股东不能获得最大利益；报酬过高，股东付出的激励成本过大，也不能实现自己的最大利益。因此，激励可以减少经营者违背股东意愿的行为，但也不能解决全部问题。

通常而言，股东同时采取监督和激励两种方式来协调自己和经营者的目标。尽管如此，仍不可能使经营者完全按股东的意愿行动，经营者仍然可能采取一些对自己有利而不符合股东利益最大化的决策，并由此给股东带来一定的损失。监督成本、激励成本和偏离股东目标的损失之间，此消彼长、相互制约。股东要权衡轻重，力求找出能使三项之和最小的解决办法，即最佳的解决办法。

项目四 酒店财务管理环境

酒店财务管理环境，又称理财环境，是指对酒店财务管理活动产生影响的宏观和微观因素，其中主要影响因素有酒店经营所处的外部经济环境、金融环境、法律环境、酒店内部环境。

一、经济环境

经济环境是指影响企业财务管理的各种宏观经济因素，主要包括经济周期、通货膨胀、政府经济政策等。

（一）经济周期

经济周期对酒店理财有重大影响。在经济繁荣时期，市场需求旺盛，酒店会增加投资，扩大规模，酒店通常需要大规模地筹集资金。在经济衰退时期，酒店最重要的目标是维持生存，财务管理工作的重点是节约成本，克服资金周转困难，保障酒店正常经营。

（二）通货膨胀

通货膨胀对酒店财务管理工作也有较大的影响。大规模的通货膨胀会引起酒店资金占用的迅速增加，引起借贷资金利率的上升，增加酒店的筹资成本。为了降低通货膨胀对酒店理财造成的不利影响，财务人员应采取措施防范。为降低货币贬值的风险，酒店可以进行投资，实现资本保值；为减少物价上涨造成的损失，酒店可以与供应商签订长期购销供货合同。

（三）政府经济政策

经济政策是国家进行宏观经济调控的重要手段。国家的产业政策、金融政策、财税政策对酒店的筹资、投资和分配活动都会产生重要影响。例如：金融政策中的货币发行量、信贷规模会影响酒店的资本结构和投资项目的选择；价格政策会影响资本的投向、投资回收期及预期收益。酒店在作出财务决策时，要认真研究政府经济政策，根据当前经济政策合理安排财务管理。

二、金融环境

金融环境是酒店理财中最为主要的环境因素。影响酒店财务管理的主要金融环境因素有金融机构、金融市场和利率。

（一）金融机构

金融机构主要包括银行和非银行金融机构。银行的主要职能是充当信用中介以及企业之间的支付中介。银行通过信用中介职能实现资本盈余和短缺之间的融通。我国的银行主要包括中央银行、国有商业银行、国家政策银行和其他股份制银行。非银行金融机构主要包括信托投资公司、租赁公司等。

（二）金融市场

金融市场是指资金供应者和资金需求者双方通过信用工具进行交易而融通资金的市场，实现货币借贷和资金融通、办理各种票据和进行有价证券交易活动的市场。金融市场主要有外汇市场、货币市场、资本市场和黄金市场。金融市场作为资金融通的渠道，是酒店向社会筹集资金必不可少的条件。

（三）利率

利率，又称利息率，是资金的增值额同投入资金价值的比率，是衡量资金增值程度的量化指标。从资金的借贷关系看，利率是一定时期运用资金的交易价格，在资金分配及财务决策中起着重要作用。资金利率通常由 3 部分组成：纯利率、通货膨胀补偿和风险报酬。纯利率是指没有风险和通货膨胀情况下的资金供求均衡点利率；通货膨胀补偿是指由于持续的通货膨胀会不断降低货币的实际购买力，为补偿其购买力损失而要求提高的利率；风险报酬分为违约风险报酬、流动性风险报酬和期限风险报酬 3 种。违约风险报酬是指借款人无法按时支付利息或偿还本金会给投资人带来风险，债权人为了弥补风险而要求提高的利率；流动性风险报酬是指债务人资产的流动性不好会给债权人带来风险，为补偿这种风险而提高的利率；期限风险报酬是指对于一项负债，到期日越长，债权人承受的不确定性因素就越多，承受的风险也就越大，为弥补这种风险而要求提高的利率。

三、法律环境

酒店财务管理法律环境是指酒店和外部发生经济关系时应该遵守的各种法律、法规。酒店在理财活动中应当遵守的法律、法规包括以下几个方面：

（一）企业组织法规

企业组织法主要有《中华人民共和国公司法》《中华人民共和国合伙企业法》《中华人民共和国个人独资企业法》《中华人民共和国中外合资经营企业法》等。

（二）税法

纳税是酒店的一种费用，增加了酒店的现金流出，对酒店理财有重要影响。我国的税法分为 3 类：所得税法、流转税法和其他税法。所得税法包括《中华人民共和国企业所得税法》和《中华人民共和国个人所得税法》；流转税法主要有《中华人民共和国增值税暂行条例》《中华人民共和国消费税暂行条例》等；其他税法包括对财产征税的税法，主要有资源税、印花税、关税、房产税和土地增值税等。

（三）财务法规

财务法规是规范酒店财务行为的法律规范，包括《中华人民共和国会计法》《企业会计准则》《企业财务通则》和《企业会计制度》等。

四、酒店内部环境

酒店内部环境主要指酒店内部自身的环境，包括酒店组织形式、酒店管理体制。

（一）酒店组织形式

酒店组织形式是指酒店资金的形成方式，通常有独资、合伙和股份制三种。独资酒店开办方便、管理自由、利润独享、限制不多，承担无限责任，风险较大。股份制酒店开办复杂，程序较多，监控严格，股东承担有限责任，并可通过发行股票或债券筹集大量资金，对酒店发展比较有利，财务管理规范、财务关系复杂。

（二）酒店管理体制

酒店管理体制是指酒店管理组织体系及责权划分制度。酒店的经营规模、经营范围、人员素质及管理要求等决定酒店管理体制。酒店管理体制对酒店财务管理组织和财务运行方式有重要影响，旅游集团总公司管理的酒店、酒店管理公司下属酒店和独立经营的酒店，其财务管理有明显的不同。

技能训练

一、实训教学目的

通过本次实践教学，使学生了解酒店财务管理的状况，增强对酒店财务管理的感性认识，提高学习兴趣和热情，为学习后面的酒店财务管理课程奠定基础。

二、实训教学形式

1. 分小组走访 1～2 个酒店财务部，了解酒店财务部的岗位设置和工作职责。

2. 分小组走访 1 个酒店，了解该酒店的营业情况，包括营业收入及构成、成本费用情况及利润。

3. 与酒店财务部经理交流，了解财务部的管理。

三、实训教学设计

1. 教师分配任务，学生分组，开展酒店财务部调查走访。

2. 小组组长分配任务，确定工作分工。

3. 制作汇报文件 PPT。

4. 小组汇报、讨论、交流。

5. 同学提问、教师点评。

四、任务布置

1. 小组讨论：酒店财务管理主要有哪些活动？这些活动都有哪些关键点？

2. 小组讨论：酒店财务管理环节有哪些？

3. 小组讨论：酒店财务活动相关主体有哪些？与这些相关主体主要有哪些业务联系？

五、实训教学考核

1. 过程考核：实践活动执行过程。

2. 结果考核：小组调查分析和PPT汇报情况。

思享园地

财务管理人员所应具备的素质

1. 高尚的道德素质

道德是指人们共同生活及其行为的准则和规范，是一个人的品行。财务管理人员与钱打交道，要见钱眼不花、手不痒，公私分明，自律观念强，作风正派，为人光明磊落，办事实事求是，爱岗敬业。财务管理人员由于其所处位置的重要性，其品德素质对企业的发展至关重要。一名优秀的财务管理人员必须具有良好的工作作风，不论做人还是做事都要实事求是，在财务管理工作中遵纪守法，廉洁奉公，严格按规章制度办事，坚持原则。

财务管理人员的道德素质主要有以下几个方面：

（1）作风正派。优秀的财务人员应正确执行党和国家的方针政策，具有良好的工作作风，不论做人还是做事都实事求是。在财务管理中遵纪守法，坚持原则，抵制弄虚作假行为，高质量、高效率地完成本职工作。

（2）敬业精神。优秀的财务人员应该热爱本职工作，把工作看作一种需要和自我价值的实现。在工作中不断追求创新，自觉学习相关专业知识与技能，不断提高自身业务水平。

（3）对企业忠诚。主要表现在：视企业利益高于自身利益，不做任何不利于企业的事情，财务主管要严格保守企业的商业机密，自觉维护企业形象，并为企业发展出谋划策。

2. 诚信素质

财务管理人员要对法规讲诚信，遵纪守法，不做违反法规的事；对领导讲诚信，忠于上级，忠于董事会的决议，不阳奉阴违；对企业讲诚信，一切为企业着想，严格保守企业商业秘密；对部属讲诚信，办事公道，以理服人，以法和制度管人，团结同事；对社会讲诚信，诚信纳税，诚信反映各种数据，诚信处理好各方面的事务。

3. 业务素质

企业财务管理是一项专业性很强的工作。只有熟悉和掌握一定的专业知识和相关知识，才能做好企业的理财工作。财务管理人员必须熟练掌握会计知识和企业财务操作技能，同时必须掌握相关的专业知识，以及国家有关财务会计工作法规政策，作为自己开展工作的依据。

模块二 资金时间价值

学习目标

知识目标

- 熟知酒店资金时间价值的基本概念。
- 熟知单利、复利、年金、终值、现值的基本概念。

能力目标

- 能运用资金时间价值正确计算单利、复利现值和终值。
- 能运用资金时间价值正确计算年金现值和终值。
- 能运用资金时间价值正确计算分期付款金额。

模块导入

计算资金时间价值，选择最佳收益

周教授是某大学旅游学院教授、知名酒店管理专家，一日接到一家大型酒店集团公司的邀请函，邀请他作为公司的管理顾问，指导酒店新产品设计、开发。邀请函的具体条件如下：

（1）每个月来公司指导工作一天；

（2）每年聘金 10 万元；

（3）提供公司所在地附近住房一套，价值 80 万元；

（4）在公司至少工作 5 年。

周教授对以上工作待遇很感兴趣，对公司开发的新产品也很有研究，决定应聘。但他不想接受住房，因为每月工作一天，只需要住公司酒店客房就可以了。因此他向公司提出，能否将住房改为住房补贴。公司高层研究了周教授的请求，决定可以在今后 5 年中每年年初给周教授支付 20 万元住房补贴。收到公司通知后，周教授又犹豫起来，因为如果向公司要住房，可以将其出售，扣除手续费等费用后，他可以获得 76 万元，而若接受住房补贴，则每年年初可获得 20 万元，银行每年存款利率为 3.5%。

思考：周教授应该如何选择才能使效益最大化？

资金时间价值是指资金在周转过程中随着时间的推移而产生的价值，也就是资金在投资和再投资过程中随着时间的推移而发生的增值。资金时间价值是一个重要的经济概念，无论对个人投资决策，还是对酒店的投资决策，都将会产生重要的影响。在进行项目财务评估、投资决策时，一定要考虑资金时间价值，重视资金时间价值，作出科学的投资决策。

当前，我国酒店融资渠道较为单一。对于中小型酒店来说，融资难的问题是制约其快速发展的重要原因。酒店一直在强调应收账款回款的重要性，其中的重要原因是资金对酒店来说具有极大的时间价值。一方面，酒店存在大量的资金（应收账款）被外单位无偿占用；另一方面，一些收益丰厚的项目无钱可投，损失的该项投资的收益以及其间通货膨胀率都是该笔应收账款的时间价值。同时，应收账款作为一项被外单位占用的资产，在收取款项上债务人比债权人拥有更大的主动权。应收账款的这种不易控制性，决定了应收账款不可避免地存在一定的风险，这种风险同样是其时间价值的构成因素。另外，酒店的盈利是靠资金链一次一次的形成和解脱积累形成的。在每一次有利可图的情况下，循环的时间越短越好。要实现利润的最大化，酒店追求的应是资金循环的每次效益与资金循环的速度之积最大。然而，如果酒店存在大量应收账款，必然使酒店的资金循环受阻，大量的流动资金沉淀在非生产环节，不仅使酒店的营业周期延长，还会影响酒店的正常生产经营活动，甚至会威胁酒店的生存。因此对酒店来说，利润关系着酒店的发展，而资金则关系着酒店的生存。

项目一 单复利计算及应用

一、单利终值和现值的计算

单利是指每期都按初始本金计算利息，即使当期期末支付利息而延期合并支付，利息也不转入本金一起计息。单利的终值就是本利和，是指若干期以后包括本金和利息在内的未来价值。现值就是以后年份收到或付出资金的现在价值，可用倒求本金的方法计算。

单利终值计算公式为：

$$FV_n = PV_0 \times (1 + i \times n)$$

单利现值计算公式为：

$$PV_0 = FV_n \div (1 + i \times n)$$

FV_n为终值，即第 n 年年末的价值；PV_0为现值，即第 1 年年初的价值；i 为利率；n 为计算期数。

【例 2-1】某人持有一张带息票据，面额 1 000 元，票面年利率为 10%，持票 3 年，问 3 年后他可以得到多少本息？

解：

$$FV_n = 1\ 000 \times (1 + 10\% \times 3) = 1\ 300\text{（元）}$$

【例 2-2】某人希望在 3 年后从银行取得本利和 1 000 元，用于支付一笔款项。若利率为 10%，在单利方式计算下，此人现在需要存入银行多少钱？

解：

$$PV_0 = 1\ 000 \div (1 + 10\% \times 3) = 769.23\text{（元）}$$

二、复利终值和现值的计算

复利是指计算利息时，每经过一个计算周期，将利息加入本金中再计算下一期利息，即通常所称的“利滚利”。资金时间价值一般都是按照复利的方式计算的。

复利终值计算公式为：

$$FV_n = PV_0 \times (1 + i)^n$$

复利现值计算公式为：

$$PV_0 = FV_n \div (1 + i)^n$$

FV_n为终值，即第 n 年年末的价值；PV_0为现值，即第 1 年年初的价值；i 为利率；n

为计算期数。

【例 2-3】 某人持有一张带息票据，面额 1 000 元，票面年利率 10%，持票 3 年，按复利计算，他 3 年后可以得到多少本息？

解：

FV_n = 1 000×（1+10%)^3 = 1 331（元）

【例 2-4】 某人希望在 3 年后从银行取得本利和 1 000 元，用于支付一笔款项。若利率为 10%，在复利方式计算下，此人现在需要存入银行多少钱？

解：

PV_0 = 1 000÷（1+10%)^3 = 751.87（元）

思考

（1）某人拟购一套正在建设中的商品房（建设期为 3 年），采用现付方式，现在付款，价款为 120 万元；如果延期至 3 年后交付后再付款，价款为 136 万元。如果 3 年期银行存款利率为 5.4%，不考虑其他费用，此人应采用哪种付款方式呢？

（2）如果你突然收到一张事先不知道的 1 260 亿美元的账单，你一定会大吃一惊。而这样的事情却发生在瑞士田纳西镇的居民身上。纽约布鲁克林法院判决田纳西镇应向美国投资者支付这笔钱。最初，田纳西镇的居民以为这是一件小事，但当他们收到账单时，被这张巨额账单吓呆了。他们的律师指出，若高级法院支持这一判决，为偿还债务，所有田纳西镇的居民在其余生中将不得不靠吃廉价快餐度日。

田纳西镇的问题源于 1966 年的一笔存款。斯兰黑不动产公司在内部交换银行（田纳西镇的一个银行）存入了一笔 6 亿美元的存款。存款协议要求银行按每周 1%的利率（复利）付息（难怪该银行第二年破产）。1994 年，纽约布鲁克林法院作出判决：从存款日到田纳西镇对该银行进行清算的 7 年中，这笔银行存款应按每周 1%的复利计息，而在银行清算后的 21 年中，每年按 8.54%的复利计息。

请用你所学的知识说明 1 260 亿美元是如何计算出来的。利率为每周 1%，按复利计算，6 亿美元增加到 12 亿美元需多长时间？增加到 1 000 亿美元需多长时间？

项目二 年金计算及应用

年金是指在一定时期内，每隔相同的时间等额收付的一系列款项，如资产折旧、租金、利息、按揭、养老金、公积金等都采用年金形式。年金按收付发生的时间点和延续的时间长短不同，分为普通年金、预付年金、递延年金和永续年金四种。

一、普通年金的计算

普通年金，又称后付年金，是指从第一期起，在一定时期内每期期末等额收付的系列款项。

（一）普通年金终值计算

普通年金终值犹如零存整取的本利和，它是一定时期内每期期末等额系列收付款项的复利终值之和。普通年金现值通常为每年投资收益的现值总和，它是一定时期内每期期末收付款项的复利现值之和（见图2-1）。

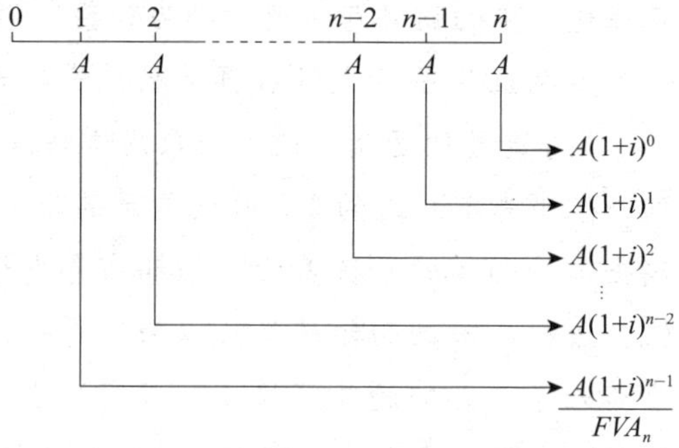

图2-1 普通年金终值计算示意图

普通年金终值计算公式：

$$F=A\times\frac{(1+i)^n-1}{i}$$

【例2-5】某人5年内，每年年底存入银行1 000元，存款利率为8%，问第5年年末年金终值为多少？

解：

$$F=1\ 000\times[(1+8\%)^5-1]\div8\%=1\ 000\times5.867=5\ 867\text{（元）}$$

（二）偿债基金计算（已知年金终值 *F*，求年金 *A*）

偿债基金是指为了在约定的未来某一时点清偿某笔债务或积累一定数额的资金而必须分次等额形成的存款准备金。其计算公式为：

$$A=F\times\frac{i}{(1+i)^n-1}$$

【例2-6】某酒店有一笔3年后到期的借款，数额20万元，为此设置偿债基金，年复利率10%，到期一次还请借款，则每年年末应存入多少金额？

解：

$$A=20\times0.1/[(1+0.1)^3-1]=6.04\text{（万元）}$$

（三）普通年金现值计算

普通年金现值是指为在每期期末取得相等金额的款项，现在需要投入的金额（见图2-2）。

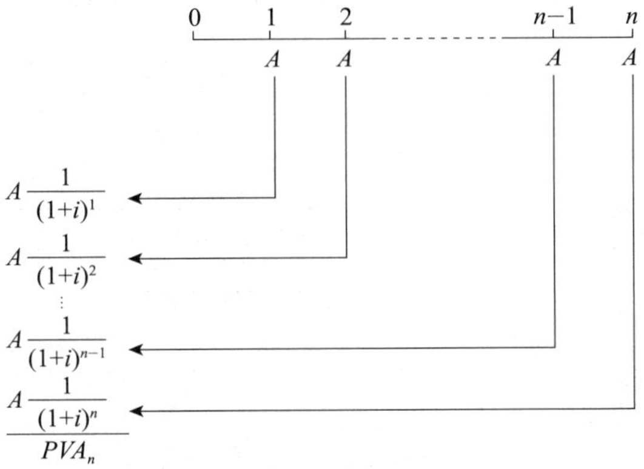

图2-2 普通年金现值计算示意图

普通年金现值的计算公式为：

$$P=A\times\frac{1-(1+i)^{-n}}{i}$$

年金现值系数记为（P/A，i，n），可通过直接查阅“1元年金现值系数表”求得有关数值。

【例2-7】某酒店租住办公楼，租期3年，每年年末支付租金6万元，假定年利率为10%，则该企业3年内应支付的租金总额的现值为多少？

解：

$$P=6\times[1-(1+0.1)^{-3}]/0.1=15(\text{万元})$$

（四）年资本回收额计算（已知年金现值*P*，求年金*A*）

年资本回收额是指在给定的年限内等额回收初始投入资本或清偿所欠债务的金额。年资本回收额的计算是年金现值的逆运算。其计算公式为：

$$A=P\times\frac{i}{1-(1+i)^{-n}}$$

资本回收系数记为（A/P，i，n），可通过直接查阅“资本回收系数表”或利用年金现值系数的倒数求得。

【例2-8】某酒店计划以10%的利率借款300万元，投资于某个寿命为10年的项目，则每年至少应收回多少钱才是可行的？

解：

$$A=300\times0.1/[1-(1+0.1)^{-3}]=48.8(\text{万元})$$

二、预付年金的计算

预付年金，又称先付年金，是指一定时期内每期期初等额的系列收付款项，按复利计算的在最后一期期末所得的本利和，即各期收付款项的复利终值之和。预付年金与后付年金的差别，仅在于收付款的时间不同，n 期预付年金终值和 n 期后付年金终值相比，两者付款次数相同，预付年金终值比后付年金终值要多一个计息期（见图 2-3）。为求得 n 期预付年金的终值，可在求出 n 期后付年金终值后，再乘以（$1+i$）。它与普通年金的区别仅在于收付款时间的不同。

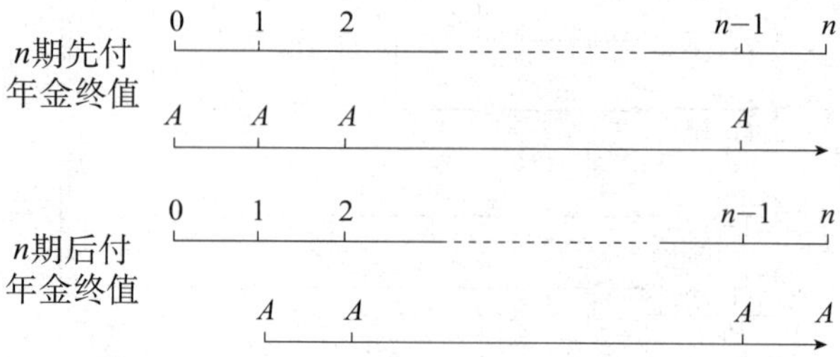

图 2-3　先付年金终值和后付年金终值的计算示意图

预付年金终值的计算公式为：

$$
\begin{aligned}
FVA_n &= A(F/A,i,n)\times(1+i)\\
&= A[(F/A,i,n+1)-1]
\end{aligned}
$$

【例 2-9】 假如江南公司有一个基建项目，分 5 次投资，每年年初投资 1 000 万元，预计第五年年末建成。该公司的投资款均向银行借款取得，利率为 8%。该项目的投资总额是多少？

解：

（1）按方法一计算：

=1 000×（F/A，8%，5）×（1+8%）

=1 000×5.866 6×（1+8%）

=6 335.92（万元）

（2）按方法二计算：

=1 000×［（F/A，8%，6）−1］

=1 000×（7.335 9−1）

=6 335.90（万元）

三、递延年金的计算

递延年金是指在最初若干期没有收付款项的情况下，间隔一定时期后每期期末或期初收入或付出的系列等额款项，按照复利计息方式计算的在最后一期期末所得的本利和，n 期递延年金终值与 n 期普通年金终值的计算方法是一样的，其终值大小与递延期无关（见图 2-4）。

递延年金的计算公式为：

$$F = A \times [(1+i)^n - 1] \div i$$
$$= A \times (F/A,\ i,\ n)$$

【例 2-10】 假设江南公司拟一次性投资开发某农庄，预计该农庄能存续 15 年，但是前 5 年不会产生净收益，从第 6 年开始，每年的年末产生净收益 5 万元（见图 2-4）。在考虑资金时间价值的因素下，若农庄的投资报酬率为 10%，该农庄给酒店带来累计收益为多少？

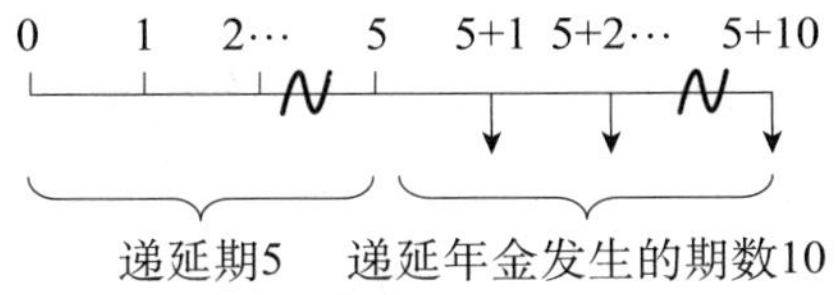

图 2-4　递延年金计算示意图

解：

求该农庄给酒店带来的累计收益，实际上就是求递延年金终值。根据公式：

$$F = 50\ 000 \times (F/A,\ 10\%,\ 10)$$
$$= 50\ 000 \times 15.937$$
$$= 796\ 850（元）$$

思考

某投资者拟购买一处房产，开发商提出了三个付款方案：

方案一：现在起 15 年内每年年末支付 10 万元；

方案二：现在起 15 年每年年初支付 9.5 万元；

方案三：前 5 年不支付，第 6 年起到第 15 年每年年末支付 18 万元。

假设按银行贷款利率 10%复利计息，若采用终值方式比较，哪一种付款方式对购买者有利？

四、永续年金的计算

永续年金是普通年金的特殊形式，可视为期限为无穷的普通年金，没有时间界限，终值无法计算，现值采用极限的方式计算。永续年金现值计算公式为：

$$P = A \div i$$

【例 2-11】 某酒店拟建立一项永久性奖学金，每年计划颁发 10 000 元奖金，若银行利率为 10%，学校现在应存入银行多少元？

解：

$$P = 10\ 000 \div 10\% = 100\ 000（元）$$

技能训练

一、实训教学目的

通过本次实践教学，使学生加深对资金时间价值的了解，能够熟练计算单利及复利的终值和现值、年金的终值和现值、偿债基金和年资本回收额，正确评估不同投资项目的投资价值。

二、实训教学形式

在综合实训室，计算并评估不同项目的单利及复利的终值和现值、年金的终值和现值、偿债基金和年资本回收额。

1. 某人持有一张带息票据，面额 5 000 元，票面年利率 8%，持票 5 年，按复利计算，他 5 年后可以得到多少本息？

2. 某人希望在 2 年后从银行取得本利和 50 000 元，用于支付一笔款项。若利率为 8%，在复利方式计算下，此人现在需要存入银行多少钱？

3. 某人拟购一套正在建设中的商品房（建设期为 3 年），采用现付方式，现在付款，价款为 120 万元；如果延期至 3 年后交付后再付款，价款为 136 万元。如果 3 年期银行存款利率为 5%，不考虑其他费用，此人应采用哪种付款方式？

4. 某人 3 年内，每年年底存入银行 1 000 元，存款利率为 6%，第 3 年年末年金终值为多少？

5. 某酒店计划在 4 年建设期内每年年末向银行借款 1 000 万元，借款年利率为 8%，则该项目竣工时应付本息的总额为多少？

6. 某酒店有一笔 3 年后到期的借款，数额 20 万元，为此设置偿债基金，年复利率 10%，到期一次还请借款，则每年年末应存入多少金额？

7. 某酒店租住办公楼，租期 5 年，每年年末支付租金 10 万元，假定年利率为 10%，则该企业 5 年内应支付的租金总额的现值为多少？

8. 某酒店计划以 8%的利率借款 100 万元，投资于某个寿命为 6 年的项目，则每年至少应收回多少钱才是可行的？

9. 某酒店拟建立一项永久性奖学金，每年计划颁发 50 000 元奖金，若银行利率为 10%，学校现在应存入银行多少元？

10. 某项投资的年利率为 12%，而你认为利率不错，一次性投资了 20 万元，那么 3 年后会得到多少钱？能赚到多少利息？其中有多少源自复利？

11. 某人拟在 5 年后获得本利和 10 万元，假设投资报酬率为 10%，现在应一次性投入多少钱？如果分期 5 年投入，每年年末应该投入多少钱？

12. 某人分期付款方式买下一套价值 30 万元的汽车，利息率为 12%，付款期限为 5 年，每年付款金额相等，此人每年需付多少钱？

13. 公司为提高产品质量，拟购买一批设备，两个付款方案可供选择。请用终值和现值计算，为公司决策提供依据。

(1) 一次性支付 80 万元；

(2) 分 5 期支付，每年年末支付 20 万元，投资利率为 10%。

三、实训教学设计

1. 教师分配任务，学生分组，开展小组计算练习。

2. 小组讨论、交流、并汇报。

3. 同学提问、老师点评。

四、实训教学考核

1. 过程考核：实践活动执行过程。

2. 结果考核：计算结果是否正确。

思享园地

高利贷的危害

1. 高利贷的恶劣影响

(1) 影响社会治安。民间借贷涉及范围广、人员杂，在债务人欠债不还或无法归还的情况下，容易发生暴力催讨行为，引发刑事犯罪，影响社会安定和谐。一方面，高利贷发放者为追讨债务不惜动用非法手段，故意伤害、非法拘禁等刑事案件增多，甚至出现一些带有黑社会性质的地下追债公司。据资料可查，2020 上半年以来，杭州法院受理非法拘禁案件 328 件 516 人，其中 106 件 202 人是由于受害人未及时归还高利贷债务而造成的民转刑案件。另一方面，债务人因无法按时还贷，眼看债务即将翻番被迫走上绝路，或者为了还债铤而走险甚至走向犯罪道路。例如：被告朱某因向高利贷发放者借款被起诉 6 起案件，标的金额达 52.63 万元，而实际借款只有 30 万元左右，到 2021 年 6 月已经翻到 100 万元以上。其妻杨某在被高利贷发放者追债过程中多次企图自杀，在给法院写的信中控诉高利贷发放者的种种恶劣行径。另外，汽车租赁业已成为地下高利贷的重灾区。据有关部门统计，2020 年浙江省共有 2 000 多辆汽车被非法寄售或非法典当，这些被典当的汽车中有一部分是赌徒租去后抵押到调剂行借高利贷的。

(2) 扰乱国家金融秩序。由于各大商业银行的基层机构逐步退出农村金融市场，农村信用社现有的资金实力无法满足需求，导致农村信贷资金供求矛盾日益突出，给高利贷占据农村金融市场以可乘之机。由于民间高利贷利率普遍高于银行基准利率，受利益驱动，一部分人便将自有资金用于民间借贷，高利贷者以 2 分至 3 分的利息融集民间资金，而后以高利贷贷出。虽然近几年居民收入持续增长，但居民储蓄存款增幅连续下滑，大量资金涌入民间借贷市场，容易滋生私人钱庄（如“抬会”“标会”）等非法民间金融组织，严重影响金融秩序的稳定。

2. 遇到高利贷纠纷怎么解决

高利贷逐渐成了社会毒瘤，在很多地方已经出现因为高利贷被逼抵押房屋、东躲西藏远离家乡，甚至有自杀的现象。借款人一方面抱怨高利贷给生活带来的艰难，另一方面却又对这种现状无可奈何，形成了一个怪圈。那么，如果遇到高利贷纠纷怎么解决?

(1) 由于高利贷引起的诉讼时效是两年，从还款期限届满之日起算，如果没有写明还款日期，适用最长诉讼时效20年。

(2) 认定为高利贷的部分，债务人对属于高利贷的部分可以不还，债权人因此提起的还款请求也不受法律保护，但是本金和合理的利息是要偿还的。

(3) 因为赌博等犯罪行为产生的高利贷属于恶债，可以拒绝偿还。如果债务是用于家庭共同生活的需要而产生的，夫妻双方要承担还款责任。即使夫妻离婚，债权人仍然可以向任何一方追讨。约定不承担债务的一方偿还债务后可以向另一方追讨。

(4) 刑法中虽然没有关于放高利贷的罪名，但是在此过程中产生的刑事纠纷，如故意伤害等出借人要按相应的罪名承担刑事责任。

3. 如何认定高利贷

高利贷是一种超过正常利率的借贷。至于利息超过多少才构成高利贷，由于在立法和司法中都没有统一的规定和解释，在实践中按照民法典和有关法律规定的精神，本着保护合法借贷关系，有利于生产和稳定经济秩序的原则，对具体的借贷关系进行具体分析，然后认定其是否构成高利贷。

这种观点还认为在确定高利贷时，应注意区别生活性借贷与生产经营性借贷，后者的利率一般高于前者。因为生活性借贷只是用于消费，不会增值；而生产经营性借贷的目的，在于获取超过本金的利润，因此，它的利率应高于生活性借贷的利率。《关于人民法院审理借贷案件的若干意见》规定，民间借贷的利率可以适当高于银行的利率，各地人民法院可根据本地区的实际情况具体掌握，但最高不得超过银行同类贷款利率的四倍(包含利率本数)。超出此限度的，超出部分的利息不予保护。出借人不得将利息计入本金谋取高利。审理中发现债权人将利息计入本金计算复利的，其利率超出规定的限度时，超出部分的利息不予保护。

模块三 酒店筹资管理

学习目标

知识目标

- 了解酒店筹资的渠道和方式、不同筹资渠道的特点、筹资风险的控制。

能力目标

- 能运用不同筹资渠道的特点，合理选择筹资渠道，设计科学的筹资方式，以最小的筹资成本筹集资金，并对筹资风险进行有效控制。

模块导入

科学筹资决策，防范筹资风险

杭州一家中外合作经营的酒店在2015年筹建期间，为提高档次，欲向银行借款以增加投资，遂与浙江某信托投资公司（以下简称投资公司）协商，以酒店的房产及土地使用权担保，请求投资公司担任借款合同保证人。双方协商一致后，2016年8月27日，由投资公司担保，酒店与以杭州银行为代理的几家银行（下称贷款银团）签订了为期8年半的贷款合同，并于2016年10月至2017年11月分19次提取了全部贷款8 000万元。但因酒店没有充裕的资金，无法按照贷款合同的规定按期偿还该贷款的本金及利息，造成多次违约。贷款银团根据贷款合同约定，于2018年7月宣布全部贷款本金、利息及其他费用提前到期，要求酒店立即付清应付款7 300万元。酒店一直不予偿付。贷款银团遂要求投资公司履行保证人义务。投资公司于2019年2月代酒店清偿了所欠本金及利息，并于2019年2月发函向酒店追索。因酒店未予偿付，投资公司遂将酒店告上法院，最终酒店败诉，并于2019年7月被拍卖，以偿还债务。

本案例反映了酒店筹资循环中的问题。筹资业务是酒店的一项非常重要的活动，酒店必须建立严格的内部控制制度，以防止发生无法偿付的风险或舞弊行为。从本案例看，酒店最终发生违约，很大程度上应归结于筹资前的授权审批制度控制不严。显然，如果酒店不能按照合同或协议规定的条款按期支付借款的本金和利息，必将造成债务的加速到期。案例中的酒店，在2017年10月应该支付贷款银团的第一期贷款利息300万元时，拖到11月才偿付，构成第一次违约；2018年1月应付第二期贷款利息时，再次未予支付，又一次违约；2018年5月应偿付第一期本金520万元及到期利息270万元，由于无力偿付再次违约。正是由于一次次发生违约，才导致7 300万元贷款的本息提前到期，造成酒店的支付危机，并导致最终破产被拍卖。一连串的违约体现了酒店的筹资计划存在很大的漏洞，对本息的偿还没有进行统筹规划或预算控制。

对一家酒店而言，筹资业务一般发生的次数较少，但往往金额较大，一旦发生后对酒店的影响很大，因此管理层应对其中可能涉及的风险树立足够的风险意识，董事会应该授权专门的部门或机构对筹资业务负责。在多数企业中，一般由财务经理来承担筹资业务的计划编制工作。财务经理应该在经营活动中准确地分析企业经营活动所需的资金数量，在计划中应详细地说明筹资的理由、筹资的数量、筹资前后企业财务实力的变化、筹资对企业未来收益的影响、各种筹资方式的利弊比较以及对某种筹资方式的建议等。筹资计划必须呈董事会审核。董事会应该对筹资的使用、可能产生的效益、偿还借款、债券或支付股利的安排等予以足够的关注。随着市场经济的进一步发展，企业面临的机遇不断增加，但与此同时风险也在加剧。作为一个自主经营的现代企业，除了要抓住机会很好地发展壮大之外，更需要树立强烈的风险意识。案例中暴露出的筹资计划问题，要求企业在制定发展战略以及日常的经营活动中建立相应的内部控制制度，加强预算控制，防范决策失误。

思考：企业应如何科学合理地选择筹资方式，降低筹资成本，控制筹资风险？

项目一 酒店筹资基本知识

酒店在新建、运营、投资以及利润分配过程中都需要有一定量的资金，筹集资金是酒店各项财务工作的基础。酒店在筹集资金过程中需要合理预测资金需要量、选择适当的筹资方式、计算资金成本、分析筹资风险，据此作出合理的资金筹集决策。

酒店筹资是酒店根据经营需要，通过金融市场，采用合理的融资方式，获得酒店经营所需资金的一种财务活动。筹集适当的资金是酒店生存和发展的基础。对于新建酒店来说，需要筹集一定量的资金用于购建客房、餐厅等建筑物，需要购买机器设备以及原材料、商品等物资，需要垫付员工薪金，并支付酒店创建期的各种创办费用。对于现存酒店维持正常经营来说，需要筹集一定量的资金用于不断购置固定资产，从而维持或扩大酒店经营能力，储备足够的原材料、商品并支付员工薪金，为客户提供服务，及时清偿债务，维持酒店的信誉等。

一、酒店筹资的动机

资金是酒店发展的根本。如果没有资金的支持，酒店就无法生存与发展。酒店筹集资金的动机很多，如维持酒店日常经营需要、增添新的设备、更新改造、调整资本结构、对外投资等。酒店筹资有时候是单一的动机，有时候是几种动机的结合。归纳起来一般分为三种：

（一）扩展性动机

扩展性动机是指酒店为了扩大经营规模或追加对外投资而产生的筹集资金的动机。酒店要扩大规模，需要购置更多的设备，开发新的服务产品，建设更强大的管理团队。为了满足扩张的需要，酒店必须筹集资金。一般而言，有良好发展前景又正处于成长期的酒店都会产生这种筹资动机。其主要需要的是长期资金。扩展性动机会使酒店资产和负债的规模都有所增加，给酒店带来收益增长机会的同时，也会给酒店带来风险。

（二）偿债性动机

偿债性动机是指酒店为了偿还债务或调整资本结构而筹集资金的动机。偿债性动机可分为两种情况：一是调整性偿债筹资，即酒店虽有能力支付到期的旧债，但为了调整原有的资本结构，通过增加负债比重，从而使资本结构更加合理化；二是恶化性偿债筹资，酒店无力偿还到期债务，被迫重新举债偿还。偿债性动机的直接后果并没有扩大酒店资产的总体规模，只是改变了酒店原有的资本结构。

（三）混合性动机

混合性动机是指酒店因同时需要长期资金和现金而形成的筹资动机。酒店在生产经营过程中，可能因扩大经营规模需要资金，同时又因为现金短缺而无法偿还到期债务，从而需要筹集资金。通过混合性筹资，酒店同时满足了扩大经营规模和及时偿还债务的需求。

二、酒店筹资的原则

酒店筹资需要根据酒店经营管理需要，遵循下列基本原则：

（一）适度原则

酒店筹资需要根据酒店经营需要合理预测、确定资金需要量。资金不足，将会影响酒店正常经营；资金过剩，闲置不用，又会影响资金使用效率。所以，适度筹资既能保证酒店经营需要，又能提高资金使用效率。

（二）及时原则

酒店是季节性经营的企业。在旅游旺季，酒店对资金的需要量较大，而在旅游淡季，酒店对资金的需要量可能相对较小。为此，酒店在筹资过程中，需要对资金供求现状进行深入细致的调查，合理预测酒店的资金需要量，及时筹措所需资金，以满足酒店经营所需。

（三）效益原则

酒店筹资必须讲求效益，以尽可能小的成本，取得尽可能大的收益。酒店一方面要尽量选择资金成本低的筹资渠道和筹资方式，降低资金综合成本；另一方面要合理确定资金投资方向，使有限的资金获取最大的投资收益。

（四）结构合理原则

酒店筹资必须考虑各种筹资渠道和筹资方式的合理比例结构，注意举债规模与资本结构和偿债能力相适应，避免不应有的财务风险。为此，酒店需要从全局出发、从长远出发，合理安排资本结构，既充分利用现有资金，又尽可能在合理的范围内利用社会资金，扩大酒店经营规模。

（五）合法原则

酒店筹资要遵循国家法律法规，尤其是在向社会筹资时，要严格按国家规定执行，严格申报程序和操作规程，严禁违法筹资，保障国家金融秩序的稳定。

（六）计划原则

酒店筹资必须实行计划管理。首先要制定周密详细的计划，预测所筹资金的未来经济效益，确定所筹资金数额、使用方向、使用时间、资金使用预计收益、还本付息时间等，以保证所需资金的顺利获得。

三、酒店筹资的分类

（一）按筹资的使用时间分，可以分为短期筹资和长期筹资

短期筹资是酒店为了满足经营过程中临时资金需要而筹集的资金，筹资期限较短，一般在一年以内。长期筹资是酒店为了长期发展所需筹集的、使用期限较长（一般在一年以上）的资金。将酒店资金筹集划分为短期筹资和长期筹资，有利于酒店从经营周转和长期发展需要出发，决定所筹资金的使用和偿还，并制定相应的财务政策。

（二）按筹资对象的范围分，可以分为内部筹资和外部筹资

内部筹资，又称权益筹资，是酒店向有关投资者筹集的资金。外部筹资，又称债务筹资，是酒店向外部有关金融和非金融机构、个人等筹集的资金。划分权益筹资和债务筹资，目的在于合理安排资金使用，酒店债务筹资需要安排到期偿还，权益筹资酒店不需偿还。

（三）按筹资的形态分，可以分为实物筹资、货币筹资和无形资产筹资

实物筹资是酒店筹集的、以实物形式投入酒店的资产，主要有固定资产和存货。货币筹资是酒店筹集的、以货币形式投入酒店的资产，包括本币和外币。无形资产筹资是酒店筹集的、以无形资产形式投入酒店的资产。划分实物筹资、货币筹资和无形资产筹资，有利于酒店在筹资决策上选择最适合的资金形态。

项目二 酒店筹资分析

酒店筹集经营资金的适当数量，必须以对资金需要量的合理预测为基础。合理预测酒店资金需要量，可以实时保障酒店经营所需资金。资金需要量过高，会使酒店筹集过多资金，造成资金的浪费，增加酒店不必要的费用开支；资金需要量过低，易使酒店资金使用不足，影响酒店经营过程中的正常资金周转。

一、酒店资金需要量预测

（一）销售量及销售收入预测

酒店餐饮、商品以及其他各营业部门的销售都以酒店客房销售为基础，所以酒店预测资金需要量必须以酒店的客房销售预测为起点。预测酒店客房销售，需要以酒店近年来的客房销售以及销售变动趋势为基础，综合考虑各种外部及内部因素对其产生的影响。影响酒店销售变动的各种外部因素有：国家宏观经济形势、酒店所处城市及城区经济发展趋势、可能的突发事件、客源结构的变化、旅游消费模式的转变等。影响酒店销售变动的各种内部因素有：广告的投放及其产生的效应、促销手段的实施、定价策略等。酒店确定各营业部门的销售后，需要根据现销与赊销比、收账政策，确定酒店的现金流入量。

（二）预计酒店投资数额

酒店增加投资数额主要考虑两方面：旅游人数的增加对酒店规模的扩大产生影响、酒店服务质量的提高对酒店软硬件设施建设产生影响。随着社会政治经济的稳定发展和人们生活水平的提高，人们可用于自由支配的收入稳定增加，为旅游经济的蓬勃发展创造了条件，对旅游热点地区的酒店扩大经营规模产生了影响。酒店的建设规模取决于计划接待的旅客人数、旅客平均滞留天数、预计客房出租率等因素。

（三）预计成本费用开支

酒店成本费用开支依据与酒店销售量之间的数量关系，可以分为固定费用和变动费用。合理预计酒店销售量指标后，可以依据变动费用与销售量之间的函数关系合理确定变动费用的开支，并逐项分析固定费用的影响因素，确定固定费用的开支范围，进而预计酒店成本费用开支。

（四）预计利润和留存收益

利用酒店销售收入和成本费用开支的关系，可以测算出酒店利润。利用测算的酒店利润和酒店股利支付政策，可以确定酒店的留存收益。留存收益是酒店筹集资金的方式之一。

（五）预测筹资金额

酒店依据以上预测的结果，就可以合理预测所需筹集的资金数额。

预测筹资金额计算公式是：

$$\Delta F = K \times (A - L) - R$$

$$R = \text{销售额} \times \text{销售净利率} \times (1 - \text{股利支付率})$$

ΔF 为企业在预测年度需从企业外部追加筹措资金的数额；K 为预测年度销售收入占基期年度增长的百分比；A 为随销售收入变动而成正比例变动的资产项目基期金额；L 为随销售收入变动而成正比例变动的负债项目基期金额；R 为预测年度增加的可以使用的留存收益。

【例3-1】某酒店2020年营业收入为1 000万元，营业净利率10%，股利支付率为60%。酒店现有营业能力已经饱和，经预测酒店2021年营业收入会增加20%，达到1 200万元，营业净利率与利润分配政策不变。该酒店2020年资产负债表如表3-1所示：

表3-1 某酒店2020年资产负债表 单位：万元

资产		负债和所有者权益	
货币资金	50	应付费用	100
应收账款	150	应付账款	50
存货	300	短期借款	250
		公司债券	100
固定资产净值	300	实收资本	200
		留存收益	100
合计	800	合计	800

解：

资产增长额＝（50＋150＋300＋300）×20%＝160（万元）

自发性负债增长额＝（100＋50）×20%＝30（万元）

预计留存收益增加额＝1 200×10%×(1－60%）＝48（万元）

筹资额＝160－30－48＝82（万元）

二、酒店预测资金需要量的常用方法

（一）现金收支法

利用现金收支法预测资金需要量，是通过预测酒店现金流入量、现金流出量来预计酒店现金的多余或不足，从而确定酒店是否需要筹集资金以及需筹资金的数额。

（1）预测酒店的现金流入量：合理预计酒店的营业收入，依据酒店赊销政策估计可能获得的现金流入，并对变卖固定资产变价收入等非营业现金收入作出估测，即可据此计算出酒店的现金流入量。

（2）预测酒店的现金流出量：预计酒店成本费用的开支及赊购政策对现金流出的影响，计算酒店的现金流出量。

（3）确定计划期现金的多余或不足：利用预计的现金流入量与流出量之间的配比，计算出酒店预测期内现金的多余或不足。现金不足，需要利用合理的筹资方式补足现金，保障酒店经营顺利进行；现金多余，则需有效利用现金投资或还债，提高现金使用效率。

（二）调整净损益法

（1）以权责发生制原则为基础，计算预测期内酒店经营的净收益。

（2）以现金收付制原则为基础，调整预测期内与现金收支无关的现金收入与现金支出。

（3）利用与现金收支无关的现金收入与现金支出，调整酒店经营净收益，确定酒店现金的多余或不足。

（三）销售比率法

（1）依据酒店销售预测、流动资产与销售量的比例关系，以及固定资产与酒店经营能力的变化关系，合理预计为满足经营能力所需的流动资产和固定资产总额。

（2）依据应付账款和应计费用与销售量的比例关系，预计酒店负债总额。

（3）计算留存收益净增加额及预计股东权益。留存收益净增加额的计算公式为：

留存收益净增加额＝预计销售额×预计销售净利率×(1－股利支付率)

（4）计算酒店所需筹资额。酒店筹资额计算公式为：

酒店筹资额＝预计总资产－预计总负债－预计总股东权益

（四）回归分析法

回归分析法是利用历史资料和最小二乘法的原理，计算资产负债表各项目和销售额之间的函数关系，以此来预测资金筹集数量的一种方法。回归分析法假设酒店销量与资金占用之间存在线性关系，将资金占用分为不变资金、变动资金和半变动资金。不变资金包括酒店为维持正常经营而占用的最低数额的流动资金、必要的固定资产、原材料的保险储备等；变动资金包括酒店购入的直拨给厨房的食品原材料等；半变动资金可以分解为不变资金和变动资金。因此，可以得到酒店资金占用和销量之间的关系，根据回归分析法的最小二乘法原理，计算出筹资数额。

项目三 酒店筹资渠道与方式

酒店筹资方式有很多种，采用什么样的筹资方式，取决于酒店筹资的目的。酒店在正常经营过程中，由于原材料供应、偿还债务、缴纳税款等原因，会出现临时性资金不足。尤其是酒店经营的季节性很强，在旅游旺季，原材料消耗急剧增加，期间费用耗费量大，都会增加酒店临时资金需要量。为此，酒店可以采用商业信用筹资、银行信用筹资等短期资金筹集方式。为扩大经营规模或对酒店大型设备进行更新改造，酒店可能需要大量、长期使用资金，为此，酒店可以采用留存收益、发行股票或债券、融资租赁等方式筹集长期资金。

权益筹资主要有三种形式：留存收益、吸收直接投资、发行股票。

债务筹资主要有四种形式：发行债券、银行贷款、商业信用和租赁筹资。

一、留存收益

留存收益是酒店的自有资金。它是酒店在经营过程中通过积累形成的。酒店经营中通过给客人提供服务而取得收入，扣除为获得收入而发生的各项支出后的余额，一部分以股利分配形式支付给股东，其余部分构成酒店的留存收益，供酒店扩大再生产和经营周转使用。在酒店留存收益中，一部分是依照可供分配的利润的一定比例提取的盈余公积金，另一部分是酒店利润分配后剩余的未分配利润。酒店留存收益的形成与酒店股利分配政策有关。

二、吸收直接投资

吸收直接投资是我国大多数酒店筹集资金的主要方式。酒店采用吸收直接投资的方式筹集资金，按照不同的分类标准可以有不同的分类。

（一）按投资主体分类

（1）国家投资。国家投资是指有权代表国家投资的政府部门或机构以国有资产投入酒店。这是我国国有酒店和部分合资酒店筹集资金的主要方式。但在我国，酒店业是国家实行对外开放较早的行业，随着经济体制改革进一步深化、国有资本逐步退出竞争性行业措施的实行，酒店吸收国有资本投资的比重会逐步减少。

（2）法人投资。法人投资是指法人单位以其依法可以支配的资产直接投入酒店。

（3）个人投资。个人投资是指社会个人或本酒店内部职工以个人合法财产直接投入酒店。

（二）按出资方式分类

（1）现金投资。现金投资是指以货币资金的方式对酒店进行的投资。现金投资是吸收直接投资筹资方式中最重要、最常用的方式。只有筹集一定量的现金，酒店才可能用于购买或租赁财产物资、雇用人力资源，开展住宿、餐饮及其他服务项目，创造酒店价值。

（2）实物投资。实物投资是指以房屋及建筑物、设备等固定资产或以酒店经营过程中所需的原材料、商品等流动资产对酒店进行的投资。

（3）无形资产投资。无形资产投资是指以专利权、商标权、土地使用权、商誉等无形资产对酒店进行的投资。

三、发行股票

股票是股份有限公司为筹集资金而发行的有价证券，是公司股东持有公司股份的入股凭证。发行股票是公司筹集大量资金非常有效的形式，是公司得以迅速扩张的催化剂。发行股票可以通过公开募集、配股、职工持股等方式进行。

（一）股票的种类

股份有限公司为筹集资金发行的股票，按不同的分类标准可以划分为不同的种类。

1. 按股东的权利不同分为普通股和优先股

普通股是股份有限公司发行的无特别权利的股票。普通股股东享有表决权、选举权、优先认股权、股份转让权、盈余分配请求权、对公司账目和股东大会决议的审查权、对公司事务的质询权、剩余财产分配权等。优先股是股份有限公司在筹集资金时给予投资者某些优惠特权的股票。优先股含有债券的某些特征，如定期支付固定股利、剩余财产优先清偿、在规定条件下可以赎回、股东无权参与公司决策等。优先股又可以分为累积优先股、非累积优先股、参与优先股、非参与优先股、可转换优先股、累积可转换优先股、可收回优先股等。

2. 按股票有无记名分为记名股票和不记名股票

记名股票是在股票票面上记载股东姓名或名称的股票。这类股票除了股票上记载的股东外，其他人不得行使其股权，且股份的转让有严格的法律程序与手续，需办理过户。我国《公司法》规定，向发起人、国家授权投资的机构、法人发行的股票，应为记名股票。不记名股票是票面上不记载股东姓名或名称的股票。这类股票的持有人即股份的所有者，具有股东资格，股票的转让比较自由、方便，无须办理过户手续。

3. 按投资主体不同分为国家股、法人股和个人股

国家股是有权代表国家投资的部门或机构以国有资产向公司投资而形成的股份。法

人股是企业法人依法以其可支配的财产向公司投资而形成的股份，或具有法人资格的事业单位和社会团体以国家允许用于经营的资产向公司投资而形成的股份。个人股是社会个人或公司内部职工以个人合法财产投入公司而形成的股份。

4. 按发行对象和上市地区不同分为A股、B股、H股、N股

A股是供我国内地个人或法人买卖的，以人民币标明票面金额并以人民币认购和交易的股票。B股、H股、N股是专供外国和我国港澳台地区投资者买卖的，以人民币标明票面金额但以外币认购和交易的股票。其中B股在上海、深圳上市，H股在香港上市，N股在纽约上市。

（二）股票的发行

我国《公司法》规定，公司发行股票必须接受国务院证券监督管理机构的管理和监督。股票发行实行公开、公平、公正的原则，必须同股同权、同股同利。

1. 股票发行的规定与条件

我国《公司法》规定，股份有限公司发行股票，应符合以下规定与条件：

（1）每股金额相等。同次发行的股票，每股的发行条件和价格应当相等。

（2）股票发行价格可以按照票面金额，也可以超过票面金额，但不得低于票面金额。

（3）股票应该载明公司名称、公司登记日期、股票种类、票面金额及代表的股份数、股票编号等主要事项。

（4）向发起人、国家授权投资机构、法人发行的股票，应当为记名股票；对社会公众发行的股票，既可以为记名股票，也可以为无记名股票。

（5）公司发行记名股票，应当置备股东名册，记载股东的姓名或名称、住所、各股东所持股份、各股东所持股票编号、各股东取得其股份的日期；发行无记名股票，公司应当记载其股票数量、编号及发行日期。

（6）公司发行新股，必须具备下列条件：前一次发行的股份已募足，并间隔一年以上；公司在最近三年内连续盈利，并可向股东支付股利；在三年内公司财务会计文件无虚假记载；公司预期利润率可达同期银行存款利率。

（7）公司发行新股，应由股东大会作出有关下列事项的决议：新股种类及数额；新股发行价格；新股发行的起止日期；向原有股东发行新股的种类及数额。

2. 股票发行的程序

我国股票发行由审批制改为核准制。股票发行核准程序为：

（1）受理申请文件。发行人按照中国证监会颁布的《公开发行证券的公司信息披露内容与格式准则第9号》制作申请文件，经省级人民政府或国务院有关部门同意后，由主承销商推荐并向中国证监会申报。中国证监会收到申请文件后在5个工作日内作出是否受理的决定。未按规定要求制作申请文件的，不予受理。同意受理的，根据国家有关

规定收取审核费人民币3万元。为不断提高股票发行工作水平，主承销商在报送申请文件前，应对发行人辅导一年，并出具承诺函。在辅导期间，主承销商应对发行人的董事、监事和高级管理人员进行《公司法》《证券法》等法律法规考试。如发行人属1997年股票发行计划指标内的企业，在提交发行审核委员会审核前，中国证监会对发行人的董事、监事和高级管理人员进行《公司法》《证券法》等法律法规考试。应考人员必须80%以上考试合格。如发行人申请作为高新技术企业公开发行股票，由主承销商向中国证监会报送推荐材料。中国证监会收到推荐材料后，在5个工作日内委托科学技术部和中国科学院对企业进行论证，科学技术部和中国科学院收到材料后在40个工作日内将论证结果函告中国证监会。经确认的高新技术企业，中国证监会将通知该企业及其主承销商按照申请文件标准格式制作申请文件，并予以优先审核。

（2）初审。中国证监会受理申请文件后，对发行人申请文件的合规性进行初审，并在30日内将初审意见函告发行人及其主承销商。主承销商自收到初审意见之日起10日内将补充完善的申请文件报至中国证监会。

（3）发行审核委员会审核。中国证监会对按初审意见补充完善的申请文件进一步审核，并在受理申请文件后60日内，将初审报告和申请文件提交发行审核委员会审核。发行审核委员会按照国务院批准的工作程序开展审核工作。委员会进行充分讨论后，以投票方式对股票发行申请进行表决，提出审核意见。

（4）核准发行。依据发行审核委员会的审核意见，中国证监会对发行人的发行申请作出核准或不予核准的决定。予以核准的，出具核准公开发行的文件。不予核准的，出具书面意见，说明不予核准的理由。中国证监会自受理申请文件到作出决定的期限为3个月。

（5）复议。发行申请未被核准的企业，接到中国证监会书面决定之日起60日内，可提出复议申请。中国证监会收到复议申请后60日内，对复议申请作出决定。股份有限公司在设立时发行股票与增资发行新股，程序上有所不同。

3. 股票发行方式

股票发行方式，是指公司通过何种途径发行股票。股票发行方式一般有两类：

（1）公开间接发行。公开间接发行是指通过中介机构，公开向社会公众发行股票。我国股份有限公司采用募集设立方式向社会公开发行新股时，由证券经营机构承销的做法就是属于股票的间接发行。这种发行方式的优点在于发行范围广、发行对象多，易于足额募集资本；股票的变现性强，流通性好；股票的公开发行有助于提高发行公司的知名度、扩大公司的影响力。但这种发行方式发行手续繁杂、发行成本高。

（2）不公开直接发行。不公开直接发行是指不公开对外发行股票，不需经中介机构承销，只向少数特定的对象直接发行。我国股份有限公司采用发起设立方式和以不向社会公开募集的方式发行新股的做法，就属于股票的不公开直接发行。这种发行方式的优点在于弹性大，发行成本低。但这种发行方式的发行范围小、股票变现性差。

4. 股票销售方式

股票销售方式是指股份有限公司向社会公开发行股票时所采取的股票销售方法。股票销售方式一般也有两类：

（1）自销方式。自销方式是指发行公司自己直接将股票销售给认购者。这种销售方式可由发行公司直接控制发行过程，实现发行意图，并可以节省发行费用；但往往筹资时间长，发行公司要承担全部发行风险，并需要发行公司有较高的知名度、信誉和实力。

（2）承销方式。承销方式是指发行公司将股票销售业务委托给证券经营机构代理。这种销售方式是发行股票所常用的方式。我国《公司法》规定股份有限公司向社会公开发行股票，必须与依法设立的证券经营机构签订承销协议，由证券经营机构承销。股票承销又分为包销和代销两种。包销是指根据承销协议商定的价格，证券经营机构一次性全部购进发行公司公开募集的全部股份，然后以较高的价格出售给社会上的认购者。对发行公司来说，包销可以及时筹足资金，不承担未募足股款的风险；但包销会使发行公司损失部分股票溢价。代销是指证券经营机构替发行公司代售股票，并收取一定的佣金，但不承担未募足股款的风险。

（三）股票上市

股票上市是指股份有限公司公开发行的股票经批准在证券交易所进行挂牌交易。我国《公司法》规定，股东转让其股份，即股票进入流通，必须在依法设立的证券交易场所内进行。

1. 股票上市的目的

股份有限公司申请股票上市，其目的一般是：

（1）资本大众化，分散风险。股票上市后，会有更多的投资者认购公司股份，公司则可将部分股份转售给这些投资者，再将得到的资金用于其他方面，以分散公司的风险。

（2）提高股票的变现力。股票上市后便于投资者购买，自然提高了股票的流动性和变现力。

（3）便于筹集新的资本金。股票上市必须经过有关机构的审查批准并接受相应的管理，执行各种信息披露和股票上市的规定，这大大增强了社会公众对公司的信赖，使之乐于购买公司的股票。同时，由于一般人认为上市公司实力雄厚，也便于公司采用其他方式（如负债）筹措资金。

（4）提高公司知名度，吸引更多顾客。股票上市公司为社会所知，并被认为经营优良，会带来良好声誉，吸引更多的顾客，从而扩大销售量。

（5）便于确定公司价值。股票上市后，公司股价有市价可循，便于确定公司的价值，有利于促进公司财富的最大化。但股票上市对公司也有不利的方面：上市公司将负担较高的信息披露成本；各种信息公开的要求可能会暴露公司的商业秘密；股价有时会歪曲公司的实际状况，丑化公司声誉；可能会分散公司的控制权，造成管理上的困难。

2. 股票上市的条件

根据相关规定，股份有限公司申请股票上市，必须符合下列条件：

(1) 股票经国务院证券管理部门批准可向社会公开发行。

(2) 公司股本总额不少于人民币 5 000 万元。

(3) 开业时间在三年以上，最近三年连续盈利；属国有企业依法改建而设立股份有限公司的，或者在《公司法》实施后新组建成立，其主要发起人为国有大中型企业的股份有限公司，可连续计算。

(4) 持有股票面值人民币 1 000 元以上的股东不少于 1 000 人，向社会公开发行的股份不少于公司股份总数的 25%；如果公司股本总额超过人民币 4 亿元，其向社会公开发行股份的比例不少于 15%。

(5) 公司在最近三年内无重大违法行为，财务会计报告无虚假记载。

(6) 国家法律、法规、规章及交易所规定的其他条件。

具备以上条件的股份有限公司经申请，由国务院或国务院授权的证券管理部门批准，其股票方可上市。股票上市公司必须公告其上市报告，并将其申请文件存放在指定的地点供公众查阅。股票上市公司还必须定期公布其财务状况和经营情况，每一会计年度内半年公布一次财务会计报告。

3. 股票上市的暂停

对于已上市公司，国务院证券管理部门有权决定暂停或终止其股票上市资格。当上市公司出现下列情况之一时，其股票上市即面临被暂停的危险：

(1) 公司的股本总额、股权分布等发生变化，不再具备上市条件；

(2) 公司不按规定公布其财务状况，或者对财务会计报告作虚假记载；

(3) 公司有重大违法行为；

(4) 公司最近三年连续亏损。

4. 股票上市的终止

当上市公司出现下列情况之一时，其股票上市可被终止：

(1) 上述暂停情况的 (2)(3) 项出现时，经查实后果严重；

(2) 上述暂停情况的 (1)(4) 项出现时，经查实后果严重，不具备上市条件，在证券管理部门限定的时间内未能消除暂停上市原因；

(3) 公司决议解散、被行政主管部门依法责令关闭或者宣告破产。

(四) 股票筹资方式评价

利用股票筹资方式筹集资金，对上市公司来说有一定的优点，但也有一些不利的影响。

1. 股票筹资的优点

(1) 通过发行股票筹资，可以获得长期使用的资金。通过发行普通股筹集的资金，具有永久性，在公司的存续期内不许归还。通过发行优先股筹集的资金，在发行条件中规定不还本的，公司可以永久使用该笔资金；在发行条件中规定了还本期的，还本期通常都较长，在还本期之前，公司可在较长时间内使用发行优先股筹集的资金，以保障公司长期稳定发展。

（2）增强了公司的偿债能力，分散了公司的经营风险。公司通过发行股票筹集资金，是公司的基本资金来源，反映了公司的实力，可为公司按期偿还债务提供保障；公司一旦出现经营风险，风险的承担者实际上是股东，尤其是普通股股东。

2. 股票筹资的缺点

（1）资金成本高。股票发行过程中的手续繁杂，费用较高；股东需分担公司的经营风险，要求的投资报酬率也相对较高。另外，股利是从公司税后利润中发放的，不具有抵税的作用。

（2）以普通股筹资，可能会分散公司的控制权。普通股股东按其所持公司股份享有所有权、经营决策权，占有公司控股地位的股东可以决定公司的经营发展方向。

四、发行债券

债券是以公司为发行主体，向社会募集资金而发行的一种标明票面金额、利率、偿还期限等事项，明确发行主体与投资者之间债权债务关系的凭证。

（一）债券发行的资格与条件

1. 债券发行的资格

我国《公司法》规定，股份有限公司、国有独资公司和两个以上的国有企业或者其他两个以上的国有投资主体投资设立的有限责任公司，有资格发行公司债券。

2. 债券发行的条件

我国《公司法》规定，有资格发行公司债券的公司，必须具备以下条件：

（1）股份有限公司的净资产额不低于人民币3 000万元，有限责任公司的净资产额不低于人民币6 000万元。

（2）累计债券总额不超过公司净资产额的40%。

（3）最近3年平均可分配利润足以支付公司债券1年的利息。

（4）所筹集资金的投向符合国家产业政策。

（5）债券的利率不得超过国务院限定的水平。

（6）国务院规定的其他条件。

另外，公司发行债券所筹集的资金，必须符合审批机关审批的用途，不得用于弥补亏损和非生产性支出，否则会损害债权人的利益。

3. 继续发行的限制条件

公司凡有下列情形之一的，不得再次发行公司债券：

（1）前一次发行的公司债券尚未募足的；

（2）对已发行的公司债券或者其债务有违约或延迟支付本息的事实，且仍处于持续状态的。

（二）债券发行的程序

（1）公司最高机构对发行公司债券作出决议。

（2）欲发行债券的公司向国务院证券管理机构提出申请，提交公司登记证明、公司章程、债券募集办法、资产评估报告、验资报告等文件。国务院证券管理机构对公司申请进行审批。

（3）公司发行债券的申请被批准后，发行公司须制定债券募集办法，并采用合理的方法向社会公告。

（4）在公告所定的期限内募集借款。

（三）债券的发行价格

债券的发行价格是指债券发行时使用的价格，也是债券投资者购买债券时所支付的价格。公司债券的发行价格有平价、溢价、折价三种。债券发行价格受多种因素的影响，主要是债券的票面利率与市场利率的一致程度。当债券的票面利率高于市场利率时，债券的发行价格应大于债券的票面金额，为溢价发行债券；当债券的票面利率等于市场利率时，债券的发行价格等于债券的票面金额，为平价发行债券；当债券的票面利率低于市场利率时，债券的发行价格小于债券的票面金额，为折价发行债券。

（四）债券的信用等级

公司公开发行债券通常需要由信用评级机构评定等级。国际上流行的债券等级是三等九级。

AAA 级，又称最高级，表示债券发行公司资信极高，偿债能力和获利能力很强，基本不存在投资风险，安全性极好。

AA 级，又称高级，表示债券发行公司有较强的偿债能力、获利能力和较高的资信，投资风险很低，安全性较好。

A 级，又称中上级，表示债券发行公司的偿债能力与资信基本与 AA 级相同，但存在将来对偿债能力产生怀疑的因素，投资风险略大于 AA 级，安全性尚可。

BBB 级，又称中级，表示债券发行公司有足够的偿债能力和较好的资信，但存在一定程度的投资风险，安全性中等。

BB 级，又称中下级，表示债券发行公司有偿债能力，但同时存在许多不稳定因素，对投资者的本息保护有限，不能保障将来能完全取得足额的收益，投资风险较大，安全性中下。

B 级，又称投机级，表示债券发行公司有一定的偿债能力，但收益能力低，无法判断所发行债券的安全性，投资风险大于 BB 级。

CCC级，又称完全投机级，表示债券发行公司债务过多，可能危及投资者本金安全，有不履行偿债义务的可能，偿债能力欠佳，投资风险很大。

CC级，又称最大投机级，表示债券发行公司偿债能力明显不足，到期支付本息有较大困难，投资风险相当大。

C级，又称最低级，表示债券发行公司基本没有偿债能力，不能还本付息的可能性极大，投资风险极大。

我国目前尚无统一的债券等级标准和系统评级制度。根据中国人民银行的有关规定，凡向社会公开发行的公司债券，需由中国人民银行及其授权的分行指定资信评级机构或公正机构进行评信。这些机构对发行债券的公司资质、财务质量、项目状况、项目前景和偿债能力进行评分，以此评定信用级别。为保障证券市场、金融市场运作的稳定，我国对公司发行债券筹资的条件限制较多，使得通过债券筹集资金的公司数量非常少。随着我国证券市场的不断完善，以及债券评级制度的不断完善，通过公开发行债券筹集资金将成为旅游企业及其他企业筹集资金的一种重要方式。

（五）债券筹资方式评价

债券筹资作为公司筹集资金的一种重要方式，有一定的优缺点：

1. 债券筹资的优点

（1）不会分散公司的控制权。筹资公司与投资企业之间是债权债务关系，投资企业无权干预筹资公司的经营决策。

（2）资金成本固定并相对较低。债券规定有固定的利率，不与公司的经营状况发生直接联系，而且债券利息在税前支付，资金成本相对较低。

2. 债券筹资的缺点

（1）不能永久使用所筹集的资金。债券规定有还本期，债券到期时筹资公司必须从公司经营资金中退出相当于所筹集的资金本金及相关利息的金额用于偿还。

（2）财务风险由公司独自承担，不能分散经营风险。无论经营状况如何，公司必须足额支付债券利息，债权到期时公司还必须按期偿还本金。

五、银行贷款

银行贷款，又称银行信用筹资，是借款公司向商业银行提出借款申请，经商业银行审核后，取得贷款金额的行为。银行信用筹资期在一年以内的是银行短期信用筹资，也称短期贷款或短期借款；银行信用筹资期在一年以上的是银行长期信用筹资，也称长期贷款或长期借款。通过借款筹资是我国目前市场上公司筹集资金最常用的方式之一。

（一）银行借款的一般内容

1. 申请并取得银行借款的一般程序

向银行申请并获取借款需要履行以下程序：

（1）提出借款申请书，说明借款原因、用途、金额、使用时间、归还期限，提供借款项目的经济效益预测报告等；

（2）商业银行进行贷前调查，根据调查结果和贷款能力，核定贷款额度和借款进度；

（3）签订贷款合同，明确双方权利和义务，明确有关保证条款；

（4）使用借款；

（5）归还借款。

2. 申请银行借款的条件

凡向银行申请借款的企业都必须具备以下条件：

（1）借款单位必须独立核算、自负盈亏，具有法人资格，有健全的内部管理制度；

（2）合法经营，所借款项的用途符合经营方向；

（3）具有中国人民银行规定的一定比例的自有资金，有相应的物资和财产保证，具有偿还借款本息的能力；

（4）内部管理制度健全，财务管理和经济核算制度规范，资金使用效率及企业经济效益良好；

（5）在银行开立账户，办理结算。

3. 银行借款的评审标准

银行在将款项贷放出去之前，必须对借款方进行严格的评审。评审的标准主要有：

（1）借款企业的资信水平，包括借款企业的经济实力、经济效益、偿债能力等；

（2）借款安全性标准，对借款项目进行可行性研究和评估；

（3）借款物资保证性标准，借款企业需以财产物资作抵押；

（4）按期偿还本息标准，商业银行借款是有偿的，必须按期偿还本息；

（5）借款合法标准，向银行申请贷款必须符合法律法规和信贷制度。

4. 借款方对银行的选择

随着我国金融业的发展，尤其是我国金融市场已经开始逐步向外资银行开放，使得我国金融市场的竞争开始加剧，银行及其他金融机构纷纷增加服务项目，拓展服务范围，以提高经济效益。随着银行及其他金融机构的增多，借款方决定借款时也可能需要选择金融机构，以对自身业务最为有利。借款方选择银行，首先需要结合合适的借款种类，考虑最有利的借款条件，选择借款成本低、专业化程度高、承担风险能力强、稳定性好的银行服务。另外，有些银行根据借款公司提供的资料，依据特定的评价体系，能分析借款公司潜在的财务问题，发现借款方可能存在的管理漏洞，为借款方提供咨询服务，提出管理建议。通常而言，能为借款方提供较好服务的银行也日益成为借款方选择银行所考虑的因素之一。

（二）银行借款利息的支付

1. 收款法

收款法，即酒店在借款到期时向银行支付利息的方法，其名义利率等于其实际利率。

【例3-2】 某酒店向银行贷款1 000万元，为期2年，约定年利率10%，请按照复利计算该酒店两年后需要向银行支付利息多少元。

解：

本息和$=1\ 000\times(1+10\%)^2=1\ 210$（万元）

利息$=1\ 210-1\ 000=210$（万元）

2. 贴现法

贴现法，即银行向酒店发放借款时，先从本金中扣除利息，到期时酒店则要偿还借款全部本金的一种计算方法。

【例3-3】 某酒店向银行贷款1 000万元，为期2年，约定年利率10%，请按照贴现法计算酒店现在可以从银行获得多少贷款。

解：

本息和$=1\ 000\times(1+10\%)^2=1\ 210$（万元）

利息$=1\ 210-1\ 000=210$（万元）

实际获得贷款金额$=1\ 000-210=790$（万元）

3. 加息法

加息法，即在发放分期偿还贷款的情况下，银行根据名义利率计算的利息加借款本金，计算偿还借款的本息和，要求酒店在借款期内分期偿还本息和的一种计算方法。

【例3-4】 某酒店向银行贷款1 000万元，为期2年，名义年利率10%，请按照季度复利计算该酒店两年后需要向银行支付利息多少元。

解：

本息和$=1\ 000\times(1+10\%/4)^8=1\ 218$（万元）

利息$=1\ 218-1\ 000=218$（万元）

银行实际利率$=(1+10\%/4)^4-1=0.104=10.4\%$

六、商业信用

商业信用筹资是酒店间凭借商业信用，在商品交易、劳务供应、债权债务结算时发生的资金筹集行为。商业信用筹资一般都以商品或服务为载体，筹资规模的大小取决于商品或服务量的大小。

（一）商业信用筹资的种类

（1）商业票据筹资。商业票据是由收款人或付款人（或承兑申请人）签发，由承兑人承兑，并于到期日向收款人或被背书人支付款项的一种票据。商业票据按承兑人不同分为商业承兑汇票和银行承兑汇票。商业票据一律记名，允许背书转让，承兑期最长不超过9个月。

（2）预收账款筹资。预收账款是酒店按照合同规定向接受劳务方预收的款项，酒店预收账款后，必须依据合同承诺在一定时期提供劳务。酒店通常在向散客提供服务或在与团队、常驻公司进行长期合作的前期采用预收账款的方式。

(3) 赊购商品筹资。赊购商品是酒店根据合同规定，在购进商品的一定时期后，才向供应方付款的购货方式。

(二) 商业信用筹资的成本

酒店利用商业信用筹资，采取应付账款或应付票据形式。若销货单位不提供现金折扣或销货单位提供现金折扣而酒店按期付款已享受全部现金折扣的，就不会产生商业信用筹资成本。若销货单位提供现金折扣，酒店未在折扣期限内付款，就要付出丧失现金折扣的筹资成本。

按照惯例，卖方往往会规定一些信用条件，以促使买方按期付款或提前付款。信用条件包括信用期限以及给买方的折扣与折扣期。例如："2/10、N/30"表示买方如果在10天内支付款项，则可享受2%的折扣；如果10天后付款，则不享受折扣优惠；商业信用期限最长不超过30天。

【例3-5】 某酒店向百货公司购入棉织品一批，价值10 000元，款未付，信用条件为：2/10，N/30。如果酒店在10天内付款，就可享受10天的免费信用期，可以获得折扣200元（10 000元×2%），只需向对方单位支付9 800元。如果酒店10天后付款，就放弃了现金折扣，需要支付全部货款10 000元。

如果酒店没有享受对方给予的现金折扣，而在规定的付款期限最后一天付款，则需要付出相应代价而取得信用。因放弃折扣而转成的信用成本率可以由下列公式求得：

$$\text{放弃现金折扣的信用成本率}=[\text{折扣百分比}/(1-\text{折扣百分比})]\times[365/(\text{信用期}-\text{折扣期})]$$

上题中，放弃折扣的信用成本率为：

$$\text{放弃现金折扣的信用成本率}=[2\%/(1-2\%)]\times[365/(30-10)]=37.24\%$$

(三) 商业信用筹资的优点

(1) 解决了酒店与供货方各自的问题。对于酒店来说，可以解决资金不足，缓解资金需求压力；对于供货方来说，可以扩大商品销售，增加市场占有率。

(2) 方式灵活。商业信用筹资方式不需要通过银行中介，减少了中间环节。

(3) 筹资成本较低。商业信用筹资成本可在税前支付，成本相对较低。

(四) 商业信用筹资的缺点

(1) 筹资行为容易受商品流通方向、供货企业产品经营范围的制约。酒店利用商业信用筹资，目的是购进原材料、商品或其他物资。若供货单位不急于销售或扩大市场占有份额，酒店就不容易筹集到资金。

(2) 筹资金额受制于供货企业的资金实力。供货企业如果资金实力较弱，急于收回资金用于周转的话，酒店就不容易从它们那里筹集到大量资金。

（3）筹资行为有一定的风险。酒店不能以牺牲所购物资质量来获取商业信用。

七、租赁筹资

租赁是指出租人和承租人之间签订的一种契约或合同，出租人在契约合同规定的期限内，以收取一定租金为代价，将租赁物转让给承租人使用，而租赁物的所有权仍属出租人。契约期满后承租人可以将租赁物退还给出租人，也可以以一定的价格买下该租赁物。

（一）租赁的分类

租赁分为经营租赁和融资租赁。

1. 经营租赁及其特点

经营租赁是指为解决临时需要而以支付租金方式取得租赁物使用权为主要目的的一种短期融资行为。经营租赁具有以下特点：

（1）出租资产的所有权不发生转移，承租人只拥有租入资产的使用权。租赁期满，租赁资产需要归还出租人。

（2）租赁期较短，只占租赁物使用寿命的一小部分。

（3）承租人负有按期支付租金的义务。承租人可随时向出租人提出租赁要求，在合理的条件下，承租人可提前解除租约或更改租约。

（4）由租赁物所有权引起的成本和风险全部由出租人承担。

2. 融资租赁及其特点

融资租赁是由租赁公司按承租方要求，出资购买设备，在契约或合同期内，提供给承租人使用的一种长期租赁行为。融资租赁具有以下特点：

（1）租赁期较长，一般为租赁物使用寿命一半以上，有些甚至是租赁物的全部有效经济寿命。

（2）租赁合同一经成立就不可撤销，在租期内一方撤销就构成违约。

（3）在租赁期内，承租人负责租赁物的保养、维修和维护。

（4）租赁期满，承租人以较低的价格将租赁物购买下来，或以极低的价格继续租用租赁物，或以出租人的名义将资产转卖出去。所得收益由出租人和承租人协商分配。

（二）租赁成本

1. 租金的计算

酒店依据租赁合同，租赁使用租赁物，通常需要按期向出租人支付一定量的租金。租金支付可以在合同生效时即支付首期租金，也可以在合同生效一定期限后才支付首期租金。

2. 租赁的融资成本

（1）经营租赁的融资成本包括：实际负担的租入固定资产使用前的费用，如运杂费、保险费等，需扣减因此少交的所得税；实际负担的租金支出，需扣减因此少交的所得税；未提折旧多交的所得税支出。经营租赁的融资成本的计算公式为：

$$\text{经营租赁融资成本}=\text{实际负担的租入前的费用}+\text{实际负担的租金支出}+\text{未提折旧多交所得税的支出}$$

（2）融资租赁的融资成本包括：实际负担的租入固定资产使用前的费用，如运杂费、保险费等，需扣减因此少交的所得税；实际负担的折旧费用，需扣减因此少交的所得税；交纳租金未抵扣的所得税支出。融资租赁的融资成本的计算公式为：

$$\text{融资租赁融资成本}=\text{实际负担的租入前的费用}+\text{实际负担的折旧费用}+\text{交纳租金未抵扣所得税}$$

项目四 酒店筹资风险控制与结构优化

财务风险是指酒店在经营过程中由于负债可能会丧失偿债能力，并最终导致破产或所有者权益发生较大变动等。财务风险是酒店筹资决策的直接后果。

一、酒店财务风险的影响因素

（一）资本供求的变动

在资本市场上，资本的供求状况决定酒店的筹资成本。当资本供大于求时，筹资成本会下降，酒店财务风险也会下降；当资本供不应求时，筹资成本会增加，就会相应增加酒店的财务风险。

（二）利率水平的变动

利率水平高，酒店筹资所需支付的利息就多，酒店承担的财务风险相对就大；利率水平低，酒店筹资所需支付的利息就少，酒店承担的财务风险相对就小。

（三）获利能力的变动

酒店发展状况良好，获利水平高，酒店抵御风险的能力就强，财务风险就小；酒店发展状况不好，利润低甚至出现亏损，酒店偿还利息及到期债务的可能就小，财务风险就大。

（四）资本结构的变动

酒店在经营过程中需适度举债。酒店筹集的债务资金多，需要偿还的利息及到期债务就多，酒店财务风险就大；但如果酒店筹集的所有者权益资本过大，酒店容易发生所有权的变更。

二、酒店财务结构与财务杠杆

（一）财务结构和资本结构

财务结构是指酒店资产的筹资方式。从资产负债表的结构可以知道，资产的筹资方式有负债筹资和权益筹资。资本结构是指酒店长期筹资项目的构成及其比例关系，包括长期负债、优先股股本、普通股等。

（二）财务杠杆和财务杠杆系数

1. 财务杠杆

负债经营是酒店普遍采用的一种筹资方式。酒店筹集一定的债务后，借入资金和支出就相对固定，酒店息税前利润的变动将引起权益资本收益更大幅度的变动。即当息税前利润增长时，自有资金收益率将有更大的增长；当息税前利润下降时，自有资金收益率下降幅度更大。这种现象称为财务杠杆作用。

财务杠杆有正面作用和负面作用。财务杠杆的正面作用是当全部资金的息税前投资利润率大于借入资金成本时，可为酒店带来收益，而且负债比率越高，财务杠杆收益就越大；负债比率越低，财务杠杆收益就越小；如果没有负债，就没有财务杠杆收益。财务杠杆的负面作用则是当全部资金的息税前投资利润率小于借入资金成本时，就会给酒店带来损失，而且负债比率越高，财务杠杆损失就越大；负债比率越低，财务杠杆损失就越小；如果没有负债，就没有财务杠杆损失。

2. 财务杠杆系数

财务杠杆系数（DFL）是指运用具有固定财务费用的负债及优先股筹资时对每股收益（EPS）的影响，也是息税前利润的变动引起普通股股东每股盈余变动的百分数。

财务杠杆系数是和利息费用同方向变动的。在酒店盈利的情况下，只要酒店对外支付的利息不超过息税前利润，利息费用越多，财务杠杆作用越大。这表明在酒店经营状况良好的情况下，负债越高，财务杠杆系数就越大，财务杠杆作用也越大，酒店能获得更多的收益；当酒店经营状况不佳时，酒店经营收益不足以支付利息费用，酒店将承受更大的财务风险。

（三）运用财务杠杆分析负债经营决策

负债经营对酒店有利也有弊。运用财务杠杆分析酒店负债经营决策，需要综合考虑以下因素：

1. 酒店财务管理目标

酒店在进行负债经营决策前，首先需要明确财务管理目标，即财务管理目标是提高自有资金利润率还是提高税后利润。如果是提高自有资金利润率，当酒店资本成本率小于息税前利润率时，就可以利用财务杠杆的作用；如果是提高税后利润，酒店就应放弃负债筹资，尽量采用权益资本筹资。

2. 借入资金的成本

从财务杠杆分析可以看到，在酒店盈利的情况下，只要酒店对外支付的利息不超过息税前利润，利息费用越多，财务杠杆作用越大。但这并不表示酒店负债比率越高越好。酒店负债比率提高，财务风险会加大，债权人要求的报酬和权益资本要求的报酬中就会增加风险补偿部分，使酒店筹资成本大大提高，从而减少酒店的收益。

3. 抵税因素

负债筹资的利息支付是在交纳所得税之前，可以起到税收挡板的作用。当所得税税率较高时，酒店可以考虑增加负债筹资，但需要考虑风险问题。

4. 酒店筹资决策者的风险偏好

酒店负债经营决策，在一定程度上取决于酒店筹资决策者的风险偏好。当酒店决策者风险承受能力强时，可能愿意选择风险和收益都较高的方案；反之，安全起见，可能宁愿选择风险和收益偏低的方案。

三、酒店资本结构分析

为有效保障酒店经营过程中所需资金，酒店需要进行科学的筹资决策。决策内容包括：是负债筹资还是权益筹资，以何种具体方式进行筹资。

（一）筹资决策的步骤

酒店在进行筹资决策的过程中，需要执行以下步骤：

（1）确定需要筹集的资金数额；

（2）依据酒店经营现状和资本市场形势，确定是负债筹资还是权益筹资；

（3）确定筹资的具体方式，如普通股、优先股、负债等；

（4）对各种筹资方案进行评价；

（5）以加权平均资本成本最低为标准，确定最佳资本结构方案。

（二）资本结构分析

酒店筹资的结构一般有以下三种形式，各种不同的组合形式各有利弊：

1. 仅有普通股的资本结构

（1）优点：因为没有优先股和负债，所以没有固定支付利息、股利等的义务，对酒店现金流量的冲击较小；没有负债，所以没有财务风险；没有优先股和负债契约的约束，股利政策比较自由；负债率低，偿债能力强，酒店如果需要资金可以很容易通过其他方式取得。

（2）缺点：普通股成本一般较高，不能充分利用财务杠杆作用提高酒店价值；发行普通股过多，容易丧失对酒店的控制权和管理权；筹资方式单一，可能会丧失良好的筹资机会。

2. 兼有普通股和优先股的资本结构

（1）优点：比仅用普通股筹资扩大了筹资范围；优先股成本一般较普通股低，可以节约资本成本；优先股一般没有选举权和表决权，所以采用优先股筹资可以不分散酒店的控制权和管理权；普通股和优先股均属于所有者权益，可以优化酒店财务状况，提高酒店信用；普通股和优先股股利支付没有强制性，也不需还本，所以没有财务风险。

（2）缺点：普通股和优先股股利一般较负债高；股利支付是在交纳所得税之后进行的，不能起到税收挡板作用；优先股契约中多有限制普通股股利分派规定，使公司股利政策的灵活性受到影响。

3. 兼有普通股、优先股和负债的资本结构

（1）优点：负债成本一般较普通股和优先股股利低，有助于充分利用财务杠杆作用提高酒店价值；负债利率在税前支付，可以发挥税收挡板作用；债权人不能参与酒店决策，不会影响酒店的控制权和管理权；随着我国金融市场的完善，酒店负债筹资范围越来越广泛。

（2）缺点：负债须按期还本付息，会对酒店现金流量产生压力；负债的限制条款较多，易对酒店经营产生约束，从而影响酒店经营效率；负债筹资具有财务杠杆作用，如果酒店经营不利则会产生副作用；负债规模过大，偿债能力减弱，易影响酒店信用。

四、酒店筹资组合分析

酒店经营所需资金，包括短期资金和长期资金。短期资金是指酒店的流动负债，长期资金是指酒店的长期负债和所有者权益。酒店经营所需资金，可以通过短期资金筹措和长期资金筹措取得。在酒店所筹集的资金中，短期资金和长期资金在资金总额中所占比例，称为筹资组合。一般企业的筹资组合是采用短期资金筹集短期资产，长期资金筹集长期资产。

（一）高风险筹资组合及其对酒店风险和收益的影响

在这种筹资组合中，酒店采用长期资金筹集部分长期性流动资产和全部固定资产，采用短期资金筹集另一部分长期性流动资产和短期流动资产。高风险筹资组合具有财务风险大、筹资成本不确定、资金成本较低、筹资速度快、弹性好等特点。较多采用资金成本相对低的短期资金，会导致酒店利润的增加，但也会加大财务风险。在实际工作中，可供选择的组合模式有：

（1）以应付未付款融通部分长期性流动资产；

（2）以银行短期借款融通部分长期性流动资产；

（3）以商业信用融通部分长期性流动资产等。

（二）低风险筹资组合及其对酒店风险和收益的影响

在这种筹资组合中，酒店不仅用长期资金筹集长久性资产，而且筹集长期资金用于满足由于季节性或循环性波动而产生的部分或全部临时性资金需求。采用低风险筹资组合的酒店可以在淡季将暂时闲置的资金用于投资短期有价证券，到旺季时出售有价证券，并使用短期信用筹集足够的资金。这种筹资组合安全性高，筹资风险低，但筹资成本高。在实际工作中，可选择以下组合模式：采用权益资本筹资，采用长期负债和权益资本筹资组合，采用不同到期日的长期负债筹资组合，兼并筹资组合等。

（三）中和风险筹资组合及其对酒店风险和收益的影响

在这种筹资组合中，酒店对波动性资产，采用短期筹资方式筹集资金；对长期性资产，如长期性流动资产和固定资产，则采用长期筹资方式筹集资金。由于这种筹资组合方式较多地使用了短期资金，酒店收益会增加。但如果酒店资金总额不变，流动资产也不变，流动负债的增加会降低流动比率，增加酒店筹资风险。

五、酒店资本结构优化

酒店在筹资过程中，需要综合考虑各种筹资方式的成本以及筹资组合，尽量减少筹资成本，降低筹资风险，实现酒店筹资结构的最优和酒店价值最大化。

（一）资本结构优化的标准

评价酒店资本结构是否优化，标准不一样，评价的结果也不尽相同。资本结构到底多少最好，没有统一的数量界限，需要考虑成本、风险、收益等因素。而且判断资本结构是否优化，需考虑资产结构、偿债能力、资本市场环境、风险偏好等因素。

（1）资本结构标准：合理的资本结构是各种筹资方式在时间和空间上相互搭配组合，使筹资成本降低、筹资风险减少，以实现酒店整体筹资目标。

（2）资本成本标准：资本结构的合理性在于判断资本结构及其变动是否有利于资本成本的降低。

（3）资本收益率标准：资本收益率是指酒店净利润与所有者权益之间的比率。采用此标准判断资本结构的合理性，就是判断资本结构呈现什么组合时酒店的资本收益率最大。

（二）优化资本结构的有效途径

酒店优化资本结构可以从调整资本存量和资本增量两个方面进行。

1. 调整资本存量

资本存量是指酒店已投入的各类资产的总称，包括正参与再生产的资产存量和处于闲置状态的资产存量。调整资本存量，是通过对酒店资本存量的重新配置，提高资本运营效率。其主要方法是：

（1）对酒店各部门经营结构进行调整。随着市场经济的发展，人们生活水平的提高，人们的旅游消费模式也发生了相应变化，对酒店各项服务的需求会随之发生变动。人们对酒店某些服务项目需求的改变会造成酒店部分服务能力不足，而另一部分服务能力可能相对过剩，尤其是固定资产以及人才的闲置，会形成资本沉淀和利用效率低下。为此，酒店需根据市场的变动，在保障酒店经营的前提下，将资产存量在不同部门之间进行转移，以提高资产使用效率。

（2）通过出售、拍卖、产权转让等形式对酒店内部沉淀资本以及利用效率低下的资产进行调整。对酒店永久性沉淀资本，即使其回收价值远低于成本价值，酒店也应及时转让出售，以便加速资金周转；对酒店暂时性沉淀资本，酒店需要综合考虑这部分资产的现金净流量，并结合对市场变动的合理预测和科技的进步，慎重选择出售、转让或是进行更新改造。

2. 调整资本增量

调整资本增量就是通过新增投资的方式，对存量资产的重组实现资本优化。调整资本增量不能盲目乐观进行，需要综合考虑市场需求的变化、酒店经济效益的增长以及规避风险的需要等因素，带动酒店现有资产的重组，以提高资产的使用效率。

技能训练

一、实训教学目的

通过本次实践教学，使学生加深对筹资渠道的认识，掌握不同筹资渠道的优缺点，能够合理选择最优的筹资方式，降低筹资成本。

二、实训教学形式

1. 筹资渠道分析、优缺点讨论。
2. 筹资成本计算。
3. 最优筹资方式的评价、选择。

三、实训教学设计

1. 教师分配任务，学生分组，针对提供的筹资案例进行小组分析。
2. 小组讨论、交流，制作PPT并汇报。
3. 同学提问、教师点评。

四、实训教学考核

1. 过程考核：实践活动执行过程。
2. 结果考核：小组PPT汇报结果。

附：

酒店筹资案例

2020年10月1日中午，B酒店有限公司的总裁王女士刚与公司的其他董事们开完会。这次会议讨论了3个可为A酒店筹集17 500万元资金的融资计划。王女士不清楚这3个计划对A酒店的财务状况、融资风险以及对她与其他投资者回报的影响有多大。会议结束后，对于到底采取哪种筹资方案，董事们仍然争执不下，于是其他董事决定将筹资决策权授予王女士。

●酒店简介●

王女士今年40岁，国外某名牌大学MBA毕业。王女士在美国的一家大型连锁酒店当了几年业务经理之后返回祖国，在北方的海滨市投资酒店旅游设施。王女士之所以选择海滨市，是因为这里春夏两季气候宜人，而且城市非常漂亮，是国内外旅游热点。2005年她创立了B酒店有限公司，拥有90%的股份，该公司投资兴建了一家现代化的五星级豪华酒店。这家酒店可以提供完备的旅游住宿、餐饮、购物以及娱乐服务。这些年来，B酒店为王女士带来了丰厚的利润。由于当地购物、旅游的优惠条件吸引了大量国内外旅游者，而且每年的春夏旅游旺季当地酒店爆满。许多游客都希望住进气派、尊贵、舒适而且位于城市繁华地段的B酒店，但是由于该酒店面积和客房数量有限，无法满足众多游客的愿望。

●B酒店的建设规划●

最近几年，海滨市的快速发展为当地的旅游业带来了勃勃生机，王女士也时刻注意着这些变化，而且在当地的许多跨国公司的朋友经常建议她扩大酒店规模，以应付不断增加的客流量，同时解决这些跨国公司商务人员住宿的需要。于是，王女士产生了在B酒店毗邻之地再建一座现代化酒店的想法，并将该酒店取名为A酒店。王女士希望这一战略投资计划一方面可以通过为当地跨国公司的商务人员提供膳宿，保证每年稳定的业务；另一方面可以通过在旅游旺季接纳B酒店无法容纳的游客来获得业务。接下来，王女士开始考虑这座现代化酒店的类型和规模，并详细估算完成这样一项工程的成本。这块与B酒店毗邻的土地，宽80米，长200米，估价为4 000万元。在向当地一位建筑师咨询后，王女士起草了一份能满足各种先决条件的工程计划。该计划拟建一座16层建筑，包括40套各含两间屋子的套房、100间带两张单人床的双人间、120间带双人床的双人间、7家小商店和一些其他设施，这些设施包括理发、美容及医疗等。然后王女士预估了新酒店的收入。根据自己以往的经验，她认为40套套房和其余卧房每天可创收大约400 000元，但前提是所有客房都住满。在入住率100%的情况下，她估计出租酒店其他区域每月可收入1 000 000元。租金将根据营业额的一定百分比来收取，预计会随入住率的变化而变化，其他收入最终将从礼品柜台、展厅及底层的100米长、20米宽的中央区域而来，而这个大区域尚未计划好作何用途。除去预计的500万元公司日常开支外，王女士基于100%入住率估算了其他营业开支。王女士认为在估算利润时，年均75%的入住率是现实可行的，而50%的入住率是最坏的可能。所有商店与办公室都按年度来出租。企业所得税税率为25%。该酒店为钢筋混凝土结构，建筑成本为13 000万元。在经过可行性调查之后，王女士将装修酒店的成本估为3 000万元。酒店的营运成本1年为

4 500万元，具体费用开支如表 3-2 所示：

表 3-2　A 酒店 100%入住率时的年度营业收支表　　单位：万元

经营项目	总可变成本	固定成本	总成本
广告费	—	100	100
客房用品费	300	—	300
水、电、空调	300	300	600
员工工资	1 400	—	1 400
维修费	200	100	300
管理人员工资	—	400	400
办公费	—	100	100
折旧费	—	500	500
公司日常开支	500	—	500
其他费用	—	300	300
合计	2 700	1 800	4 500

另外，她估计新酒店盈利的潜能会吸引投资进入这个不断发展的行业，因此，该项目最低资本投资额度可能会提高。于是，王女士会晤了 B 酒店几个合伙人，共同讨论新酒店的建设项目。考虑到这类酒店投资的风险程度和当地酒店业的发展趋势，他们认为新的酒店应该是独立的法人实体。新的酒店被命名为 A 酒店有限公司。新成立的 A 酒店建在 B 酒店的原有地产上。王女士出任新酒店董事会主席兼酒店总裁。原先的 B 酒店以无形资产出资，无形资产折合 200 万股优先股（每股面值为 25 元，利率为 8%），加上 600 万股 5 元面值的普通股。

● A 酒店的融资渠道 ●

王女士希望尽快开工，以便冬季进行室内施工。为使新建筑赶在 2021 年旅游旺季来临前完工，又因为筹集必要的资金需相当长的时间，王女士决定从其私人积蓄中提取资金垫付到工程中，以保证酒店建设项目尽快开工，这笔资金在酒店建成后给予补偿。必要的安排结束后，新酒店土建工程于 2020 年 6 月开工了。到 8 月份，规划操作阶段已取得相当大的进展，王女士感到注意力必须转移到提供长期资本上，该项资本原来估算为 24 500 万元。其中，营运资金 4 500 万元，地价 4 000 万元，建筑费 13 000 万元，装修费用 3 000 万元。作为融资计划的第一步，A 酒店同王女士达成一项购买协议，A 酒店将斥资 4 000 万元，从 B 酒店购买修建酒店所需的地皮。根据该协议，支付给 B 酒店 800 万股普通股。融资计划的第二步是融资资助装修工程。A 酒店贷款者商讨了贷款利率暂定为 10%的 3 000 万元的 5 年期贷款一事。从第一个会计年度末开始，每年本息合计偿付 750 万元。由于尚缺 17 500 万元，王女士与合伙人开会讨论筹措资本的最可行方案。王女士有意通过公司的地产和房产抵押贷款来解决。此贷款额为 17 500 万元，年利率 12%，期限 10 年，每年年末还本付息。王女士担心采取固定利率有较大风险，何况 A 酒店经营前景未知。王女士的合伙人刘先生提出了第二个方案，将普通股以 10 万股为单元，每股5元的价格出售，这样每单元总价值为50万元，合法的发行固定费用预计需500万元。股票承销商的承销费用为发行总额的10%。出售的股份数量限在400个单元以内，以避免证券管理者对发行新股的众多要求。王女士担心这样做她的利润份额就会大大降低。第三种方案也提出来了，把利率为8%的优先股，以20 000股为一单元，每股25元的价格出售。优先股可以每股26元的价值赎回，股息可以累积。若连续两年未分配股息，优先股股东对董事会大部分董事均有选举权。合法的发行固定费用预计需500万元。股票承销商的承销费用为发行总额的10%。另外，购买者还有权在每购一股优先股时，免费认购一股普通股。在研究了最后一个建议后，讨论搁浅了。董事们表示，最后的主意还得由王女士来拿。（注：优先股面值为25元，普通股面值为5元。假设各方案中，实现的利润全部对外分配。）

思考：

1. 如果仅考虑王女士的分红，哪种融资方案最优？
2. 如果仅考虑控股权不流失，哪种融资方案最优？
3. 如果仅考虑资本成本，哪种融资方案最优？
4. 如果仅考虑现金偿债能力，哪种融资方案最优？
5. 综合上面的分析，请帮助王女士进行融资决策。

思享园地

校园贷

校园贷是什么？校园贷，又称校园网贷，是指一些网络贷款平台面向在校大学生开展的贷款业务。据调查，校园消费贷款平台的风控措施差别较大，个别平台存在学生身份被冒用的风险。此外，部分为学生提供现金借款的平台难以控制借款流向，可能导致缺乏自制力的学生过度消费。

1. 校园贷的危害

（1）校园贷具有高利贷性质；

（2）校园贷会滋生借款学生的恶习；

（3）若不能及时归还，贷款放贷人会采用各种手段向学生讨债；

（4）有不法分子利用高利贷进行其他犯罪。

2. 校园贷的特征

校园贷虽然有申请便利、手续简单、放款迅速等优点，但也存在信息审核不严、高利率、高违约金等特点，学生在不断膨胀的消费欲望和侥幸心理之下可能陷入“连环贷”的陷阱，亟待加强监管。校园消费贷款平台的风控措施差别较大，个别平台存在学生身份被冒用的风险。此外，部分为学生提供现金借款的平台难以控制借款流向，可能导致缺乏自制力的学生过度消费。随着学生网贷的平台增多，仅靠降低贷款利率和提高贷款额度博眼球，只会使越来越多的学生借款人掉入分期陷阱，抹黑自己的信誉，使平台盈利能力下降，造成损失。

某高校王同学因迷恋上某新款手机，从某借贷平台借款5 000元，借款时对方要求“一周10个点”，该同学心中无明确还款额概念，一月后王同学需还款多少？老师讲解复利终值计算原理后，要求学生独立思考计算该笔贷款终值。通过计算得知，在“校园贷”平台借款5 000元，“一周10个点”，一个月后需偿还7 320.5元，从数值上让学生直观又深刻理解了“校园贷”的危害，树立理性消费，切勿盲目攀比的观念。“校园贷”平台属于非正规渠道，高风险，圈套多，我们应时刻警醒，远离之，不要让它影响学业，让父母和老师操心。

3. 校园贷的防范

(1) 树立正确的消费观，抵制盲目消费、跟风攀比的诱惑。我们应根据自身经济状况合理消费，务必量力而行，杜绝超出自身承担能力的高消费和超前消费。

(2) 如有正当资金需求的，应通过正规金融机构办理。

(3) 学习生活面临经济困难，应主动向学校提出帮助诉求，学校会积极采取措施给予资助。

(4) 如因前期疏于防范已陷入非法校园贷的困扰中，自身权益正在或者即将遭受伤害，应及时向学校报告有关情况，寻求金融、监管部门、公安部门的介入，以维护自己的合法权益。

模块四 酒店投资管理

学习目标

知识目标

- 了解酒店投资管理的基本概念、种类。
- 熟悉项目计算期的构成和项目投资的资金构成。
- 掌握项目投资的现金流量的构成内容，计算项目投资的现金净流量。
- 熟悉项目投资的决策评价方法。

能力目标

- 能运用项目计算期的构成和项目投资的资金构成计算项目净流量，利用项目投资决策的评价方法进行项目投资回收前景评价。

模块导入

地产酒店投资模式

“做其他生意赚很多钱的人，不一定能在酒店上赚钱。”这是很多酒店业内人士对自己行业的共识。过去的几年时间里，中国的房地产开发商得了一场酒店投资的“高烧”，导致多个城市里高星级酒店诞生速度达到历史高点，2008 年、2009 年是新酒店开业的高峰期，但开发商的投资并未得到丰厚的回报。事实上，为数不少的酒店投资项目已经遇到了预算不足、超额投资甚至推迟开业等各种各样的问题。鉴于对酒店行业的认知不足却又盲目投资，开发商吃了很多哑巴亏。

林丹是深圳南山一家五星级酒店的公关经理。虽然酒店要到第三季度才开业，但她却在年初就开始了忙碌的公关工作，因为来自同行的竞争压力让她意识到早做谋划的重要。据了解，在深圳南山，有丽思·卡尔顿、四季、喜来登、香格里拉、威斯汀等几大国际酒店品牌驻扎。其中，洲际酒店是在国内扩张最快的国际酒店集团，该集团 2008 年新开了 125 家酒店；发展最为保守的万豪旗下品牌丽思·卡尔顿，也规划了 9 家国内酒店。一个酒店的投资时间为 36～48 个月，业内人士透露，五星级酒店合理的客房数量在 250～350 间。如果按照每间客房约 150 万元的造价计算，一家五星级酒店的总投资额为 4 亿元～5 亿元。

业主代表需要同时具备投资背景、建筑常识、项目运作经验并且精通酒店经营管理，此外，还需要有较强的沟通能力。在国外，业主代表往往是酒店的资产管理人。“几亿元的资产交给别人，如果没有合适的人选来照看这个物业，将是非常可怕的事情。”业内人士称。由于国内酒店业快速扩张，人才的短缺已经成为制约行业发展的瓶颈，培养机制跟不上，导致业内的人员流动异常频繁。在这样的背景之下，具备综合素质的业主代表人选更是凤毛麟角。业内人士感叹，目前这个特殊的人群中存在三个问题：一是不能及时到位，二是名不副实，三是身在位置上却不知道该做什么事。专业人士称，业主代表最好在开发商拿地之时就介入，他应该了解开发商对项目收益的预期以及投资预算；同时对市场有清晰的判断，并对各个不同品牌的管理风格有所了解。

酒店开发不同于住宅开发。酒店开发是一项长期回报的投资，一定比例的长线投资将很好地完善公司的财务收支，高端酒店往往能够提升周边区域的整体价值。丽思·卡尔顿前任总裁曾经表示，国际上经过丽思·卡尔顿管理之后的酒店，周边地价涨了 25%～30%。正是基于上述两大优势，多数综合性房地产开发商将商用物业的比例确定在 25%～30%，从而让高端酒店投资成为开发商的新宠。不过，在酒店行业还处于发展阶段的中国，对酒店缺乏基本认识的开发商在投资中存在几个误区：一是对酒店商业运营模式认识不清晰，对管理公司或者酒店品牌的理解不深刻。一般来说，国际上知名酒店管理公司都是世界500强企业，经过了几十年甚至上百年的积累后，都制定了严格的品牌标准，该标准对其管理的酒店的规定非常细致。很多开发商没有那么多人力和精力来仔细研究这些品牌标准，从而导致项目的建设、装修等出现问题，最终难以通过管理公司的标准审查。二是预算失控。国内开发商很多都在这一轮房地产热潮中赚得钵满盆满，但其人员的素质与跨国公司之间存在较大差距。在充足的财富支撑下，开发商容易自我意识膨胀，选择最高端的酒店品牌。不过，开发商在好大喜功地选择酒店品牌之后，往往看不到品牌背后的高要求：品牌酒店对材料有苛刻的要求，在细节上精益求精。再加上国内和国际惯例存在差异，如地毯的国内标准与国际标准并不一样，开发商原本的材料可能根本达不到管理公司的要求。而这种认知的不足往往导致最终预算失控。三是在合同谈判中往往处于被动地位。一般来说，管理合同的谈判涉及几大核心问题：管理费的高低、管理公司所需要提供的服务、业主方授权的程度以及衍生的责任条款。现在很多开发商都因为酒店投资和经营经验的空白，导致在合同谈判过程中处于被动地位。

思考：如何选择合适的投资项目，降低投资风险，提高投资收益？

项目一 酒店投资概述

一、酒店投资的概念

酒店投资是指酒店以未来收回现金并取得收益为目的而发生的现金流出活动，包括直接投资和间接投资。直接投资是指把资金投放于生产经营性资产，以便创造价值的投资。间接投资是指把资金投放于证券等金融资产，以便取得股利或利息收入的投资。

二、酒店投资的类型

（一）按酒店投资的对象分类

按酒店投资的对象分类，可分为固定资产投资、无形资产投资和其他资产投资。固定资产投资是指将资金投放于房屋和建筑物、机器设备、工具器具等固定资产。无形资产投资是指将资金投放于专利权、非专利技术、商标权、著作权、土地使用权、商誉等无形资产。其他资产投资是指除以上资产投资之外的投资，如开办费等应在以后年度内分期摊销的各项费用。

（二）按酒店投资的顺序与性质分类

按酒店投资的顺序与性质分类，可分为先决性投资和后续性投资。先决性投资是指必须对某酒店进行投资，在项目建成同时或其后实现收益。后续性投资是指在原有基础上进行的酒店建设，建成后将发挥原酒店同样作用或更有效地发挥同一作用和性能，能够完善或取代现有酒店的投资。

三、酒店投资计算期和资本投入方式

（一）酒店投资计算期

酒店投资计算期是指从投资建设开始到最终清理结束整个过程的全部时间，即该酒店的有效持续期间，可分为建设期和生产经营期。建设期的第一年年初（记作第 0 年）称为建设起点，建设期的最后一年年末（记为第 n 年）称为投产日，从投产日到终结点之间的时间间隔称为生产经营期。

（二）资本投入方式

从时间特征上看，投资主体将资金投入具体酒店的方式有一次投入和分次投入两种。一次投入方式是指投资行为集中一次发生在酒店计算期第一个年度的某一时间点；如果投资行为涉及两个或两个以上年度，或者虽然只涉及一个年度，但同时在该年的不同时间点发生，则属于分次投入方式。

项目二 酒店投资额的确定

一、酒店投资额的构成

在整个酒店投资过程中，酒店投资主要范围包括固定资产投资、无形资产投资、递延资产投资、流动资产投资和营业成本费用投资等。

（一）固定资产投资

固定资产是指使用期限较长（一年以上），单位价值在规定的标准以上，在生产过程中为多个生产周期服务，在使用过程中保持原来的物质形态的资产，主要包括：建筑工程费、设备购置费、安装工程费、工具及生产家具购置费、其他费用（土地补偿费、管理费等）。固定资产投资相关指标有：

（1）固定资产原值：建设项目建成或投产时核定的价值。

（2）折旧：固定资产转移价值的补偿，作为一种会计手段；在投资项目寿命期（或计算期）内，折旧和摊销不是项目的现金流出，而是属于成本。

（3）固定资产净值：固定资产净值＝固定资产原值－累计折旧额。

（4）期末残（余）值：寿命期末的固定资产残余价值，属于现金流入。

（二）无形资产投资

无形资产是指能为企业长期提供某种权利或利益但不具有实物形态的资产，主要包括专利、著作权、版权、商标、专有技术等，其价值在服务期内逐年摊销，摊销费计入成本。

（三）递延资产投资

递延资产是指项目筹建期内，集中发生除固定资产投资和无形资产投资以外的各项费用所形成的资产。包括开办费、租赁固定资产改良费、固定资产装潢及装修费等，在规定年限内平均摊销，摊销费计入成本。

（四）流动资产投资

流动资产是指可以在一个生产经营周期（对象不同，长短不同）内变现或耗用的资产。主要包括：储备资金（原材料、燃料等）、生产资金（在制品、半成品、待摊费用等）、成品资金（产成品、外购品等）、结算资金（应收、预付账款等）、货币资金（备用金、现金、银行存款等）。

（五）营业成本费用投资

营业成本费用按经济性质分为九类：（1）外购材料；（2）外购燃料；（3）外购动力；（4）工资及福利费；（5）折旧费；（6）摊销费；（7）利息支出；（8）修理费；（9）其他费用。总成本费用是上述成本费用之和。

二、酒店投资额的估算（以浙江某酒店投资项目为例）

某酒店项目投资估算范围包括实现项目投入与运营所需的建设投资和建设期利息。其中，建设投资包括建筑工程费、设备购置费和安装工程费，以及按规定必须考虑的建设工程其他费用和预备费等。估算依据：住建部《市政工程可行性研究投资估算编制办法》、住建部《市政工程投资估算指标》、浙江省《工程建设概预算文件汇编》、浙江省

《建筑安装工程费用定额》及相应费率、杭州市工程造价管理相关规定，并结合杭州市当前工程造价的实际情况，以及建设单位提供的当地市政建设的有关规定及说明。

(一) 固定资产投资估算

该项目固定资产投资总额为49 253.7万元，由工程费用、工程建设其他费用、预备费和建设期借款利息四部分组成。

1. 工程费用

工程费用由单项建筑工程费用和配套、安装工程费用组成。

(1) 单项建筑工程费用。

1) 精品酒店：建筑工程费按8 000元/平方米计，共计建筑工程费7 600万元；设备购置费按建筑工程费的20%计，则设备购置费为1 520万元。故精品酒店的工程费用共计9 120万元，占固定资产投资总额的18.52%。

2) 配套商务酒店：建筑工程费按3 700元/平方米计，共计建筑工程费3 367万元；设备购置费按建筑工程费的20%计，则设备购置费为673.4万元。故配套商务酒店的工程费用共计4 040.4万元，占固定资产投资总额的8.2%。

3) 露天温泉场：建筑工程费按5 000元/平方米计，共计建筑工程费600万元；设备购置费按建筑工程费的20%计，则设备购置费为120万元。故露天温泉场的工程费用共计720万元，占固定资产投资总额的1.46%。

综上所述，该项目单项建筑的工程费用为13 880.4万元，占固定资产投资的28.18%。

(2) 配套、安装工程费用。

本项目应计建筑面积为18 600平方米。

1) 给排水：按50元/平方米计，安装工程费共计93万元，占固定资产投资总额的0.19%。

2) 消防：按60元/平方米计，安装工程费共计111.6万元，占固定资产投资总额的0.23%。

3) 强弱电：按230元/平方米计，安装工程费共计427.8万元，占固定资产投资总额的0.87%。

4) 监控及广播系统：按30元/平方米计，安装工程费共计55.8万元，占固定资产投资总额的0.11%。

5) 室外给排水：按60元/平方米计，安装工程费共计111.6万元，占固定资产投资总额的0.23%。

6) 室外电气：按150元/平方米计，安装工程费共计279万元，占固定资产投资总额的0.57%。

7) 室外道路：共96 048平方米，按130元/平方米计，安装工程费共计1 248.62万元，占固定资产投资总额的2.54%。

8）绿化：共380 000平方米，按110元/平方米计，建筑工程费共计4 180万元，占固定资产投资总额的8.49%。

9）配套停车场：共5 000平方米，按280元/平方米计，建筑工程费共计140万元，占固定资产投资总额的0.28%。

综上所述，该项目配套及安装工程费用合计为6 647.42万元，占固定资产投资总额的13.5%。

2. 工程建设其他费用

1）土地费用：该项目占用土地是通过挂牌出让的方式取得的，征地费用为24 000万元，占固定资产投资的48.73%。该项目不考虑土地契税。

2）建设单位管理费：包括建设单位开办费、建设单位经费和建设单位临时设施费等，按照建筑安装工程费用的1.5%计，建设单位管理费共计307.92万元，占固定资产投资总额的0.63%。

3）地质勘探及工程设计费：是指建设单位为进行项目建设发生的勘察和设计费用，地质勘探按照10元/平方米计，总建筑面积为18 600平方米，地质勘探费共计18.6万元，占固定资产投资总额的0.04%：工程设计费按照150元/平方米计，地质勘探费共计279万元，占固定资产投资总额的0.57%。

4）建设项目前期费用、招投标手续费、招标代理服务费：建设项目前期费用20万元，占固定资产投资总额的0.04%；招投标手续费3万元，约占固定资产投资总额的0.01%；招标代理服务费12万元，占固定资产投资总额的0.02%。

5）白蚁防治费：按照2.3元/平方米计，总建筑面积为18 600平方米，共计4.28万元，占固定资产投资总额的0.01%。

6）以下费用均以建筑面积18 600平方米为基数进行计算：

人防基金：按照50元/平方米计，共计93万元，占固定资产投资总额的0.19%。

基础设施配套费：按照105元/平方米计，共计195.3万元，占固定资产投资总额的0.4%。

散装水泥基金：按照2元/平方米计，共计3.72万元，占固定资产投资总额的0.01%。

新型墙体材料发展基金：按照8元/平方米计，共计14.88万元，占固定资产投资总额的0.03%。

防雷检测费：按照0.9元/平方米计，共计1.67万元，占固定资产投资总额的0.003%。

施工图纸审查费：按照1.72元/平方米计，共计3.2万元，占固定资产投资总额的0.01%。

7）建设监理费：按照建筑安装工程费用的2.0%，建设单位监理费计410.56万元，占固定资产投资总额的0.83%。

综上所述，该项目工程建设其他费用合计 25 367.13 万元，占固定资产投资总额的 51.5%。

3. 预备费

项目预备费含基本预备费和涨价预备费。

基本预备费按照建设投资中建筑工程费、设备购置费、安装工程费和工程建设其他费用之和的 5.0%，计 2 294.75 万元。涨价预备费参照国家发改委（含原国家计委）《关于加强对基本建设大中型项目概算中“价差预备费”管理有关问题的通知》（计投资〔1999〕1340 号）精神，投资价格指数按零计算。故该项目预备费共计 2 294.75 万元，占投资总额的 4.66%。

4. 建设期借款利息

本项目项目建设期 1 年，建设投资拟申请银行长期借款 16 000 万元，按年利率 6.65%，应计建设期借款利息 1 064 万元，占投资总额的 2.16%。

综上，固定资产投资总额构成如表 4-1 所示：

表 4-1 固定资产投资总额构成

序号	项目名称	投资额（万元）	占固定资产投资总额比例
1	工程费用	20 527.82	41.68%
2	工程建设其他费用	25 367.13	51.5%
3	预备费	2 294.75	4.66%
4	建设期借款利息	1 064.00	2.16%
合计		49 253.70	100%

（二）流动资金估算

该项目流动资金包括流动资产和流动负债。该项目从运营期即第 2 年开始考虑流动资金。

1. 流动资产

流动资产包括应收账款、存货、现金及预付账款。

1）应收账款：周转天数为 45 天，周转次数为 8 次/年，项目开始正常运营的第 6 年后应收账款为 196.33 万元。

2）存货：该项目存货包括原材料、燃料及动力、在产品。项目开始正常运营的第 6 年后存货为 127.12 万元。

3）现金：周转天数为 30 天，周转次数为 12 次/年，项目开始正常运营的第 6 年后现金为 20.3 万元。

4）预付账款：本项目不涉及预付账款。

2. 流动负债

流动负债包括应付账款及预收账款。

1）应付账款：周转天数为 60 天，周转次数为 6 次/年，项目开始正常运营的第 6 年后应付账款为142.09万元。

2）预收账款：本项目不涉及预收账款。

综上，流动资金汇总如表4-2所示：

表4-2　流动资金汇总表　　单位：万元

序号	项目	第2年	第3年	第4年	第5年	第6～15年
1	流动资产	223.37	249.02	291.35	319.79	363.22
2	流动负债	60.13	75.17	99.97	116.64	142.09
3	流动资金	163.24	173.86	191.38	203.15	221.13
4	流动资金当期增加额	163.24	10.62	17.52	11.77	17.98

项目三　酒店投资的现金流量分析

一、现金流量的内容

现金流量是指在投资决策中，某个投资项目引起的企业现金支出和现金收入增加的数量。“现金”是广义的现金，它不仅包括各种货币资金，也包括项目需要投入的企业现有非货币资源的变现价值。现金流量是项目投资决策的依据。

（一）现金流量的种类

1. 按现金流动的方向分

（1）现金流出量。现金流出量是指与投资方案相关的企业现金支出的增加额。主要包括：

1）建设投资，是指建设期内按投资设计方案进行的固定资产投资。

2）无形资产和开办费用等投资的总和。包括土地购买或租赁费用、土建工程费用、生产设备支出、设备安装支出、人员培训费用等。

3）营运资金，是指因项目投资引起的营运资金的变化。项目投资会引起现金、应收账款及原材料、在产品、半成品等流动资产和应收账款、应付费用等流动负债的变化。垫支的营运资金与建设资金构成原始投资额，再加上资本化利息，构成项目投资总额。

4）付现成本，是指在项目经营期间需用现金支付的成本。它是项目投产后最主要的现金流出项目。

付现成本＝生产经营费用－折旧费用

5）所得税，企业缴纳的所得税是现金流出量的一部分。

（2）现金流入量。现金流入量是指与投资方案相关的现金收入的增加额。主要包括以下内容：

1）营业现金收入。项目投产后，营业收入是现金流入量的主要内容。

2）收回的固定资产残值，是指投资项目报废或中途转让时，固定资产报废清理或转让的变价收入扣除清理费用后的净额。

3）收回的营运资金，主要是指投资项目终结时收回的原垫付的营运资金。为了简化计算，一般在发生营运资金垫付时，我们把它视为现金流出。而在投资项目使用过程中循环发生的营运资金收回和再垫支，既不作为现金流入，也不作为现金流出。将项目终结时收回的营运资金作为现金流入对待。

2. 按现金流动的时间分

（1）初始现金流量。初始现金流量是指与投资方案相关的并于投资开始时发生的现金流量，有时也称为初始投资。主要包括：

1）固定资产投资额，包括固定资产的构建成本、安装费用、运杂费等现金流出。

2）流动资产投资，是指由于项目投入生产而发生的购置原材料、在产品等流动资产的现金流出。

3）机会成本，是指某些原有资产用于该项投资而不能作为其他用途而失去的收入。

4）其他投资费用，是指与投资项目有关的筹建费、职工培训费用、谈判费、注册费用等现金流出。

5）原有固定资产的变价收入，主要是指固定资产更新时变卖原有固定资产所得的现金收入。

（2）营业现金流量。营业现金流量是指投资项目完成投入生产后，在寿命期内，从正常的生产活动中取得的现金流量，一般以年为单位进行计算。

营业现金流量＝营业收入－付现成本－所得税

付现成本＝生产经营费用－折旧费用

营业现金流量＝税后净利润＋折旧费

（3）终结现金流量。终结现金流量是指项目终结（报废或转让）时发生的各种现金流量，主要包括：固定资产变价净收入或残值收入、收回的垫支营运资金。

（二）现金净流量

现金净流量是指一定期间现金流入量和现金流出量的差额。

现金净流量＝现金流入量－现金流出量

为方便起见，如不作特殊说明，假设各年的投资都在年初一次发生，各年的营业现金流量都在各年年末一次实现，终结现金流量在最后一年年末发生。

二、现金流量的估算

（一）项目现金流入量的估算

（1）营业收入是经营期最主要的现金流入量，应按项目在经营期内有关产品各年预计单价和预计销售量进行估算。

（2）补贴收入是与经营期收益相关的政府补贴，可根据按政府退还的增值税，按销量或工作量分期计算的定额补贴和财政补贴予以估算。

（3）在终结点上一次回收的流动资金等于各年垫支的营运资金投资额的合计数。回收营运资金和回收固定资产残值统称为回收额，假定新建项目的回收额发生在终结点上。

（二）项目现金流出量的估算

1. 建设投资的估算

固定资产投资应按项目规模和投资计划所确定的各项建筑工程费用、设备购置费用、安装费用和其他费用来估算。无形资产和其他资产投资，根据需要逐项按有关资产的评估方法和计价标准进行估算，在估算构成固定资产原值的资本化利息时，可根据长期借款本金、建设期年数和借款利息率按复利计算，且假定建设期资本化利息只计入固定资产原值。

2. 营运资金投资的估算

在某项目投资决策中，营运资金是指在营运期内长期占用并周转使用的资金。

某年营运资金投资额（垫支数）＝本年营运资金需用额－截至上年的营运资金投资额

或：

某年营运资金投资额＝本年营运资金需用额－上年营运资金需用额

本年营运资金需用额＝该年流动资产需用额－该年流动负债可用额

【例4-1】A酒店某投资项目投产第一年预计流动资产需用额为3 500万元，流动负债可用额为1 500万元，假定该项投资回收在建设期期末；投产第二年预计流动资产需用额为4 000万元，流动负债可用额为2 000万元，假定该项目投资发生在投产后第一年年末。

解：

投产第一年的营运资金需用额＝第一年流动资产需用额－第一年流动负债可用额

＝3 500－1 500

＝2 000（万元）

第一年营运资金投资额＝第一年营运资金需用额－截至上年的营运资金投资额

＝2 000－0

＝2 000（万元）

投产第二年的营运资金需用额＝第二年流动资产需用额－第二年流动负债可用额

＝4 000－2 000

＝2 000（万元）

第二年营运资金投资额＝第一年营运资金需用额－截至上年的营运资金投资额

＝2 000－2 000

＝0

终结点回收营运资金＝2 000＋0＝2 000（万元）

3. 付现成本的估算

付现成本是指在经营期内为满足正常生产经营而动用货币资金支付的成本费用。

付现成本＝外购原材料、燃料和动力费＋工资及福利费＋修理费＋其他费用

或：

付现成本＝不包括财务费用的总成本费用－折旧额－无形资产和开办费用的摊销额

式中，其他费用是指从制造费用、管理费用和销售费用中扣除了折旧费、摊销费、材料费、修理费、工资及福利费以后的部分。

【例 4－2】A 酒店某投资项目投产后第 1 至第 5 年每年预计外购原材料、燃料和动力费为 50 万元，工资及福利费为 30 万元，其他费用为 10 万元，每年折旧费用为 20 万元，无形资产摊销费用为 5 万元，第 6～10 年每年不包括财务费用的总成本费用为 150 万元。其中，每年预计外购原材料、燃料和动力费为 90 万元，每年折旧费用为 20 万元，无形资产摊销费为 0。

解：

投产第 1～5 年每年的付现成本＝外购原材料、燃料和动力费＋工资及福利费＋修理费＋其他费用

＝50＋30＋10

＝90（万元）

投产后第 1～5 年每年不包括财务费用的总成本费用＝付现成本＋折旧额＋无形资产摊销费

＝90＋20＋5

＝115（万元）

投产后第 6～10 年每年的付现成本＝不包括财务费用的总成本费用－折旧额－无形资产和开办费用的摊销额

＝150－20－0

＝130（万元）

【例 4－3】A 酒店准备购入一台设备以扩大生产能力，现有甲、乙两个方案可供选择。甲方案需投资 15 000 元，一年后建成投产。使用寿命为 6 年，采用直线法计提折旧，6 年后设备无残值。6 年中每年的销售收入为 6 000 元，每年的付现成本为 2 500 元。乙方案需投资 18 000 元，一年后建成投产时需另外增加营运资金 3 000 元。该方案的使用寿命也是 6 年，采用直线法计提折旧，6 年后有残值 3 000 元。6 年中每年的销售收入为 8 500 元，付现成本第一年为 3 000 元，以后每年将增加维修费用 300 元。假设所得税税

率为25%，试计算两个方案的现金流量。

解：

首先，计算两个方案每年的折旧额：

$$甲方案每年的折旧额=\frac{15\ 000}{6}=2\ 500（元）$$

$$乙方案每年的折旧额=\frac{18\ 000-3\ 000}{6}=2\ 500（元）$$

计算两个方案的营业现金流量（见表4-3），再结合初始现金流量和终结现金流量编制两个方案的全部现金流量（见表4-4）。

表4-3　甲、乙方案营业现金流量　　单位：元

备选方案	第二年	第三年	第四年	第五年	第六年	第七年
甲方案						
销售收入（1）	6 000	6 000	6 000	6 000	6 000	6 000
付现成本（2）	2 500	2 500	2 500	2 500	2 500	2 500
折旧（3）	2 500	2 500	2 500	2 500	2 500	2 500
税前利润（4）=(1)－(2)－(3)	1 000	1 000	1 000	1 000	1 000	1 000
所得税（5）=(4)×25%	250	250	250	250	250	250
税后利润（6）=(4)－(5)	750	750	750	750	750	750
营业现金流量（7）=(3)＋(6)	3 250	3 250	3 250	3 250	3 250	3 250
乙方案						
销售收入（1）	8 500	8 500	8 500	8 500	8 500	8 500
付现成本（2）	3 000	3 300	3 600	3 900	4 200	4 500
折旧（3）	2 500	2 500	2 500	2 500	2 500	2 500
税前利润（4）=(1)－(2)－(3)	3 000	2 700	2 400	2 100	1 800	1 500
所得税（5）=(4)×25%	750	675	600	525	450	375
税后利润（6）=(4)－(5)	2 250	2 025	1 800	1 575	1 350	1 125
营业现金流量（7）=(3)＋(6)	4 750	4 525	4 300	4 075	3 850	3 625

表4-4　甲、乙方案全部现金流量　　单位：元

备选方案	当期现金流量	1期现金流量	2期现金流量	3期现金流量	4期现金流量	5期现金流量	6期现金流量	7期现金流量
甲方案：								
固定资产投资	－15 000							
营业现金流量			3 250	3 250	3 250	3 250	3 250	3 250
甲方案现金流量合计	－15 000	0	3 250	3 250	3 250	3 250	3 250	3 250
乙方案：								
固定资产投资	－18 000							
流动资产投资		－3 000						
营业现金流量			4 750	4 525	4 300	4 075	3 850	3 625
固定资产残值								3 000
营运资金回收								3 000
乙方案现金流量合计	－18 000	－3 000	4 750	4 525	4 300	4 075	3 850	9 625

（三）所得税对现金流量的影响

税收减免是指企业发生的费用支出会使所得税支出减少。因此，发生的费用支出实际上会产生减少所得税税负的作用，即税收地面效应。所得税影响投资现金流量，投资现金流量包括投资在固定资产和流动资产上的资金两部分。由于投资在流动资产上的资金一般在项目结束时全部收回，不涉及企业的损益，因此不受所得税的影响。如果企业以原有旧设备进行固定资产投资，在计算投资现金流量时，一般是以该设备的变现价值作为其现金流出量。此外，还必须注意企业由此而可能支付或减免的所得税。

$$\text{投资现金流量}=\text{投资在流动资产上的资金}+\text{设备变现价值}-(\text{设备变现价值}-\text{账面净值})\times\text{所得税税率}$$

【例 4 - 4】假设某企业要进行固定资产更新与否的决策，如更换旧设备，则可获得旧设备的出售收入 8 万元，如此时旧设备的账面净值为 6 万元，则企业出售旧设备的净所得为 2 万元，须为此支付所得税 0.5 万元（所得税税率为 25%）。因此，出售旧设备所产生的现金流入量为 8－0.5＝7.5 万元。但是假设旧设备出售时账面净值是 10 万元，则企业会产生亏损 2 万元。这 2 万元可以作为一项费用支出在税前利润中扣除，因而会产生税收抵免 0.5 万元。此时出售旧设备所产生的现金流入量是 8＋0.5＝8.5 万元。

营业现金流量＝净利润＋折旧

＝税前利润×(1－所得税税率）＋折旧额

＝(收入－付现成本－折旧)×(1－所得税税率）＋折旧额

所得税对项目终止阶段现金流量的影响，项目终止现金流量包括固定资产的产值收入和营运资金的收回。营运资金的收回由于不涉及利润的增减，因此不受所得税的影响。

$$\text{项目终止现金流量}=\text{预计垫付的营运资金}+\text{固定资产残值收入}-(\text{残值收入}-\text{预计残值})\times\text{所得税税率}$$

【例 4 - 5】某酒店拟投资甲项目，经过可行性分析，有关资料如下：该项目需固定资产投资 100 万元，其中第一年年初和第二年年初分别投资 55 万元和 45 万元，第一年年末该项目部分竣工并投入试生产，第二年年末该项目全部竣工交付使用。该项目投产时需要垫支营运资金 60 万元，用于购买原材料、支付工资及存货增加占用等。其中，第一年年末垫支 35 万元，第二年年末又增加垫支 25 万元。该项目经营期预计为 6 年，固定资产按直线法计提折旧。预计残值为 10 万元。根据有关部门的市场预测，该项目投产或第一年销售收入为 70 万元。以后 5 年每年销售收入均为 95 万元。第一年付现成本为 35 万元，以后 5 年每年的付现成本均为 46 万元。甲项目需征用土地 10 亩，支付土地 10 年使用费共计 60 万元，于项目建设第一年年初支付，该企业使用所得税税率为 25%。计算甲项目 6 年的预计现金流量。

解：

首先，计算甲项目的每年折旧额和摊销额：

固定资产年折旧额＝(1000 000－100 000)÷6＝150 000（元）

每年土地使用费摊销额＝600 000÷10＝60 000（元）

其次，计算营业现金流量，如表4－5所示，最后将该项目的投资现金流量和项目终结的现金流量也考虑进来，通过计算得到该项目的全部现金流量。计算过程如表4－6所示。

表4－5　某酒店营业现金流量计算表　　单位：元

项目＼年份	第2年	第3年	第4年	第5年	第6年	第7年
销售收入	700 000	950 000	950 000	950 000	950 000	950 000
－付现成本	350 000	460 000	460 000	460 000	460 000	460 000
－折旧	150 000	150 000	150 000	150 000	150 000	150 000
－摊销土地使用费	60 000	60 000	60 000	60 000	60 000	60 000
＝税前净利润	140 000	280 000	280 000	280 000	280 000	280 000
－所得税	35 000	70 000	70 000	70 000	70 000	70 000
＝税后利润	105 000	210 000	210 000	210 000	210 000	210 000
＋折旧	150 000	150 000	150 000	150 000	150 000	150 000
＋摊销土地使用费	60 000	60 000	60 000	60 000	60 000	60 000
＝营业现金流量	315 000	420 000	420 000	420 000	420 000	420 000

表4－6　某酒店现金流量计算表　　单位：元

项目＼年份	第1年年初	第1年年末	第2年年末	第3年年末至第6年年末	第7年年末
固定资产投入	－550 000	－450 000			
土地使用权投入	－600 000				
营运资本投入		－350 000	－250 000		
营业现金流量			315 000	420 000	420 000
固定资产净残值					100 000
营运资金回收					600 000
现金流量合计	－1 150 000	－800 000	65 000	420 000	1 120 000

项目四　酒店投资决策评价指标分析

投资决策评价指标是指用于衡量和比较投资可行性，据以进行方案决策的定量标准尺度。

一、投资决策评价指标及类型

（1）按是否考虑时间价值，投资决策评价指标可分为折现指标和非折现指标。折现指标，即考虑了时间价值因素的指标；非折现指标，即没有考虑时间价值因素的指标。

（2）按数量特征分类，投资决策评价指标可分为绝对量指标和相对量指标。

（3）按指标性质分类，投资决策评价指标可以分为正指标和反指标。正指标意味着指标值的大小与投资项目的好坏成正相关关系，即指标越大，该项目越好。反指标是指指标值越小，该项目越好。

二、非折现指标评价方法与应用

（一）会计收益率法

会计收益率是指项目达到设计生产能力后正常年份内的年均净收益与项目总投资的比率。在进行项目投资决策时，根据企业的基本情况确定一个要求达到的必要报酬率或称平均报酬率。只要会计收益率高于必要报酬率则可以接受该项目。

$$会计收益率=\frac{年平均净收益}{原始投资额}\times 100\%$$

【例 4-6】 某酒店有三个投资方案，设折现率为 10%，有关数据如表 4-7 所示，请比较三个方案的投资收益率。

表 4-7　某酒店投资方案比较　　单位：元

年份	A 方案		B 方案		C 方案	
	净收益	现金净流量	净收益	现金净流量	净收益	现金净流量
0		(40 000)		(18 000)		(18 000)
1	3 600	23 600	(3 600)	2 400	900	6 900
2	6 480	26 480	6 000	12 000	900	6 900
3			6 000	12 000	900	6 900
合计	10 080	10 080	8 400	8 400	2 700	2 700

解：

$$会计收益率（A）=\frac{(3\,600+6\,480)\div 2}{40\,000}\times 100\%=12.6\%$$

$$会计收益率（B）=\frac{(-3\,600+6\,000+6\,000)\div 3}{18\,000}\times 100\%=15.6\%$$

$$会计收益率（C）=\frac{900}{18\,000}\times 100\%=5\%$$

如果酒店确定的必要报酬率是 10%，由于会计收益率高于必要报酬率，则 A、B 方案都是可行的。如果 A、B 方案互斥，则应选择会计收益率高的方案 B。

（二）静态投资回收期法

静态投资回收期是在不考虑资金的时间价值的情况下，以项目的净收益抵偿全部投资所需要的时间，它是反映项目财务上投资回收能力的指标，代表回收投资所需要的年限。静态投资回收期越短，资金回收越快，项目受未来不可预见风险的影响就越小。当项目静态投资回收期小于基准回收期时，该项目在财务上是可行的。在原始投资一次支出，每年现金净流入量相等时：

$$静态投资回收期=\frac{原始投资额}{每年现金流入量}$$

【例4-7】 承上面例题，C方案属于这种情况：

$$静态投资回收期（C）=\frac{18\ 000}{6\ 900}=2.61（年）$$

如果现金流入量不相等，或原始投资是分几年投入的，则可以使用令下式成立的 n 为回收期：

$$\sum_{k=0}^{n} I_k = \sum_{k=0}^{n} O_k$$

式中：n 是投资涉及的年限；I_k 是第 K 年的现金流入量；O_k 是第 K 年的现金流出量。

【例4-8】 承上面例题，A、B方案属于这种情况，A方案和B方案的回收期计算过程如表4-8、表4-9所示：

表4-8　A方案回收期计算

A方案	现金流量	回收额	未回收额
原始投资	（40 000）		
现金流入			
第1年	23 600	23 600	16 400
第2年	26 480	16 400	0

回收期=1+（16 400÷26 480）=1.62（年）

表4-9　B方案回收期计算

B方案	现金流量	回收额	未回收额
原始投资	（18 000）		
现金流入			
第1年	2 400	2 400	15 600
第2年	12 000	12 000	3 600
第3年	12 000	3 600	0

回收期=2+（3 600÷12 000）=2.3（年）

三、折现评价方法及其使用

（一）净现值法

净现值是指特定方案未来现金流入的现值与未来现金流出的现值之间的差额。只有那些净现值为正的项目，才是值得投资的项目。

1. 计算公式

净现值=年现金流入量折现之和－原始投资额折现之和

2. 计算步骤

第一步：计算每年的营业现金流量。按照前面介绍的估算现金流量的方法计算营业现金流量。

第二步：计算未来现金流量的总现值。包括营业现金流量和终结现金流量的总现值。

第三步：计算净现值。只要项目的净现值为正，就意味着其能为公司带来财富，该项目在财务上是可行的。

【例 4－9】 根据前面的资料，三个投资方案的净现值是：

净现值（A）＝（23 600×0.909 1＋16 480×0.826 4）－40 000

＝－4 926.17（元）

净现值（B）＝（2 400×0.909 1＋12 000×0.824 6＋12 000×0.751 3）－18 000

＝3 092.64（元）

净现值（C）＝6 900×2.487－18 000＝－839.7（元）

B 投资方案的净现值为正数，说明这个投资方案的报酬率超过投资者期望的报酬率，这个方案可以接受；A、C 方案的净现值为负数，说明该方案的报酬率达不到投资者的期望报酬率，应予以放弃。

（二）净现值率法

净现值率是项目的净现值与全部投资现值之比。用公式表示为：

$$净现值率=\frac{年现金流入量折现之和}{原始投资额折现之和}$$

净现值率为正就意味着其能为公司带来财富，该项目在财务上是可行的。如果存在多个互斥项目，应选净现值率最大的项目。

【例 4－10】 根据前面的资料，三个方案的净现值率为：

$$净现值率（A）=\frac{3\ 337.83}{40\ 000}\times100\%=8.34\%$$

$$净现值率（B）=\frac{3\ 114.42}{18\ 000}\times100\%=17.3\%$$

$$净现值率（C）=\frac{-839.7}{18\ 000}\times100\%=-4.67\%$$

（三）获利指数法

获利指数，又称现值比率、现值指数、折现后收益成本比率等，是指未来现金流入现值与现金流出现值的比率。

获利指数大于 1，意味着其能为公司带来财富，该项目在财务上是可行的。否则，应拒绝该项目。如果存在多个互斥项目，应选择获利指数超过 1 最多的项目。

【例4-11】 根据前面资料，三个方案的获利指数如下：

获利指数（A）=43 337÷40 000=1.08

获利指数（B）=21 114÷18 000=1.17

获利指数（C）=17 160÷18 000=0.95

（四）内含报酬率法

内含报酬率，又称内部报酬率，是指能够使未来现金流入量现值等于未来现金流出量现值的折现率，或者说是使投资方案净现值为零的折现率。

内含报酬率的计算步骤：

第一步：计算年金现值系数：

$$年金现值系数=\frac{初始投资额}{每年净现金流量}$$

第二步：查年金现值系数表，在相同的期数内，找出与上述年金现值系数相邻的两个折现率。

第三步：根据上述两个临近的折现率和已求的年金现值系数，采用内插法计算出该投资方案的内含报酬率。

【例4-12】 以上述例题为例，已知A方案的净现值为正数，说明它的内含报酬率大于10%，因此应提高折现率进一步测试。假设以18%为折现率进行测试，其净现值为−982元。净现值为负数，说明折现率已经高于内含报酬率，下一步降低到17%、16%重新测试，其结果分别为−485与23.78。说明内含报酬率为16%～17%。之后用内插法进行估算，设内含报酬率为x，则：

$$\frac{x-16\%}{17\%-x}=\frac{0-23.78}{-485-0}$$

$$x=16.05\%$$

即A方案内含报酬率为16.05%。

同样办法可以计算出B方案的内含报酬率为17.88%。

C方案各期现金流入量相等，符合年金形式，内含报酬率可直接利用年金限制表来确定。

设现金流入的现值与原始投资相等：

原始投资 = 每年现金流入量 × 年金现值系数

$$18\,000=6\,900\times(P/A,i,3)$$

$$(P/A,i,3)=2.609$$

查表得到：与2.609接近的现金系数以及其指向的系数，然后用内插法求得内含报酬率为7.32%。

（五）动态投资回收期法

动态投资回收期是在考虑资金的时间价值的情况下，以项目的净收益抵偿全部投资所需的时间，它是反映项目财务上投资回收能力的指标。

【例 4 - 13】 根据前面的资料，A 和 B 方案的动态投资回收期分别为 1.84 年和 2.65 年，C 方案的动态投资回收期大于 3 年。其计算过程如表 4 - 10 至表 4 - 12 所示：

表 4 - 10　A 方案动态投资回收期计算过程

A 方案	现金流量	回收额	未回收额
原始投资	(40 000)		
现金流入			
第一年	23 600	21 454	185 460
第二年	26 480	21 884	0

回收期＝1＋（18 546÷21 884）＝1.84（年）

表 4 - 11　B 方案动态投资回收期计算过程

B 方案	现金流量	回收额	未回收额
原始投资	(18 000)		
现金流入			
第一年	2 400	2 181	15 819
第二年	12 000	9 917	5 902
第三年	12 000	9 015	0

回收期 ＝ 2＋(5 902 ÷ 9 015) ＝ 2.65(年)

表 4 - 12　C 方案动态投资回收期计算过程

C 方案	现金流量	回收额	未回收额
原始投资	(18 000)		
现金流入			
第一年	6 900	6 272	11 728
第二年	6 900	5 702	6 026
第三年	6 900	5 184	842

回收期＞3 年

技能训练

一、实训教学目的

加深对投资项目决策的基本程序和方法的理解，进一步熟悉项目投资的目的，分析影响项目投资的主要因素，能应用项目投资决策的基本财务指标进行可行性评价。

二、实训教学形式

1. 根据教师给定的资金限额（50 万元）以及自己的了解确定投资项目。

2. 合理预估项目投资计划的现金流量。

3. 计算项目的相关财务指标。

4. 应用主要财务评价指标对项目进行财务决策。

5. 根据上述资料写出内容完整、目标明确、步骤严密、文字通顺、条理分明的投资计划书。

三、实训教学设计

1. 教师分配任务，学生分组开展市场调查走访。

2. 小组组长分配任务，确定投资项目，计算各评价指标。

3. 撰写投资计划书。

4. 制作汇报文件 PPT。

5. 小组汇报、讨论、交流。

6. 同学提问、教师点评。

四、实训教学考核

1. 过程考核：实践活动执行情况。

2. 结果考核：小组投资计划书撰写情况和 PPT 汇报情况。

思享园地

广州白天鹅宾馆——霍英东的中国梦

如今，广州白天鹅宾馆已经成为一个著名景点和城市地标，很多到广州的人都会专门去白天鹅宾馆拍照留念。在那个特殊年代，霍英东所冲破、所改变的体制和思想枷锁，用今天的眼光来看，已经变得稀松平常。“一个酒店可以反映一个国家的改变”，霍英东的梦想变为了现实。

对外开放后，往来广州的客商日益增加，由于当时宾馆较少，许多来广州投资的外商无奈之下甚至在酒店的大堂、花园等公共区域摆上大通铺。几乎是在提出改革开放的同时，邓小平表示，要在全国几大城市建立几个国际水准的旅游饭店。霍英东是合作的第一人选。从 1978 年夏天向霍英东提出意向开始，经历了 10 个月无数次的会议和文书往来，国务院终于正式批准立项建造白天鹅宾馆。白天鹅宾馆的合资合同规定了 15 年的合作期，而后“白天鹅”的产权将归国家所有，最初 3/4 的预算资金均由霍方提供。霍英东不假思索地接受了这个对他来说有些苛刻的条件。从诞生之日起，“白天鹅”就注定不是一笔赚钱生意，而是一个爱国商人的中国梦。

“白天鹅”的选址并非一开始就在沙面。广州市规划局起初给霍英东提供了三个地方：现在广州中国大酒店、广州花园酒店所在的位置以及沙面。前面两个地方需要占用耕地，霍英东没有采纳，更重要的是，他清楚地知道沙面的过去——殖民地租界。正是因为英美商人对这块土地十分熟悉，霍英东才更加希望在这里建造一座高级酒店，他相信这样“能长民族志气”。然而最大的难题是宾馆建好之后如何管理。当时，中国内地几乎没有人具备经营和管理大型酒店的经验和能力，霍英东对忧心忡忡的管理人员说："要我把全国的总经理送到国外培训，我没有办法，但你们可以到世界上最好的酒店去吃去住，把人家的东西学过来。"他每年都让酒店经理到世界各地住最好的酒店、吃最好的餐厅，并且把"白天鹅"100 多位部门主管送到香港、东南亚进行考察。

"白天鹅"刚刚开门营业的时候，霍英东主张"四门大开"，任何人都可以随意进出。当时很多国内的管理人员都反对，他们担心会造成"白天鹅"的混乱，影响外国客人。在霍英东的坚持下，"白天鹅"对所有公众开放。开业那天，果然有很多人涌进了宾馆，洗手间每天用纸量巨大。对于好奇的市民来说，"白天鹅"是一个新鲜的"景点"。面对这样的场面，有些管理人员一度打算在沙基涌的桥头卖门票，但霍英东仍然坚持自己的看法，他说服"白天鹅"的员工："我搞这个宾馆，就是要让中国的老百姓来看看，今后的生活会变好，'白天鹅'地处沙面这个地方，本来就是租界，是'华人与狗不得入内'的地方，如果再建个宾馆，不让老百姓进来，说不过去。""白天鹅"从开业之日起，就没有出入限制，这对当时的中国来说，难以想象。

如今，广州白天鹅宾馆作为中国五星级酒店的鼻祖，其经营管理模式成为行业标杆。

模块五 酒店营运资金管理

学习目标

知识目标

■ 了解酒店营运资金的特点和管理原则、现金管理的目的与内容、酒店最佳现金余额和存货经济批量的确定。

能力目标

■ 能运用现金管理的原则对现金和存货进行有效管理，控制应收账款和存货的成本，制定合理的酒店信用政策，制定合理的存货采购量。

模块导入

严格管理酒店资金，防范资金漏洞

小李所在的酒店年利润仅为200万元，他担任该酒店财务部经理多年，多次利用转账支票进行贪污，两年内贪污人民币累计达30万元。由于财务漏洞，小李能用转账支票轻易地一次性将50万元的巨款顺利汇出。贪污之事被发现之前，小李竟然连续两年被酒店评为先进工作者。用小李自己的话说："如果有严格的汇款审批制度，这笔款项是汇不出去的，因为这笔款项既无合同，又没有取得对方的实物和供货证明。"千元左右的小额贪污，常常是酒店对账单上有而酒店银行存款日记账上没有，财务部没有建立银行存款清查制度。如果该酒店有定期将银行存款日记账与银行对账单进行核对的制度，小李就不能直接用这种方式进行贪污了。小李曾从一个200万元的工程项目中一次就贪污数万元，竟没有引起酒店领导和有关人员的察觉。

思考：该酒店财务管理存在哪些问题？应该如何防范？

酒店筹集资金的目的是有效地使用资金，以维持正常的经营周转。酒店在经营过程中必须保持适量的流动资金，而在酒店流动资金中，现金、应收账款和存货占用了绝大部分。因此，对酒店营运资金的管理，主要是针对现金、应收账款和存货实施有效管理，努力使酒店以最低的成本满足经营周转的需要。

项目一 酒店现金的日常管理程序及标准

现金是可以立即投入流动的交换媒介，包括酒店的库存现金、各种形式的银行存款、银行本票和银行汇票等。现金是酒店内流动性最强的资产，可以立即用来购买商品和劳务、偿还债务等。由于酒店服务是分散、零星提供的，收取现金的部门和人员很多，因此酒店需要加强对现金的管理，防止现金流失给酒店造成损失。

一、现金管理的目的

酒店保持适量的现金的目的在于满足酒店经营过程中的各种不同需要，主要有：交易性需要、预防性需要和投机性需要。

（一）交易性需要

酒店为满足日常经营活动中现金支付的需要而需持有必备的现金。酒店在维持正常的经营活动过程中，会通过对外提供服务获得一定的收入。而酒店为了提供这些服务也必然要发生相应的支出，但这些收入和支出在时间和数量上都不可能完全保持一致。如果收入大于支出，酒店除保留一定金额的所需现金外，剩余部分可以用于投资，以提高现金使用效率。但如果收入小于支出，则需要通过各种渠道适当筹集资金。所以，酒店只有保持适量的现金余额，才能确保日常经营活动正常运转。

（二）预防性需要

酒店为应付意外事件的发生而需要保持适量的现金。酒店在经营过程中容易因意外事件影响收入或是增加支出，使得酒店必须保持一定量的现金以备不测。酒店意外事件发生的可预测性大，酒店需要保持的预防性现金数额就少；反之，酒店需要保持较多的预防性现金。同时，酒店保持预防性现金数额的多少也取决于酒店的借款能力。如果酒店能及时借到短期资金，所需的预防性现金数额就少；反之，就需增加预防性现金数额。

（三）投机性需要

酒店需要为获得特殊的购买机会或投资机会而保持一定量的现金。例如：酒店预计原材料或其他资产将大幅度涨价，或者认准了购入股票或其他有价证券的有利时机，就可用现金大量购入。

酒店为了满足各种不同的目的，需要保持适量的现金。如果酒店缺乏必要的现金，就难以维持正常的经营，酒店会为此而遭受损失。但如果酒店保持过多的现金，又会因为闲置现金没有得到有效利用而丧失应有的盈利。所以，酒店现金管理的目的就是要在现金的流动性和现金的盈利性之间作出合理的判断与选择，以使酒店获得最大的、长期的收益。

二、现金管理的规定

按照现行财务制度和酒店经营管理的需要，酒店使用现金必须符合下列规定：

（1）现金使用范围的规定。我国有关制度规定，企业使用人民币现钞，只能在一定范围内进行。该范围包括：支付职工工资、津贴；支付个人劳务报酬；根据国家规定颁布给个人的科学技术、文化艺术、体育等各种奖金；支付各种劳保、福利费用以及国家规定的对个人的其他支出；向个人收购农副产品和其他物资的价款；出差人员必须随身携带的差旅费；结算起点（1 000元）以下的零星支出；中国人民银行确定需要支付现金的其他支出。

（2）从营业收入中所获取的现金，要由酒店总出纳进行清点并送交银行，任何人不得透支现金。

(3) 财务部在收支现金时，要严格审核现金收付凭证及所附单据是否合法，数额是否相符，手续是否齐备等。对不符合制度规定的，应当予以纠正或拒绝办理收付。

(4) 认真做好库存现金保管工作。

(5) 各部门因工作原因需要配备备用金时，应向财务部提出申请，经财务部经理审核批准后由专人负责办理。备用金支用不得超过规定范围和业务内容，不得移作他用或私人挪用。应定期抽查备用金使用情况。

(6) 工资、奖金及其他现金项目发放后如有待领或多余的，应及时上交财务部，各部门不得存放现金。

(7) 现金等一切收付款项，均需按业务性质分别填写交款单或支款单，注明收付内容、用途及有关情况、金额，并由有关人员审核盖章后方能办理收支款业务。

(8) 现金收支业务必须当日登记现金日记账，做到日清月结、账款相符。应杜绝用白条或原始凭证抵库，堵塞账外现金，现金收付凭证和收支结存单应按规定送审核员审核。

(9) 各部门的收付款项都应通过财务部门入账。任何部门和个人不得自行保留现金，不得私设“小金库”。

三、酒店现金控制

(一) 人民币现钞的控制

1. 人民币现钞检测

假币是真币的伴生物，随着大面额人民币的发行，形形色色的假币也在市场上流通，严重干扰了国家金融市场，危害着国家正常货币流通秩序。每天收取现金的酒店收银员，需要正确掌握人民币的防伪特征及鉴别方法，避免误收假币。

(1) 人民币防伪特征。

纸张：人民币纸张均属专门纸张，其成分是95%棉短绒和5%木浆。纸张光洁、坚韧、挺括。普通纸张是以稻草、麦秆等原料制造而成的，纸张绵软、易折。

水印：人民币水印层次分明，人像的细微变化都能清晰地反映出来。

安全线：1990年后出版的50元、100元人民币右边加印有安全线。

油墨：1980年版50元、100元人民币正、背面主景的凹印都采用磁性油墨。1990年后出版的50元、100元人民币有“50”“100”荧光字样和汉语拼音“WUSHI”“YIBAI”，借助紫外线可察看。

(2) 人民币检测方法。鉴别人民币真伪的常用检测方法有：

1) 对照法：真币所用的纸张挺括、坚韧、耐折，悬空抖动有清脆的响声；假币纸张松软，悬空抖动不能发出清脆的响声。真币油墨清晰，而假币油墨暗淡。

2) 触摸法：我国目前流通的50元以上的纸币，均采用凹印技术，钞票上油墨较厚，用手触摸币面，有十分明显的凹凸感；假币则没有这种感觉。

3）观察法：真币水印是在造纸过程中做成的，迎光透视，水印层次分明，立体感强；假币水印是用印模盖上去的，不用迎光透视就能看出，且无立体感，人像失真。

2. 现金收付控制

酒店收银员在办理现金收付业务时，需要当面点清且唱收、唱付。出现短款，可能是收银员少收了客人的款项或是多给客人找付了零钱，酒店或收银员个人会蒙受损失；出现长款，可能是收银员重复收款或是少给客人找零，这样会引起客人的不满和投诉，影响酒店的声誉。酒店收银员在实际操作过程中，无论是对客办理现金结算，还是员工之间的钱款交接，都必须严格执行，以明确各自的责任，减少不必要的疑惑和麻烦，减少差错的出现，减少员工之间的互相推诿，维护酒店的声誉。

3. 现金收入解缴控制

酒店收取现金的环节很多，收银员遍布酒店各个营业部门的柜台，为防止现金收取后在解缴环节流失，酒店要求收银员必须严格按照操作规程执行：现金收入等经旁证复核，封入缴款袋并签封；将签封的缴款袋及时交给总出纳，并办理登记手续；若总出纳当天已向银行进账完毕，则收银员需在旁证的陪同下将缴款袋直接投入保险箱，并登记缴款袋入柜记录。

（二）外币的控制

广义的外币，是指国外的货币，包括现钞、票据、证券、存款等。狭义的外币仅指国外现钞，有纸币和铸币。因各国所处的地理位置不同，经济、文化发展各有特色，所以各国货币在内容和外观形式上也不尽相同。但无论哪国货币，都具有这些内容：发行机构名称、面值、印刷年份或版型、连续编号、发行机构的特定标记和有关负责人的签章、有关文字说明及法律上的有效词句、票面图案。

1. 外币兑换汇率及交易价格

汇率是指一种货币兑换成另一种货币的价格，或两种货币兑换时的比价。汇率是外汇买卖的依据，是货币价值的对外反映。外币兑换汇率通常有两种标价方法：

（1）直接标价法。直接标价法是指以一定单位的外国货币为标准，标出应付若干金额本国货币的标价方法。在直接标价法下，外国货币数额（如1、10、100、1 000等单位）固定不变，外汇汇率的变化随两种货币价值的变化而变化，并通过本币数额的增减反映出来。如果一定单位的外币折合的本币数额较以前更多，称为外币升值、本币贬值，或称为外汇汇率上涨、本币汇率下跌。如果一定单位的外币折合的本币数额较以前更少，称为外币贬值、本币升值，或称为外汇汇率下跌、本币汇率上涨。目前，世界上大多数国家均采用此标价方法，我国的外汇牌价也采用此方法。

（2）间接标价法。间接标价法是指以一定单位的本国货币为标准，列出应付若干金额外国货币的标价方法。在间接标价法下，本币数额（如1、10、100、1 000等单位）

固定不变，外汇汇率的变化随两种货币价值的变化而变化，并通过外币数额的增减反映出来。如果一定单位的本币折合的外币数额较以前更多，称为本币升值、外币贬值，或称为本币汇率上涨、外币汇率下跌。如果一定单位的本币折合的外币数额较以前更少，称为本币贬值、外币升值，或称为本币汇率下跌、外汇汇率上涨。英国一直采用的是间接标价法，美国现在也采用此法。我国人民币汇率是由国家外汇管理局统一制定、调整、对外公布，由中国银行及其他经营外汇业务的专业银行挂牌、使用的，国内所有外汇买卖都应参照执行。

我国国家外汇管理局对外公布的外汇交易价格有三种：1）外汇买入价：又称汇买价、买入价，是指银行买入外币时使用的牌价；2）外汇卖出价：又称汇卖价、卖出价，是指银行售出外币时使用的牌价；3）现钞价：又称钞买价，是指银行买入外币现钞时所使用的价格。这三种价格中，外汇卖出价最高，外汇买入价次之，现钞价最低。现钞价最低的原因在于：1）对银行而言，现钞不能马上使用，必须送货币发行、销售中心；2）现钞在运销过程中有时间耗费、利率费用、运输费用以及人员押运费和保险费用等，所有这些费用都必须从现钞价中扣除。通常现钞价与卖出价相差3%～5%。

2. 外币兑换证明

酒店外币兑换处为客人提供兑换外币服务，需要填写外币兑换证明，即通常所说的水单。外币兑换证明（水单）的作用：为客人提供详细的兑换证明，起到账务报告的作用；当客人要求兑回外币时，可向外币兑换处提供兑换依据，兑回金额不能超过原水单的50%。

外币兑换证明（水单）需要严格管理：水单的印制要由银行统一负责，如酒店需自己印制，应征得银行的许可；水单应统一存放、统一管理；空白水单不得事先盖好业务公章。水单的填写应按水单的使用顺序；内容需要逐一填写，不得遗漏；应整洁、完整，字迹清楚，不得涂改；作废水单应完整保管，不得随意撕毁；根据所兑换外币性质，正确选用当天牌价，并计算准确。

3. 外币兑换程序

酒店外币兑换员每天需要挂出当天最新的牌价表，在外币兑换过程中，需要执行下列程序：

（1）客人兑换外币现钞时，应唱收现钞，并检查钞票的真伪。客人兑换其他外币时，也要检查真伪，并核对初、复签是否相符。

（2）填写兑换水单，经办人签名。

（3）请客人在水单上签名，核对并抄下客人护照或其他证件号码。

（4）核收外币现钞或其他外币，配备应付人民币款项。

（5）唱付客人应得款项，将水单客人联交由客人收执。

（6）每班结束，填写外币兑换明细表。

（三）备用金的控制

备用金是指酒店内部收银部门作日常零用的款项。酒店营业部门的柜台，如前台、餐厅、酒吧、外币兑换处等的收银处，都需要一定数量的备用金用于收银找零、支付垫付款、处理外币兑换业务等。

1. 备用金的数量控制

备用金的数量控制包括两个方面：备用金的份数控制和备用金的数额控制。

（1）备用金的份数取决于酒店营业网点的多少和营业规模的大小。一般来说，小酒店可能只在前台配有一份备用金，而大酒店可能在每一个营业网点都至少配有一份备用金。

（2）备用金的数额取决于：

1）营业部门收费标准的高低。一般酒店收费标准高的营业部门备用金所需数额大，收费标准低的营业部门备用金所需数额则小。

2）营业部门业务量和业务范围。酒店业务量大、业务范围广的营业部门需要找零的可能性就大，备用金所需数额也就越大；反之，则越少。

3）客人的付款方式。付费消费客人多的营业部门备用金所需数额就多，挂账消费客人多的营业部门备用金所需数额就少。

2. 备用金的质量控制

备用金的质量控制是指对备用金的使用状态进行控制。酒店在对备用金质量进行控制时，必须：

（1）要求收银员随时保持备用金种类、数额的完整，不可用白条抵库、私自套汇或挪用。

（2）建立管理人员不定期抽查制度，制定并严格执行对长、短款等情况的处理规定，做好有关档案记录，报告上级。

（3）交接备用金时，必须当面点清，并有详细的书面交接手续，如备用金签领记录等。

（4）要求收银员尽量把小面额现钞移交下一班次使用，收取钱款时应按面额大小分类保管。

3. 备用金交接使用方式

酒店备用金交接使用方式主要有三种：

（1）班前领取，班后退还。各班次收银员都在上班时到总出纳处办理领用手续，核收备用金，每班次结束后，收银员需结算营业收入，并根据现金付款额、外币兑换额、垫付款额、备用金实际数额填妥备用金、现金统计表，放入缴款袋中交总出纳审核。采用这种方式领用备用金，控制比较严格。每一班次收银员都需要核实本班次的现金收入及备用金数额，容易及时审核并发现长、短款现象。但这种方式增加了总出纳处的流动资金数额和总出纳的工作量。

（2）一次领出，班次交接。营业网点的负责人从总出纳处一次领取，然后交由每个营业网点的收银员自行交接备用金。每个班次垫付款所支出的备用金数额，需由营业网点的负责人凭垫付款单到总出纳处领回该笔钱款，以配齐备用金金额。采用这种方式，由于备用金交由营业网点的工作人员自行交接，在交接时会出现长、短款或清点数额时耗费时间的问题，甚至会影响收银结账工作。

（3）各自领取，各自保管。由每个收银员到总出纳处领用一定数额的备用金，每个班次结束时，收银员应结算现金付款额、垫付款额，然后逐项记入现款统计单，交还总出纳处。属于备用金支出的钱款数额，可用垫付款单抵现金上缴，如收入数不够补充备用金，则备用金所欠款数将由总出纳在下次上班时补足。备用金由收银员存放在属于自己使用的小保险箱内。这种方法对现金的控制较松，总出纳处应不定期抽取或核查收银员的备用金数额，以防私自挪用等现象的出现。

（四）银行存款的管理规定

（1）对超过现金收付限额以上的款项进行收付时，必须通过银行结算。

（2）酒店因经营业务需要使用转账支票付款，一律由各部门填写支票申请单，部门经理签字后，经财务部经理审批，报总经理批准后方能办理支票领取手续。

（3）支票领用者必须在支票登记簿上写明领用日期、付款内容并签字后方可领用。凡领用后的支票应在 7 天内将发票送回财务部，并注销登记。对无特殊原因逾期不送回者，按规定进行处罚。

（4）财务部门签发转账支票时，应登记并将支票项目填写齐全，不准签发空头支票。当无法明确收款单位名称、金额时，也应把支票用途、签发日期填写清楚。

（5）实行定额控制的费用或物资采购，在付款时应同时核实定额。超定额部分必须按规定办理追补手续方能付款。

（6）严格执行国家财经纪律和银行有关规定，不得将银行账户转借给其他单位和个人办理结算。

（7）妥善保管空白支票和已用支票存根。

（8）正确使用和审核各种银行结账凭证，及时办理银行存款收付业务，及时审核银行往来对账单，月末有未达款项，应及时查明原因，并编制银行存款余额调节表。

（五）解决现金短缺的措施

（1）推迟应付账款的支出。酒店在不影响自己信誉的前提下，应尽量推迟应付账款的支出，充分运用供货商给予的信用优惠，如现金周转不力，甚至可以放弃对方给予的现金折扣。

（2）加速现金收款。酒店缩短应收账款的收款期，但需要在缩短收款期与扩大销售之间进行权衡。

（3）及时变更方案。及时根据酒店经营情况、资金周转情况，对收款和付款政策进行调整。

（4）注重潜在的现金流。注重对酒店现金流动的预测分析，挖掘现金流动潜力。

项目二 酒店最佳现金持有量计算

测定最佳现金持有量就是在持有过多现金产生的机会成本与持有过少现金带来的交易成本之间进行权衡，以合理确定目标现金余额。

机会成本是指因保留一定的现金余额而增加的管理费用及丧失的再投资收益。酒店在日常经营过程中需要保持一定量的现金，对现金进行管理，会使酒店发生一定的管理费用，如酒店总出纳需要增加出纳人员相应发生的工资支出及办公支出、总出纳的安全保障支出。这部分支出具有固定成本的性质，在一定的范围内与现金持有量的多少没有直接关系。酒店持有一定量的现金，不能同时用该现金进行有价证券的投资，从而丧失了投资可能获取的收益。这部分支出与现金持有量的多少有直接关系，具有变动成本的性质。

交易成本是指酒店用现金购入有价证券以及转让有价证券换取现金时付出的交易费用，如委托买卖佣金、委托手续费、交割手续费等。这部分支出是按委托交易金额计算的。酒店现金持有量的多少会对有价证券变现额及交易成本产生影响。一般来说，酒店现金持有量越多，用于有价证券交易数额越少，相应的交易成本也越少；反之，酒店现金持有量越少，用于有价证券交易数额越多，相应的交易成本也越多。

最佳现金持有量的确定方法有成本分析模式、存货模式、随机模式和现金周转模式。

一、成本分析模式

成本分析模式是通过分析持有现金的成本，寻找使持有成本最低的现金持有量。现金持有成本包括机会成本、管理成本、短缺成本。

（1）机会成本是指占用现金的代价，表现为因持有现金而不能将其投资到生产经营领域而丧失的收益，它与现金持有量之间是正向变化关系。

（2）管理成本是指管理现金的各种开支，如管理人员工资、安全措施费等，它与现金持有量之间无明显的比例关系。

（3）短缺成本是指缺乏必要的现金，不能应付业务开支所需，而使企业蒙受的损失或为此付出的代价，它与现金持有量之间是反向变化关系。

现金持有总成本最低时的现金持有量，即机会成本、管理成本和短缺成本之和最低时的现金持有量。成本分析模式是一种传统的分析方法。机会成本、管理成本和短缺成本三项之和的总成本线是一条抛物线，该抛物线的最低点即为持有现金的最低总成本。

二、存货模式

存货模式是通过分析机会成本与交易成本，寻找使这两者总成本最低的现金持有量。其中，交易成本是指企业每次以有价证券转换回现金时要付出的代价（如支付经纪费用），它与现金的平均持有量成反比。

存货模式的计算公式为：

$$C^{*}=\sqrt{(2T\times F)\div K}$$

式中：C^{*} 为最佳现金持有量；T 为一定时期内的现金需求量；F 为每次现金转换的交易成本；K 为持有现金的机会成本率。

现金交易成本假定每次的交易成本是固定的，且企业一定时期内现金使用量是确定的，存货模式简单、直观，主要是假定现金的流出量稳定不变，实际上这是很难实现的。

三、随机模式

（一）基本原理

（1）测算出现金持有量的上限和下限；

（2）当现金持有量达到控制上限时，购入有价证券，使现金持有量下降；

（3）当现金持有量降到控制下限时，则出售有价证券，换回现金，使现金持有量回升；

（4）现金持有量在控制上下限之内是合理的。

（二）应用前提

企业的现金未来需求总量和收支不可预测，此法计算出来的现金持有量比较保守。

（三）计算公式

现金返回线的计算公式为：

$$R=\sqrt[3]{\frac{3b\delta^{2}}{4i}}+L$$

现金存量的上限（H）的计算公式为：

$$H=3R-2L$$

式中：R 为现金返回线；b 为每次有价证券的固定转换成本；i 为有价证券的日利息率；δ 为预期每日现金余额变化的标准差（可根据历史资料测算）；L 为现金存量的下限。

四、现金周转模式

（1）确定现金周转期。计算公式如下：

现金周转期＝应收账款周转期＋存货周转期－应付账款周转期

（2）确定现金周转率。计算公式如下：

现金周转率＝计算期天数÷现金周转期

（3）确定最佳现金持有量。计算公式如下：

最佳现金持有量＝全年现金需求量÷现金周转率

项目三 酒店应收账款管理

应收账款是酒店向客户提供了住宿、餐饮等服务应向而未向客户收取的款项，是酒店的一项短期债权。

一、应收账款产生的原因及对酒店的影响

（一）应收账款产生的原因

1. 商业竞争

在市场经济条件下，为了在激烈的商业竞争中生存和发展，酒店需要采用各种手段扩大销售，除依靠服务质量、服务价格、广告等手段外，赊销也是酒店扩大销售常用的手段之一。对于同等星级的酒店，如果服务价格相差无几，实行赊销的酒店销售额将大于实行现销的酒店销售额，因为酒店的客户将从这一商业信用中获得优惠。

2. 销售与收款的时间差

由于酒店提供服务和收取货款的时间不一致，产生了应收账款。这是由结算手段决定的。结算手段越落后，结算所需时间越长，产生的应收账款就越多；如果结算手段先进，结算所需时间就会缩短，产生的应收账款就会相应减少。

（二）应收账款对酒店的影响

1. 应收账款对酒店的有利影响

（1）扩大销售，提高市场占有率。为增强市场竞争力，酒店需要想方设法采用各种促销手段，促进酒店服务的销售。商业信用是酒店常用的促销手段之一，它能有效吸引部分资金周转暂时不好或不愿及时付款的客户，扩大酒店销售，提高酒店市场占有率。

（2）增加盈利，增强实力。采用商业信用，能扩大酒店销售收入，尽管不可避免会相应增加酒店费用的开支，但只要酒店应收账款管理得当、及时，仍能为酒店带来可观的收益。

（3）减少存货，加速营运资金的周转。扩大销售，能使酒店经营过程中所消耗的存货增加，减少存货占用资金，加速酒店营运资金周转。

2. 应收账款对酒店的不利影响

（1）占用酒店资金。应收账款的存在，无偿占用了酒店的周转资金，酒店需要为此筹集相应的资金，承担筹资费用，甚至可能使酒店承担资金周转不灵的风险。

（2）增加收款支出。产生应收账款，酒店需要相应发生收款支出，如电话传真费、办公用品费、人员工资费、催款人员的差旅费，甚至可能包括法律诉讼费用等。

（3）承担坏账损失风险。如果酒店收款不及时，或是客户有意拖欠、赖账，尤其是客户破产，酒店就有可能要承担坏账损失的风险。

（三）酒店持有应收账款的成本

酒店持有一定量的应收账款，会产生管理成本、机会成本、坏账损失。

1. 管理成本

管理成本是指从应收账款产生到收回期间，所有与应收账款管理有关的费用总和。包括：因制定信用政策产生的费用、对客户资信调查与跟踪费用、信息收集费用、应收账款记录与监管费用、收账费用等。

2. 机会成本

酒店应收账款被客户占用，酒店就会丧失将该笔资金用于投资其他项目获取收益的机会，从而产生机会成本。这是一种隐含的观念成本，酒店无须现实支付。但酒店在进行应收账款决策时需加以考虑。

3. 坏账损失

应收账款无法收回会给酒店带来损失。酒店在进行应收账款决策时，需充分考虑各项成本的构成，尽量使应收账款总成本最低。

二、酒店的信用分析

酒店为减少应收账款带来的损失，需要认真、详细地进行信用分析，慎重选择信用对象，合理确定信用条件。

（一）信用期限

信用期限是酒店为客户规定的最长的付款时间界限，并在赊销合同中加以明确。越长的信用期限，能给客户越多的优惠，吸引越多的客户消费，增加酒店销售。但信用期限过长，会给酒店带来各项相关支出，如应收账款的管理成本、机会成本和坏账损失等。为在赊销过程中获取收益，酒店需要合理确定信用期限，合理预计收益和相应的成本损失，在成本效益原则的要求下，使酒店总收益最大。

酒店合理确定信用期限，可以采用边际分析法、净现值流量法进行测算，针对不同客户科学合理地确定不同的信用期限。边际分析法是通过计算应收账款的边际收益和边际成本，比较边际收益的大小来确定信用期限。净现值流量法是通过计算应收账款带来的现金流入净现值和现金流出净现值，比较现金净流量来确定信用期限。

（二）信用标准

信用标准是客户为享受酒店商业信用所应具备的条件。酒店在设定信用标准时，需要评估客户赖账的可能性，一般通过“5C”系统来进行。“5C”是评价客户信用品质的5个方面，即品质（Character）、能力（Capacity）、资本（Capital）、抵押（Collateral）、条件（Conditions）。

（1）品质：表示客户的信誉，即履行偿债义务的可能性。酒店需要设法了解客户过去的付款记录，评价其以前能否按期如数付款。这是评价客户信用的首要因素。

（2）能力：表示客户的偿债能力，即其流动资产的数量和质量、流动资产与流动负债的比率等。对客户偿债能力的评价，主要依据客户的资产负债表、偿债记录，以及对客户进行实地考察等。

（3）资本：表示客户的财务实力和财务状况。这表明客户可能偿还债务的背景，体现在客户财务报告的所有者权益中。

（4）抵押：表示客户拒付款项或无力支付款项时能被用作抵押的资产。

（5）条件：表示可能影响客户付款能力的经济环境。

“5C”评估法是对酒店客户的定性分析。为对客户信用能力进行定量分析，酒店可建立数学模型，进一步分析客户的信用水平。

（三）现金折扣

现金折扣是酒店对客户在商品价格上所作的扣减，目的在于给客户适当的折扣，吸引客户提前付款，以缩短酒店收款期。现金折扣通常表示为：“6/10，3/20，N/45”，即客户履约最迟付款期为45天，如果客户能在10天内付清货款，就可享受6%的现金折扣，只需支付94%的货款；如果客户能在20天内付清货款，就可享受3%的现金折扣，只需支付97%的货款。现金折扣期限与现金折扣率的大小成反比例关系。现金折扣能为酒店客户带来可观的收益。以“6/10，3/20，N/45”为例，客户在不同付款期付款享受现金折扣所带来的收益分别为6%、3%和0。

（四）信用额度

信用额度是酒店所能允许的客户最高赊销额。酒店合理确定信用额度，需要综合考虑自身的资金实力、销售政策、经营规模、存货库存量等因素以及外部的竞争压力。信用额度在一定程度上代表酒店的资金实力，反映了酒店为客户承担的机会成本和坏账风险。科学合理地确定信用额度的常用方法有：

（1）根据收益与风险对等的原则，确定每一客户的授信额度。

（2）根据客户营运资金净额的一定比例，确定每一客户的授信额度。

（3）根据客户清算价值的一定比例，确定每一客户的授信额度。

三、酒店应收账款控制

（一）应收账款的分析

1. 平均收账期法

平均收账期法是对酒店赊销的平均期限进行分析的方法，采用加权平均法计算。计算平均收账期，需要与行业平均值比较，或与酒店信用条件比较，借以分析、比较、评价、调整信用条件。

2. 账龄分析法

账龄分析法是根据平均收账期的长短，对酒店应收账款账龄的长短进行分析的方法。酒店通常编制账龄分析表进行分析。

（二）逾期应收账款的诊断

酒店在对应收账款账龄分析以后，采取催收方式之前，需要对应收账款进行诊断，对收回可能性极小的坏账、死账不再追讨。这样可以减少催收的盲目性，避免不必要的催收费用发生。逾期应收账款的诊断内容包括：欠款客户是否有偿债能力、欠款客户是否已经破产、该笔欠账是否已经过了法律诉讼时效、合同是否有重大漏洞、是否内外勾结挪用或侵吞公款、追回的欠款是否未注销等。在产生的坏账中，客户无力偿还或已经破产，是产生坏账的重要原因。这就要求酒店严格信用政策，严格对客户进行信用评级，慎重决定信用额度。对经营状况良好、暂时发生资金周转困难的客户，可以适当延长信用期限，甚至给予适当扶持。在产生的坏账中，合同有漏洞也是比较重要的原因。酒店销售部门必须签订严谨的交易合同，必要时可以在合同中增加保护性条款。诊断结果通常作为酒店决定下一步行动的依据。

（三）逾期应收账款的催收

正常的收账程序包括：电话电传催收、收款员上门催讨、法律诉讼。有时在法律诉讼前，酒店也可考虑委托专业公司代理收账。

（四）酒店应收账款控制的具体措施

（1）酒店对住店客人的应收账款管理措施有：

1）如果是VIP客人，应由有关部门经理签批；

2）如果是信用卡支付，需查看是否超过信用卡限额，如果超过，需要进一步取得授权，记录授权号码；

3）如果是支票结算，需核查是否超出支票备注内容、金额范围；

4）如果是现金结算，一般应及时签发催款信，或去客人房间催收。

（2）酒店在对非住店客户的应收账款收款过程中，需要注意：

1）收账员不办理应收账款的现收；

2）应收账款的总账和明细账要定期核对；

3）现金收入、非现金收入、应收账款的记账分别由不同的人员担任；

4）有争议的账款须经财务经理处理；

5）无法收回的账款须经财务总监审批后才可转为坏账处理。

项目四　酒店存货管理

一、存货成本及决策

存货是指酒店在经营过程中为提供劳务而储备的物资，包括食品和饮品原料、棉制品、商品物资、低值易耗品、装饰用品等。酒店储存物资，一方面是为了保障酒店经营需要，以便在为客人提供服务的过程中随时使用存货，不至于因物资短缺而使服务中止，从而影响酒店服务质量。另一方面是为了获得价格上的优惠，物资采购通常都是零星购买价格高，批量购买则价格相对便宜。然而，酒店储存物资是要付出一定代价的。所以，进行存货管理，就是要在存货成本与存货效益之间作出权衡，以实现存货管理的最优化。

（一）储备存货的成本

1. 取得成本

取得成本是酒店为取得存货而支出的成本，取得成本包括订货成本和购置成本。订货成本是酒店为取得存货订单而产生的成本，如办公费、差旅费、邮资、电话等支出。在订货成本中有些与订货次数无关，是固定成本，如酒店采购部的基本办公支出、人员工资等；有些与订货次数有关，是变动成本，如酒店采购部人员的差旅费等。购置成本是酒店购买存货的价值，等于购买存货的数量与存货单价的乘积。

2. 储存成本

储存成本是指酒店为保存物资而发生的成本。储存成本包括固定成本和变动成本。其中，固定成本包括仓库的折旧、职工的工资等，变动成本包括存货的应计利息、破损和变质损失、保险费用等。

3. 缺货成本

缺货成本是指酒店由于存货供应中断而造成的损失，包括因此而丧失的销售机会、对酒店商誉的影响等。

（二）存货决策

酒店存货管理的目的在于通过确定合理的进货批量和进货时间，使存货的总成本最低。这一批量称为经济订货量或者经济批量。经济订货量基本模型为：

$$IV=\frac{Q}{(2A\times B\div C)^{1/2}}$$

式中：Q 为进货批量，A 为单位订货成本，B 为存货年需要量，C 为单位储存成本，IV 为每年订货次数。

经济订货量也可以用图解法确定：先计算出不同批量的各有关成本，在坐标上描出由各有关成本构成的订货成本线、储存成本线和总成本线。总成本线的最低点（或是订货成本线和储存成本线的交接点）相应的批量，就是经济订货量。

酒店计算存货经济订货量指标，目的在于通过确定合理的进货批量和进货时间，使酒店存货总成本最低。但这种分析是在市场需求与供给比较稳定、酒店现金充足、市场价格相对稳定、订货能随时补充的前提下进行的。为避免市场缺货、考虑订货耗费的时间，通常酒店在预测经济订货量时需要适当考虑提前订货，并增加保险储备，避免由于市场因素导致酒店存货短缺，从而影响酒店的经营。

二、存货过程控制

在存货管理过程中，不仅需要考虑存货的购入对酒店资金的占用，而且需要对酒店存货形成及使用的全过程进行监控，以便有效管理存货，合理使用存货，提高存货利用效率。

（一）定额管理

存货定额是指酒店在一定时期、一定技术水平和管理水平下，为完成经营服务所必须消耗的存货数量标准。存货定额包括存货消耗定额和存货仓储定额。酒店在经营过程中对存货进行定额管理，目的在于找出存货消耗的规律，降低存货消耗量，节约成本，促进酒店增加经济效益。

1. 存货消耗定额管理

存货消耗定额管理是指酒店在一定时期和一定经营条件下，为提供服务所必须消耗的存货数量标准。

（1）影响酒店存货消耗定额的因素。在酒店经营过程中，下列几种因素都有可能会影响酒店存货消耗定额：

1）酒店等级规格。一般来说，酒店等级规格越高，存货消耗品种越多、数量越大，存货消耗定额的内容也就越复杂，定额的确定越困难。

2）存货折损率。不同存货的折损率是不同的。有些存货的折损率是很明显的，可以通过比较洗涤前后的数量变化来计算，如蔬菜、肉类等；有些存货的折损率是隐含的，如设备、棉织品等，其折损率需要经过一个完整的生命周期才能确定。

3）不同操作技术水平。标准、科学的操作技术水平能减少存货的消耗，反之，则会造成存货的浪费。如棉织品的洗涤，为达到一定的洗净度，如果操作人员采用科学的洗涤方式，不仅可以节约洗涤剂用量，而且会尽量减少棉织品的磨损程度，延长棉织品的使用寿命。但如果采用不科学的洗涤方式，则会加速棉织品的磨损，缩短棉织品的使用寿命，这必然导致棉织品的更新率高、消耗上升。

4）存货的生命周期。生命周期短的存货，消耗定额大，如酒店提供给客人的一次性用品；而生命周期长的存货，消耗定额则会小，如耐用品等。

5）存货的储存或保养条件。酒店存货的储存或保养条件好，可以减少存货的消耗定额。

6）设备性能。酒店设备性能好、技术先进，与之相关的存货消耗定额就少。如酒店的洗衣设备，如果性能好，不仅可以提高棉织品的洗净率，而且可以降低棉织品的磨损程度。

（2）酒店存货消耗定额的工作程序。

1）首先将存货消耗定额任务下达到各部门，详细说明存货消耗定额的意义和内涵，根据酒店各部门存货消耗工作的要求，确定存货消耗定额标准。

2）各部门根据工作特点，详细制定单位产品或商品、单位接待能力所需存货配备表。

3）确定一次性用品单位时间或单位产品消耗定额，注意按照不同用品的不同特性选用不同计算单位和计算标准。

4）确定多次性用品在寿命期内的损耗率或一段时间的更新率。

5）综合汇总。在确定酒店存货消耗定额的过程中，要注意区分客用存货和店用存货。客用存货消耗定额制定时尽量从宽，以应付特殊情况的发生；店用存货消耗定额制定时应从严，这样可以在员工中树立节约观念。

（3）确定酒店存货消耗定额的方法。

1）经验估算法。酒店有些存货的消耗，很难用一个固定的公式来计算，只能依据已有的经验，在考虑接待能力和客源淡旺季差别的基础上，作大概的估算。这种方法适用于某些受主观因素影响而消耗量变动较大的存货消耗定额的制定，如办公用品消耗定额等。这种方法的优点是简单可行，省时省力，不足之处在于受估算人的主观影响，缺乏一定的精确性和可靠性。

2）统计分析法。这一方法是对一定时期内实际消耗存货的统计数字进行加工、整理、分析、计算后，根据它所反映的存货消耗规律制定存货消耗定额。这种方法适用于确定多次性消耗存货的消耗定额。这种方法的优点在于可以比较直观地找到消耗规律，具有一定的准确性和科学性。但需要依据大量的历史资料，如果历史资料不丰富或分析不透彻，容易使分析结果出现偏差。

3）实物实验法。这一方法是按照酒店经营的客观条件，通过反复地实地操作、考察，经过对实际消耗存货的分析汇总，确定存货的消耗定额。在运用这一方法时，要注意多次观察，取不同操作水平的操作人员多次操作的平均值。这种方法的优点是来源于实际又应用于实际，对实际工作有一定的指导作用。

2. 存货仓储定额管理

仓储定额是指酒店在一定的经营条件下，为保证服务顺利进行所必需的合理的存货储备数量。

（1）影响酒店存货仓储定额的因素。

1）存货的性质。酒店所需存货的性质在很大程度上决定了存货仓储定额。酒店餐饮所需的鲜活原料不易保存，一般不设仓储定额；而棉织品、办公用品等不易变质，酒店可以适当增加仓储定额；有些酒类储藏期越长越好，在酒店仓储条件符合要求的情况下，其仓储定额可以高些。

2）存货采购的难易程度。存货采购的难易程度取决于市场上的存货供给和运输距离。酒店常用存货，市场供给充足，在交通运输方便的前提下，可以适当考虑降低仓储数量；市场紧俏物资，或交通不便，则需要适当增加仓储数量。

3）酒店仓储条件。如果酒店仓库数量少，面积小，仓储条件简陋，不能达到合适的温度、湿度、通风等条件，酒店只能减少仓储数量，增加采购次数；反之，则可以扩大仓储定额。

4）酒店的经营状况。酒店存货仓储定额不能一成不变，需要随着酒店经营状况的变化而发生相应的变化。酒店经营状况好，存货的消耗量大，存货仓储定额就需要增加；反之，经营状况不好，则需要减少存货仓储定额。

5）存货的损耗率。一般来说，损耗率高的存货，仓储定额也相应高。但酒店必须对高损耗率的存货损耗进行详细分析，如果是由于酒店经营状况和存货本身的特性决定的，仓储定额可以高些；但如果是由于管理不善造成的人为浪费，高仓储定额只会导致酒店的损失。

（2）确定酒店存货仓储定额的方法。

1）经常仓储定额。酒店经常仓储定额由存货日消耗定额和两次供货间隔天数两个因素决定。

经常仓储定额＝存货日消耗定额×两次供货间隔天数

存货日消耗定额可以根据酒店未来经营情况预测计算得到，也可以根据酒店以往存货消耗指标进行适当调整得到。两次供货间隔天数一般也可参照上一进货周期，结合本期变化因素进行调整得到。酒店是季节性经营单位，存货消耗受季节因素的影响较大，在使用各项指标时需要依据季节的变化进行适当修订。

2）保险仓储定额。酒店依据以往的保险仓储数据资料、本期经营状况和市场存货供应情况，首先确定保险储备天数，然后以此确定保险仓储定额。

保险仓储定额＝存货÷消耗定额×保险储备天数

酒店存货的仓储定额一般由经常仓储定额和保险仓储定额两部分组成：

存货仓储定额＝经常仓储定额＋保险仓储定额

3）季节仓储定额。季节仓储定额是考虑有些存货由于季节性的原因会发生供应中断，如一些新鲜蔬菜、水果、海鲜等。为避免酒店经营受季节性的影响，在仓储条件许可的前提下，需要适当储存部分存货。在确定季节仓储定额时，酒店大量收集市场信息和历史资料，合理预计存货供应中断天数。

季节仓储定额＝存货日消耗定额×存货供应中断天数

（3）确定存货仓储定额需要注意的问题。

1）仓储定额指标不仅需要规定数量，而且需要规定质量。

2）在制定仓储定额时，各类型仓库的统计口径要保持一致。

3）酒店经营业务量的变化、存货市场供给的波动、季节因素的影响等，都要求存货仓储定额发生相应的变动。所以，科学的、合理的存货仓储定额应是动态的。

3. 存货资金定额的确定

（1）客房用品资金定额的确定。酒店客房用品一般分为一次性用品和多次性用品：一次性用品，如供客人使用的牙膏、牙刷、香皂、拖鞋、纸、笔、洗衣袋等；多次性用品，如毛巾、浴袍、床单、被套等。客房用品的消耗取决于客房的数量、出租率、每间客房用品配备量、用品的使用时间等。计算公式为：

一次性客房用品日均消耗量＝客房间数×平均出租率×每间客房用品配备量

【例5-1】 某酒店有标准间200间，全年客房平均出租率为60%，每间客房配备供客人使用的一次性洗涤用品2套，单价2元。假设酒店客房用品定额天数为30天，请计算存货资金定额为多少。

解：

存货资金定额＝200×60%×2×2×30＝14 400（元）

（2）餐厅用品资金定额的确定。餐厅用品主要是指餐具、桌布、餐巾、牙签等。国家从节约能源的角度出发，提倡餐厅尽量使用多次性使用的物品，所以，酒店除牙签、餐巾纸以外，大部分用品都是多次性使用的。一次性餐厅用品日均消耗量计算公式为：

一次性餐厅用品日均消耗量＝餐位数量×餐位平均利用率×每餐位用品配备量

【例5－2】某酒店餐厅拥有餐位200个，餐位平均利用率为60%，平均每餐位配备餐碟2个，每个餐碟单价为3元，每个餐碟平均能够使用20天。假设酒店客用品定额天数为30天，请计算存货资金定额。

解：

存货资金定额＝200×60%×2×3/20×30＝1 080（元）

（3）食品原材料资金定额的确定。食品原材料是酒店用于制作餐饮食品的各种原材料。食品原材料资金定额的确定受餐饮菜单、库存定量、客人消费水平的影响。

（4）商品资金定额的确定。商品资金定额主要根据酒店商场商品的种类、库存定量、价格来确定。其中，商品价格是指销售商品的进价，不包括商品进销差价。

（二）采购管理

酒店存货采购是参照既定存货定额，在一定时间段内购入不同品种、不同数量的存货，以维持酒店正常运转。采购管理是建立在酒店存货定额管理基础上的，是对采购过程的管理和控制。

1. 采购管理的内容

（1）认真分析酒店各项经营业务的存货需要，依据市场存货供应情况，科学合理地确定采购存货的种类和数量。

（2）根据酒店业务部门对存货数量和质量的需求，通过比较存货供给价格，选择合适的供应商，及时订货或直接采购。

（3）控制采购活动全过程，使存货采购按质、按量、按时完成。

（4）制定严密的存货采购程序，规定严格的手续和制度，使采购工作前后衔接、相互监督，并保证采购过程中的所有原始凭证得以妥善收集、整理和保存。

（5）交易合同真实有效，交易合同保管完整。

（6）协助财务部门做好货款的清算工作。

2. 采购计划的编制内容

采购计划以书面（比较多的情况是表格）形式规定采购的项目、规格、单位、数量以及质量要求等，是采购活动的工作说明书，能起到周密安排采购工作、严格监控采购质量、科学比较采购价格的作用。存货采购计划的内容主要包括：

（1）存货采购规格书。采购规格书具体包括以下内容：

1）货物的确切名称。采购规格书上应标明存货的确切名称和酒店需要的正确类型。

这部分信息越详细越好，以免和近似物品相混淆，不符合使用要求。

2）所购存货的基本用途。

3）所购存货的品牌。除鲜货外，一般酒店所购存货都有品牌，采购规格书中应注明一至两个品牌或“类似”的字样，给采购人员一定的选择范围，以减少采购时间。

4）存货的质量等级。

5）所购存货的单位、规格和形状。

6）可取净料的最低限额。

7）包装要求。存货包装需标明存货的来源或产地、成熟度等其他必要的技术指标。如洗涤剂的酸碱度、电器的适用电压及功率等。

（2）存货的采购数量、采购频率、采购批量和计划采购时间。其中，采购批量是指一次采购的数量；采购频率是指计划期存货采购的次数。根据存货的采购频率、采购批量，就可合理确定采购的最佳时间。

（3）大宗存货采购的最佳供货渠道及供应商。

（4）理想采购价格和可能的资金占用量。市场上同类商品的价格有时高低不等，需要根据品牌、质量等级、规格、产地等指标，合理确定理想采购价格，有时价格并不是越低越好。依据采购价格和采购数量，可以合理预测可能的资金占用量。

（5）储运方式。酒店采购的存货中，依据有些存货的特性，对运输方式有特殊要求，在编制采购规格书时有必要说明其储运方式。

3. 采购计划的编制程序

（1）部门起草。酒店采购计划首先应由存货的使用班组组织研究，依据酒店对本部门下达的营业额和利润指标、各类存货以往的耗用量，提出计划所需求存货的品种、规格、品牌、数量、质量等级等。使用部门对班组意见进行分析、审核、归类、统计，提出本部门计划期内对各类存货的需求，上报采购部门。

（2）采购部汇总。每个部门编制的存货采购计划由采购部汇总，采购部逐项检查每种存货的库存量和实际需要采购量，对有疑问之处作补充调查研究，配合使用部门进行修改，并补充采购渠道、供应商、储运方式等内容，编制完整的采购计划。

（3）财务审批。酒店财务部将采购计划与酒店预算比较，修正采购计划中不符合酒店预算的部分，使采购计划更为合理、可行。

（4）总经理审批。采购计划编制的最后一步是酒店总经理或采购审核小组对财务部修改后的采购计划进行审核，综合平衡整个采购计划，根据酒店新的经营策略修改采购计划。经总经理审批后的存货采购计划就可以最终交采购部实施采购。

4. 采购价格比较

存货采购管理的目标之一是获取理想的采购价格，即在理想的质量和服务的前提下，采购价格最低。在采购过程中不能片面追求低价格而降低对质量、服务的要求。

（1）采购价格比较程序。

1）设立最高限价。最高限价是酒店在进行采购价格比较时所能承受的最高价格界限。只有在此限价范围内酒店的存货采购才有可能进行，否则对酒店来说成本太高，酒店的经营也就无利可图了。酒店在确定最高限价时需要考虑自身的承受能力。通常高星级酒店由于需要为客人提供高等级的服务，所购存货质量好、价格高；低星级酒店用品质量相对较低，价格较便宜。

2）估计供货商的最低限价。在市场上，同类别的存货因等级、质量、产地等报价会有所不同。一般供货商在报价时会考虑成本费用开支。供货商在报价时需要考虑所售商品的成本、与商品销售相关联的一切费用开支、可能的利润。所以，供货商在报价时价格高于成本费用。供货商最初的报价是交易的起点，供货商往往根据顾客的反应作出价格调整。酒店如果想在交易谈判过程中争取主动、获得最优价位，就需要了解供货商的成本费用，并根据市场竞争情况估计供货商可能的利润来确定合理的交易价格。市场供求状况也是考虑因素之一。市场供求状况直接影响供货商的报价。一般情况下，供过于求时，供货商的报价就低；而供不应求时，供货商的报价就高。另外还会考虑市场竞争压力。在市场竞争压力大的情况下，市场上同类商品增多、可替代性增强。供货商首先选择价格作为显示其竞争优势的关键因素，并通过提供完善的售后服务、供货环境、供货条件等，增强产品的特有价值。

3）在供给方的最低限价和酒店的最高承受价之间，确定酒店愿意支付的最高价格。

（2）获得理想采购价格的手段。

1）充分利用酒店良好的企业形象。良好的企业形象是酒店的无形资产，有助于酒店组建相对稳定的供货商网络。供货商也愿意将自己的商品销售给长期信用好、服务水平高的酒店。

2）集中批量订货。集中批量订货可以使酒店获得相对较低的批发价格。但酒店合理确定订货批量需要综合考虑需求量、库存量、采购时间等因素。

3）注意信息的采集和分析，选择恰当的采购时机。依据采购得到的信息，酒店可以对价格趋势作大概的估算。对即将大量上市的商品，其价格一定会下跌，酒店不宜大量购进；对比较紧俏的商品，价格可能会进一步上扬，酒店应在价格上扬之前批量购进。

4）建立长期的购销关系。酒店通常与供货商订立长期的购销合同，用协议的形式将价格固定下来，这样可以使酒店在价格上涨的情况下获得价格上的优惠。

5）减少中间商，直接进货。酒店在采购过程中应尽量减少中间环节，减少中间商，从经销商、制造商处直接采购，以降低成本开支。

6）选择适当的支付方式。酒店在流动资金允许的条件下，可以选择采用现金支付，并以此为条件争取价格优惠。但在没有多余流动资金时，酒店可以选择赊购方式，延期支付货款。

7）在与供货商谈判的过程中，善于利用谈判技巧讨价还价，获得价格优惠。

8）组建采购集团或购买中心。大型酒店集团或酒店管理公司采用此方式，可以将采购费用在集团或中心内分摊，降低采购价格。

9）寻找合适的替代品。在不影响酒店经营质量的前提下，可适当采用替代品取代价格较高的存货。

10）采用夜间交货方式。夜间交货方式可以避免交通拥堵，提高交货效率，降低采购成本。

5. 采购人员的配备与管理

（1）采购人员配备。酒店采购人员应精简，一方面可以实现满负荷工作，以免人员过多导致酒店费用开支增加；另一方面对酒店采购人员的能力提出全面要求，要求每一位采购员都能胜任各项采购工作。酒店采购员的业务管理和人员调配都由采购主管负责。采购主管应具备以下条件：

1）有强烈的爱店意识，廉洁奉公，诚实守信。

2）有扎实的专业技能，可以保证采购质量和采购效率。

3）能吃苦耐劳，有管理才能，会调查研究、制定计划、分析形势，依据酒店长远发展计划实施采购活动。

4）有较强的交际能力，既能与市场上众多的供货商保持友好的合作关系，又能与酒店内各业务部门协调关系。

（2）采购人员培训。酒店定期或不定期对采购人员培训，主要内容有：

1）各种存货的用途、功效及使用方法的知识，使采购人员在采购过程中对所购物资作出最恰当的选择。

2）存货的货源知识，如主要货源地、货源特点、采购时机、供货商供货能力和信誉等。

3）存货的交易方法和常见的贸易条件。

4）存货的市场价格、影响价格的各种因素及价格变动的趋势。

5）必备的经济知识和法律知识，以维护酒店自身的经济利益，避免经济纠纷。

6）对数字的敏感程度，能迅速估算采购所需金额，并能准确判断交易是否理想。

（3）采购人员的职责。采购人员的职责主要包括：

1）掌握酒店经营范围、经营业务等基本情况。

2）熟悉所购存货的特点，了解存货采购计划中所有存货的产地、名称、单价、用途等。

3）了解市场行情，尤其是价格变动情况。

4）以采购计划为指南进行采购，保证酒店经营活动正常进行。

5）和供货商建立良好的关系，保证供货商以最优价供货。

6）与竞争者建立协作关系。

（4）采购人员的考核。对酒店采购人员进行考核，通过量化方式考核采购人员的工作业绩，实行奖优罚劣。包括对采购人员采购工作的及时性、采购物品的质量等定期进行考核，考核成绩作为评价采购工作的依据，督促采购人员按时按质完成采购任务，并通过考核激发员工的工作积极性。

6. 支付方式的选择

（1）支付方式的种类。酒店购置存货支付资金，可以有多种方式进行选择。按不同的分类标准划分，支付方式可以有不同的种类。各种支付方式各有利弊。

1）按支付时间分，可以分为交货前部分支付、交货前支付、交货时支付、交货后支付。交货前部分支付一般是先付少量定金（一般按货物总价值的5%），待验货收货后再支付剩余货款。这种支付方式有一定的合理之处，对供求双方都有利，供方不必担心买方中途变卦，买方不必担心质量问题，因而较多使用。交货前支付，一旦发生质量问题，索赔比较困难。采用这种支付方式，必须制定严格的订货合同，事先在合同中约定索赔事项，所以使用较少，一般适合于紧俏物资的购买。交货后支付，酒店不仅可以在一定时期内无偿占用对方一定量的资金，而且可以以此为手段约束对方的供货质量。交货时支付，双方当面点清、验收货物，当即交割钱款，没有遗留问题，在一定程度上可以减少双方工作量。但这种方式对酒店来说意味着需要准备大量的流动资金，甚至是现金，以应付购买存货所需。这并不是理想的支付方式，会给酒店带来一定的资金压力。

2）按支付形式分，可以分为现金支付和票据支付。现金支付是供需双方的交割行为在短期内以现金形式及时进行。采用这种支付方式，对供货商来说能及时回笼资金，但对酒店来说则会产生资金压力，要求酒店必须有足够的资金。所以，在实际交易过程中，现金支付常常成为供需双方讨价还价的理由之一。票据支付是供需双方的交割行为以信用卡、银行汇票、支票等票据方式进行，不直接产生现金交易。这种支付方式的优点是可以保证双方交易行为的透明度，减少舞弊行为。但这种支付方式往往手续烦琐，各种票据需要妥善保管，否则就会产生废票，使结算无法按期进行。

票据结算是物资采购过程中的主要结算方式。酒店使用的票据主要有：①现金支票支付。酒店收到所购存货、验收检验合格后，依据购货合同，开出现金支票给供货方。这种支付方式以票据代替现金，强调货到付款，适合小额贷款支付或是小型酒店购货。②转账支票支付。酒店收到所购存货、验收检验合格后，依据购货合同开出转账支票给供货方。供货方将收取的支票交与自己的开户银行，实现货款在供货方和购买方的开户银行之间划拨。这种支付方式在大宗货物交易过程中经常使用。③银行汇票支付。酒店收到所购存货、验收检验合格后，依据购货合同，将款项交存出票银行，由出票银行签发，在见票时按照实际结算金额无条件支付给供货方或持票人。银行汇票可以用于转账，填明“现金”字样的银行汇票也可用于支取现金。酒店在物资采购过程中也可采用其他票据结算方式，如银行本票、商业汇票等。

3）按支付次数分，可以分为一次性支付、分期支付。一次性支付是酒店将购货款一次性结清。这种支付方式供货商十分愿意接受，它不仅可以使供货商的货款收入有保障，而且可以减少结算过程中的纠纷，减少收款费用。一次性支付可以是货到立即付款，也可以是双方协议商定结算日期，酒店一般选择后者。分期支付是酒店将采购款分次支付给供货商。这种付款方式有利于酒店的资金周转，但对供货方来说会增加收款费用，如果货款收入不及时，容易导致坏账发生，并且在货款多次交割的过程中也易产生纠纷。当然，为了在激烈的市场竞争中销售产品、提高产品的市场占有率，很多供货商不得不采用此方式收款。

（2）支付方式选择的原则。对于购货方来说，选择合理的支付方式的原则是尽量将货款保留在自己的账上，推迟货款支付时间。推迟货款支付时间，可以使酒店在一定时间内无偿使用这笔货款，相当于酒店获得一笔无息贷款，可以缓解资金压力，酒店也可以利用此资金寻求新的投资机会，以获取收益。酒店若答应提前付款，可以要求对方给予一定量的现金折扣，减少货款支付。

（三）验收管理

验收管理是指酒店对整个验收过程进行的系统管理。它是酒店存货入库前必经的一个步骤，是存货管理的关键环节之一。

1. 验收内容

验收是酒店存货采购任务完成以后，由酒店验收人员根据订货单以及交货通知单，检查所购存货交货是否按时，存货数量、质量、价格是否准确，并详细记录检查结果，对合格的存货准予入库或直接拨到使用部门，对不合格的存货予以拒收。验收包括核查和收货两部分。

（1）核查。核查是检查有关存货采购的凭证、时间、数量、质量、价格等项目。

1）凭证核查。供货单位在向酒店交送所购商品时，通常会随同货物一起将交货通知书送达。酒店验收部首先需要核查交货通知单上所列商品的品种、数量与订货单上所批准的品种、数量是否相符，然后核查订货单上所列内容与请购单上所批准的内容是否相符，确认无误后再将单据与实物相核对。在核查过程中，如果发现交货通知单上所列商品的品种、数量与订货单上所批准的品种、数量以及所送达的实物不相符，收货员需要及时通知相关采购人员及供货商，查明发生出入的原因，如是否供货商发错了货、交货通知单填制错误、紧急订货未及时填制订货单等。如果是供货商发错了货，可以将运达的货物退回，并通知供货商重新发货；若酒店确实需要该批货物，也可协商购买，但此时酒店掌握了价格上的主动权，可以要求供货商适当降低价格。如果是交货通知单填制错误，则应将交货通知单退回，通知供货商尽快将正确的交货通知单送到酒店。如果是紧急订货未及时填制订货单，则应要求采购部及时补办手续。

2）时间核查。对交货时间进行核查，即核查交货期是否与订货单上的日期相一致。如果供货商提前交货，易导致酒店库存上升，增加仓储费用，而且有些存货如海鲜、蔬菜、水果等食品原料提前交货，会影响原料的新鲜度、降低净料率、增加储存难度和费用，此时酒店有权拒收；如果供货商延期交货，酒店需要及时催货，以免给酒店经营造成损失，酒店甚至可以因此向供货商索赔。

3）数量核查。数量核查要进行两个核对：交货数量与订货单上的数量核对、交货数量与交货通知单上的数量核对。如果核对的结果相一致，酒店收货员可以在数量核查记录上记录合格；如果不一致，则要查明是多交了还是少交了。一般来说，多交有两种情况：一种是到货数与订货单上的数量一致，但多于交货通知单上的数量。这可能是因为供货商工作疏忽，将交货通知单填写错了。酒店可以获得意外货物，但供货商会遭受损失。酒店收货员从诚信道德出发，应主动退回交货通知单，待供货商更正后送达。另一种情况是到货数量与交货通知单上的数量一致，但多于订货单上的数量。这多半是因为供货商希望多销售货物，减少库存积压，增加销售收益，或是采购人员为谋私利允许供货商超量发货。此时收货员应拒收，将多余货物退回供货商。少交也有两种情况：一种是到货数与订货单上的数量一致，但少于交货通知单上的数量。此时酒店会因需要多交款而遭受损失，收货员应及时通知供货方更改交货通知单。另一种情况是到货数量与交货通知单上的数量一致，但少于订货单上的数量。此时是供货商供应的货物未全部及时到位，酒店应催促供货商尽快将货物补齐或另外订货。情况紧急时可能需要选择替代品，由此给酒店造成的损失应由供货商承担。

4）质量核查。质量核查是货物验收的核心内容。酒店所购存货种类繁多，质量要求不等，衡量标准也各不相同，这就要求酒店收货员必须具有检验存货质量的专业知识。收货员首先需要通过看、摸、闻、听等，对存货明显的外观质量进行检验，以初步判断货物质量，必要时应采用专业验收工具或聘请专业验收机构对货物质量进行检验，以作为决定收货、退货的重要依据。

5）价格核查。货物验收不仅应核查所购货物的数量、质量、时间等，还应核查货物的进货价格，这是酒店控制存货成本的重要一环。价格核查需要核查订货单上的进货价格与请购单上的建议价格之间有无太大出入，交货通知单上的价格与订货单上的价格是否一致。如有疑问，需及时与采购人员联系，并报告上级。

为监控采购员的工作，酒店常采用“二次跟踪采购”，即采购经理或收货员通过现场或电话询价，或对有价格疑问的货物进行假采购，如果跟踪采购的价格与交货单上的价格相距较大，则需查明原因。

（2）收货。收货部验收合格后，收货员需要作详细记录，填制收货单，并将当日收货单内容汇总填制进货日报表，然后将验收合格的存货分类及时入库或分发给使用部门。

2. 验收体系

（1）存货验收机构。大型酒店一般都设有收货部，由收货部人员进行货物验收。中小型酒店的货物验收由财务部人员兼任。

（2）收货员。收货员需要具有必备的货物验收专业知识，不是任何人都能胜任的。酒店一般需要设专门人员，并给予收货员必要的权利，以行使其职责。

酒店收货员的工作职责是：

1）整理采购部经理转来的各种采购订单，准备并安排收货验收工作。

2）收到采购员采购的各种存货后，对数量、质量、品种、规格等进行核对，编制收货报告，将收货报告转交财务部和仓库。

3）对直接送货到酒店的供货商，除按标准验收、编制收货报告外，负责办理有关结账手续。

4）负责编制收货报告统计表、采购分析表等。

5）验收工作应公正廉洁，杜绝不符合标准的存货进入酒店。

（3）设备和工具。酒店验收货物需要具备的设备和工具有：

1）计量工具。主要有：用以称重的计量工具，如磅秤、天平秤等；用以计量长度的计量工具，如直尺、卷尺、皮尺等；用以计量温度的各类温度计；用以计算数字的计算器。各类计量工具使用前都需要校准，以保证计量的准确性。

2）各种标记笔。用于在货物外包装上做标记，表明货物是否已经验收、验收的结果如何。

3）辅助工具。如钳子、剪刀、绳子、铁丝、包装袋、货钩、尖刀等。

（4）验收场地。验收场地是专供验收货物的场所。

1）验收台。酒店验收台一般设在离仓库比较近的地方，验收合格的物品直接存入仓库，可以减少搬运人工和费用，减少由于搬运对物品造成的损失。酒店在此备有专门的验收工具和设备。

2）简易验收场所。简易验收场所一般用于验收海鲜、蔬菜、水果等新鲜食品以及体积和重量都非常大的机器设备。

3）专门检验室。专门检验室一般用来检验贵重物品，如名贵酒水、贵重商品等。这种检验需要具有非常专业的检验知识，有些酒店也可聘请专业检验机构进行检验。

（5）验收范围。按照验收的详细程度划分，验收范围可以分为普验、抽验、部分检验。

1）普验。普验是收货员对购入的所有货物逐一进行验收。普验具体包括验收对象的普遍性和验收内容的普遍性。验收对象的普遍性是指将所有购入物品均列入检验范围，验收内容的普遍性是指对所购物品的数量、质量、保质期、外包装、成分及含量、性能等指标都逐一进行检验。普验能最大限度地保障酒店的利益，酒店对一些贵重物品多采用普验方式。但这种验收方式需要消耗大量的人力、物力、财力，验收速度慢，不便于对所有物品的所有指标均采用。

2）抽验。抽验是指酒店验收人员随机抽取部分待验物资作为样本，将检验结果推断为所有待验物资的情况。这种方式能降低验收成本，杜绝人为干扰因素，使验收结果具有一定的代表性。抽验结果的准确性取决于两个因素：样本容量和样本抽取方式。样本容量的大小一般由待验物资的多少和历史抽验结果决定。一般待验物资多，样本容量可适当减少；待验物资少，样本容量则需增加。酒店一般抽取代验物资的20%～50%进行检验。酒店所购物资历史抽验结果好，所需样本容量小；历史抽验结果不好，所需样本容量大。样本抽取方式有简单随机抽取、等距随机抽取、分层随机抽取、分群随机抽取等几种方式。

3）部分检验。部分检验是上述两种方式的结合。到底选择何种验收方式，取决于酒店的人力、物力与财力。酒店一般可以这样选择验收范围：对到店物资进行数量检验时选择普验，在进行质量检验时则选择抽验。

3. 验收程序

（1）验收前的准备工作。采购员订货后，需要及时将订货单转给收货部。通过订货单，收货员可以及时了解所购物资的基本情况。收货员将订货单与请购单核对，若两者不一致，需要及时通知财务部。在酒店所购物资到店前，需要安排好验收人员，准备好验收工具、验收场地，合理确定验收范围，并将订货单准备好，以备使用。

（2）验收操作。酒店所购物资到店的同时，一般附有交货通知单。收货员依据订货单和交货通知单详细核对到店物资的名称、规格、数量、单价、金额等，逐个检查外包装是否密实，测试外观和内在质量是否符合要求。验收完成后，发现问题当场向供货商反映，并作出全部拒收或部分拒收的处理，填写双方认可的拒收单。

（3）存货入库。检验合格的存货需要及时存入仓库或发放到使用部门。

（4）记录验收结果。收货人员最终以书面形式记录验收情况，包括填制验收单、填写验收报告和汇总收货日报。验收报告一般包括验收基本情况、受验物资的品名和数量、订货人、供货商、验收人、验收日期、验收方式、入库时间等内容。收货日报是收货员用于登记每日验收入店的货物，分别统计每日存入仓库和各部门直接领用的存货的种类和金额，以方便酒店各业务部门的成本核算和成本控制。所有记录填写完毕后，收货员将验收单、订货单、交货通知单和购货发票装订在一起，交财务部审核付款。

4. 拒收

拒收是酒店收货员在验收过程中对照有关标准，发现有严重出入时，拒绝物资入库或交予业务部门使用。拒收是杜绝假冒伪劣、维护酒店正当权益的重要手段。

（1）拒收的理由。拒收需要有正当理由，归纳起来有以下几个方面：

1）未经酒店采购人员订货。

2）不符合规格。

3）对畜、禽、蛋类食品原料，未经检疫或经检疫不合格。

4）要求以冻结状态送货的冷冻原料已化冻变软。

5）对质量有怀疑的原料，报经专业验收人员检验，确实低于质量标准。

6）进口物资没有入境单或不合格。

7）数量存在问题，如包装袋内分量短缺。

8）价格存在问题的，如交货通知单上的价格高于订货单上的价格。

9）送货时间提前或晚于合同规定的时间。

（2）拒收的手续。拒收需填写拒收单，写明拒收理由，经供货方和验收方签字，将拒收单和物资及有关凭证一并退回。

（3）拒收处理。酒店收货部处理拒收，需要：

1）向供货方耐心解释拒收理由，并为可能给对方造成的工作上的不便致歉。在坚持拒收的基础上，尽量保持与供货商的良好合作关系。

2）在拒收单上注明拒收理由，请供货方送货人签字，为与供货方进一步协商留下原始凭证。

3）告知酒店采购部，敦促采购部有关人员与供货方取得联系，要求供货方重新按交易合同发货，或重新寻找新的合作伙伴。

4）尽快告知相关使用部门该存货无法及时到位，敦促有关部门和人员及时采取有效的补救措施，避免影响酒店的正常经营业务。

（四）仓储管理

酒店所有购入后未及时使用、储存在仓库的存货，都需要进行仓储管理。其目的在于确保仓储存货的安全完整，尽量减少因治安不力、防火不严、仓储条件简陋等原因导致的存货数量短缺或质量低下。

1. 仓储条件

酒店仓库的储存条件需要从温度、湿度、通风、照明等各方面加以考虑，同时考虑安全、防火、防水、防尘以及堆放等条件。针对不同的存货，酒店仓库需要分类储存，分别控制仓储条件。以温度为例，对于需要冷藏保鲜的食品原料，如新鲜的鱼、肉、蛋、蔬菜、水果、奶制品，以及已加工的成品或半成品，如甜品、调料、汤料等，一般温度应控制在0℃～10℃。0℃以下，原料会冻结，质量和口味会被破坏；10℃以上，细菌最易繁殖。需要冷冻保藏的食品原料，温度应控制在0℃以下，以延长食品原料的保质储藏期。干货食品，温度一般保持在16℃～21℃。酒的储存温度大多在10℃左右，但不同类别的酒的储存条件应有所差异，葡萄酒要求恒温、保湿、避光、避振、平放储存。棉织品的储存以20℃为宜。

2. 仓储工作内容

（1）安排合适的仓储场所。酒店要为所购存货安排合适的仓储场所，就必须首先对存货进行合理的分类，可以从横向和纵向两方面进行。横向分类是根据存货的基本特征分类，以确定存货选择仓库的方向；纵向分类是在同一类存货内进行，以确定存货储存的位置。为所购存货安排合适的仓储场所，还需要就近选库，尽量减少存货的搬运，加快存货发放速度，提高存货质量。

（2）入库存放。存货入库首先需要进行合理的堆放，根据存货的性质、形状、包装、轻重等特征，考虑合理、牢固、定量、整齐、节约、方便等因素，从方便存放、方便盘点、方便领料、方便清扫等角度出发，堆放存货。存货入库后还需填制入库单。

(3) 货位编码。货位编码是对入库的存货进行定位。将仓库、货架按一定的顺序统一编码，做出明显的识别性标志，以方便登记和准确找寻每一件存货。

(4) 存货保管。存货保管是指酒店尽量采取各种有效可行的措施，确保存货的数量、质量，尽量降低存货储存成本。在保障存货数量方面，酒店应详细登记存货保管卡，以货架、货垛为单位，或以物资种类为单位，详细记录每批存货的进出数、结存数、存储位置等信息，做到卡物相符，将保管卡挂在货架或货垛上。同时应登记存货保管账，做到账卡相符，并作为存货清点盘存的主要依据。同时，为保障存货数量，酒店要采取将仓库上锁、妥善保管钥匙、只允许专人进仓、设闭路电视监控等防范措施。

在保障存货质量方面，酒店应尽量做到：

1) 先进先出。先入库的先发出，尽量缩短存货的在库时间，以减少存货腐烂变质的可能性。

2) 保持良好的仓储环境。从温度、湿度、通风、照明、卫生等方面尽量使仓储条件符合存货的特征。

3) 做好存货的遮盖、衬垫工作。遮盖存货可以防止存货直接暴露，起到防尘效果。衬垫存货可以起到防潮效果。

4) 加强存货的养护工作。采用科学的养护方法，可以尽量降低存货变质的速度。

5) 做好存货的清查盘点工作。根据存货特性、仓储条件、季节交替等因素定期或不定期地盘点存货，尤其是对易变质存货、包装潮湿的存货、已有变质征兆的存货、接近保质期的存货、储存条件差的存货，更需要严格检查。应及时编制存货盘存表，将盘存结果记录在册。

(五) 发放管理

存货发放是酒店存货的出口。酒店购入存货后直接拨给使用部门，或经仓库储存后在部门领用时发放给使用部门，使存货进入酒店的经营过程。

1. 存货发放程序

(1) 请领单汇总。存货使用部门依据酒店存货的实际消耗情况，编制请领计划，经部门审核后形成请领单，交酒店仓库。请领单的内容是存货实际申领的情况。仓库依据对请领单的汇总，及时准备存货。这样可以使使用部门在需要存货时能及时领到，避免延误到出库时才发现存货短缺，减少因此而导致的差错和损失。

(2) 核对发放凭证。核对发放凭证，主要检查：

1) 请领单上存货的品名是否和在库的存货登记册一致。

2) 请领量是否超过成本控制计划限额。

3) 请领手续是否齐备。

(3) 备料。仓库管理员在备料时要注意检查：

1) 库存存货的品种、规格、型号是否符合请领要求。

2）质量是否有问题。

3）仓储数量是否足够。

4）对散装存货进行包装，对包装规格不一或包装过大的存货改换包装。

5）对请领单要求的特定等级、花色、式样、规格的搭配事先进行挑选。

（4）点交。存货发货前，再次检查请领单上的规格、型号、数量、等级等指标是否与备料一致，凭证字迹是否清晰、有无涂改，签章是否齐全，日期是否正确等。核对无误后即可发货，并填制出库单。

（5）清理。存货点交结束后，仓库管理员应进行内部清理：

1）账面清理。对存货的变动及时在账面上加以反映。

2）地面和货架清理。存货领用后搞好地面和货架卫生，保证仓库整洁。

3）存货管理。对开箱开包的存货及时整理。

（6）复核。随时对发放过程中的每一环节进行自查、复查，主要复核出库单与实发存货是否相符，包括数量、质量、规格、型号等各项经济指标。凡未经复核、手续不全、账实不符的存货不予出库。

（7）原料计价。及时在出库单上标注存货单价，计算存货总价，计入领用部门成本中。

2. 存货数量短缺的处理

出现存货短缺，酒店需要及时查明原因，明确责任。

（1）可能是由于存货管理员责任心不强，导致错发、多发、少发存货。出现这种差错，需要追究管理人员的责任，并提出警示以免重犯。对确实不适合从事存货管理工作的人员，应调离，以免导致程度更为严重的错误和酒店的损失。

（2）如果是由于仓库储存条件差，仓库的温度、湿度、通风、安全等条件不符合要求，不能有效起到防火、防水、防虫、防盗等效果，应及时向酒店主管部门反映，以便尽早改善储存条件，减少损失进一步发生。

（3）由于存货特性，如挥发，导致存货数量减少，酒店应缩短采购间隔时间，增加采购次数，减少库存。

（4）由于存货计量工具的原因，使得存货数量流失。酒店应制定合理的存货管理误差率，将存货散失和损耗控制在合理区间内。

（六）淘汰、报废管理

酒店部分存货，如食品和饮品原料，经过加工转化成产品提供给客人，商品销售给客人后就不再是酒店的存货。但有些存货，如低值设备、棉织品、餐具等，在淘汰、报废、退出酒店经营过程时，需要按照一定的程序处理。

1. 淘汰、报废需要具备的条件

（1）低值设备报废条件。酒店低值设备符合下列条件之一，可以申请报废：

1）设备自然寿命到期，内部部件陈旧，使用效率低下，无修复价值。

2）线路失修，绝缘层老化，无修复价值。

3）因发生事故或障碍，对使用者安全构成威胁。

4）故障发生频率越来越高，维修费用大。

（2）低值设备淘汰条件。酒店低值设备若符合下列条件之一，可以申请淘汰：

1）出现更为先进的替代品。

2）外观有不可弥补的损失。

3）不符合客人的消费需求。

4）社会已经普遍采用新产品。

（3）酒店用品报废条件。酒店棉织品、餐具等存货报废的条件：

1）经反复洗涤，外观已经陈旧。

2）留有不易去除的污渍。

3）有无法弥补的破损或残缺。

4）不符合酒店星级标准和客人消费需求。

2. 淘汰、报废的程序

（1）淘汰、报废申请。酒店低值设备的使用部门专管人员提出申请，填写淘汰、报废单，经部门有关领导同意上报相关部门。酒店棉织品、餐具等存货，通常由使用部门定期编制损耗月报表。

（2）淘汰、报废的修补和鉴定。酒店对提出申请淘汰、报废的低值设备，首先需要考虑是否能够修理以恢复设备的使用价值，对确实不能或不必修理的，需要组织相关人员进行技术鉴定，并在淘汰、报废申请单上填写鉴定意见，说明该设备是否已达到淘汰、报废的程度。对破损的棉织品酒店也可适当考虑能否修补，确实不能修补使用的即可批准报废。

（3）淘汰、报废批准。低值设备的报废需部门经理、财务部经理甚至是总经理批准，棉织品、餐具等的报废经一般部门经理批准即可。

（4）淘汰、报废处理。

1）清理。对破损的餐具和报废后无任何使用价值的低值设备，酒店一般直接清理。

2）组装或改作他用。有些低值设备淘汰或零部件损坏后，可以将有用零部件拆卸进行组装使用，有些存货也可改作他用。

3）出售。对更新换代的低值设备或报废的半新程度的棉织品等，可以通过廉价出售，收回部分价款。酒店存货的出售处理由财务部统一负责。

（5）淘汰、报废登记。淘汰、报废是酒店存货管理的最后一个环节，相关部门应建档记录，以备查核，并报财务部记账。

项目五 酒店资金营运能力分析

一、影响酒店资金营运能力的因素

酒店经营过程中影响资金营运能力的因素主要是销售收入的多少和资产的利用程度。酒店销售收入越多，为酒店带来盈利的可能性就越大；资产的利用程度不仅体现在酒店销售率上，而且体现在酒店资产的分配比例上。酒店要提高资金的营运能力，首先需要合理安排各项资产的合理比例，尤其是流动资产与固定资产的比例，防止由于流动资产过多导致酒店资金的闲置，或由于流动资产的不足影响酒店业务经营。保持流动资产的适当比例，提高货币资金的使用效率，加强对应收账款的管理，及时收回酒店资金，减少回收应收账款费用的发生和坏账发生的可能，加强对存货的采购、验收、发放全过程的管理，提高存货的品质和利用率；在酒店经营规模不变、资金占用变化不大的前提下，尽可能扩大销售收入等，都是提高酒店资金营运能力的重要条件。

二、酒店资金营运能力的指标分析

（一）酒店应收账款营运能力分析

应收账款是酒店为扩大销售而产生的。应收账款一方面会占用酒店的资金，产生占用资金的成本；另一方面会有可能收不回来，产生坏账。

1. 应收账款与日销售额比

应收账款与日销售额比说明在外应收账款的期间长度。通过该指标结果与酒店信用条件比较，可以看出酒店对应收账款管理的效率。缩短信用期限，可以使应收账款收回的风险减少；延长信用期限，则会使风险增加。但由于酒店是季节性经营的单位，这一指标的计算结果会随着季节的变化而变动较大。因此，在评价此指标时，酒店需要依据季节性经营的实际情况，分阶段进行分析比较。

2. 应收账款周转率

应收账款周转率用来表示酒店应收账款的流动性。为解决酒店季节性经营指标计算的准确性问题，平均应收账款总额不应采用年初数与年末数的平均数额，而应将全年所有月份应收账款进行平均计算求得。

3. 应收账款周转天数

应收账款周转天数用来说明应收账款周转的时间，指未收回的应收账款从产生到目前的整个时间，酒店已发生的应收账款的账龄有长有短，有的在信用期内，有的已逾信用期，酒店应收账款时间分析应重点关注已逾期拖欠的应收账款。

（二）酒店存货营运能力分析

存货是酒店在正常经营过程中为给客人提供服务所必须储存的货品，它的存在会占用酒店相当一部分资金。存货储存过度会增加酒店的储存成本，但存货储存不足会直接影响酒店正常业务经营。存货对酒店经营活动的变化有特殊的敏感性。

1. 存货与日销售额比

用存货与日销售额比可估算出本期存货销售所需天数。这一指标低，说明酒店存货控制较好，但如果指标过低，则说明酒店销售萎缩。酒店可以依据历史经验及行业平均值，计算这一指标的合理范围。这一指标受期末存货购货量的影响。如果酒店期末集中购入一批存货，该指标就会上升；反之，则会下降。另外，这一指标也受酒店季节性经营的影响，在酒店销售旺季，该指标会上升；反之，则会下降。

2. 存货周转率

存货周转率反映酒店存货的周转效率。其周转次数越多，存货资金占用越少。

3. 存货周转天数

存货周转天数反映酒店存货周转时间，是反映酒店存货营运能力的指标，会受酒店存货计价方法的影响。在物价上涨的前提下，采用先进先出法和采用后进先出法计算结果相比较，存货与日销售额比、存货周转天数指标会增加，存货周转率会降低。为剔除物价变动因素对存货周转指标的影响，可以采用实物数量指标代替金额指标计算，但一般仅适用于酒店内部管理需要。

（三）酒店资金营运能力综合分析

1. 营业周期

营业周期指标反映的是期末存货转化为现金的时间。

营业周期＝应收账款周转天数＋存货周转天数

2. 流动资产周转率

流动资产周转率是反映酒店资金周转速度的重要指标，可以用于评价酒店资金的利用程度。一般酒店流动资产周转率越高，说明酒店资金的营运能力越强。

3. 流动资产结构比例

流动资产是酒店经营所必须垫支的资金。流动资产获利能力一般比固定资产低，但具有到期偿还债务的能力。通过流动资产结构比例分析，可以分析酒店的支付能力、偿债能力。流动资产结构比例高，说明酒店稳定性好，但比例过高说明酒店闲置资金太多，造成资金的浪费；流动资产结构比例低，说明酒店收益性好，但比例过低，酒店容易出现支付及偿债风险。

三、酒店经营风险分析

酒店经营风险是指酒店在经营过程中由于与经营有关的因素的影响导致未来收益的不确定性。

（一）社会经济因素

社会经济的发展状况会对酒店的经营产生直接影响。从宏观角度看，近几年随着我国改革进程的深入，国民经济得以平稳发展，产业结构不断完善，第三产业呈现迅猛发展态势。旅游业作为第三产业的重要组成部分，得以迅速崛起，奠定了其在国民经济发展中的重要地位。酒店是我国对外开放较早的行业，经过几十年的发展，已经形成了一定的产业规模，承受经营风险的能力较强，尤其是我国加入 WTO 后，酒店获得了更为广阔的发展空间。从微观的角度看，市场经济是酒店这一经营主体与经营风险相抗争的主战场。在激烈的竞争环境中，酒店的人、财、物和供、产、销需要相互衔接、相互协调，任何一个环节出现差错都有可能导致酒店的经营失败。

（二）政治因素

政治的稳定会直接影响社会经济环境的稳定，包括对酒店经营活动、经营条件、经营人员等各因素的影响，以及对国家政策方针、法律法规的影响。所以，政治因素也是影响酒店经营风险的重要因素之一。

（三）自然环境因素

自然环境，一方面会通过自然灾害，如洪水、地震等，对人们的正常生活乃至酒店经营产生直接影响；另一方面会通过自然物体的作用，对酒店的经营产生间接的影响，如影响酒店原材料的供应等。

（四）科技进步因素

科学技术是第一生产力。科技进步为酒店带来了原材料的更新、影响的广泛、营销的及时、内部管理决策的科学、客源的丰富等。但科技是一把双刃剑，科技的发展也给酒店带来了环境污染等问题。创建“绿色酒店”就成为现代酒店经营过程中必须注意并严格管理的方面。

（五）酒店经营过程中的主观因素

酒店的经营风险也受酒店经营过程中的经营决策的影响，如酒店定价的合理性、酒店变动成本的控制、酒店固定成本的比重等。

技能训练

一、实训教学目的

通过本次实训活动，让学生了解现金、应收账款、存货等营运资金在企业运营中的作用及相关成本情况，懂得加速企业营运资金周转的重要意义，把握现金、存货和应收账款的管理方法和技巧。

二、实训教学形式

1. 在实训教师带领下对某酒店流动资金周转情况进行计算、比较和分析，分析时要充分应用理论教学中的知识和方法。

2. 收集并了解实训单位所在行业的平均水平，并确定实训单位在行业中的排位情况。

3. 选择主要方面进行因素分析。

4. 写出对营运资金筹资的认识。

三、实训教学设计

1. 在实训指导教师的带领下，分析现金、应收账款和存货的构成比例，了解流动资产的质量状况。

2. 了解实训单位现金、应收账款和存货的成本水平、主要作用和功能。

3. 通过资料查证，了解实训单位所处行业的平均水平。

4. 计算确定实训单位与行业平均水平的差异。

5. 结合行业情况和实训单位具体情况，进行差异的因素分析。

6. 分小组写出实训单位营运资金管理情况分析报告。

7. 根据分析报告，给实训单位提出相应的建议措施。

四、实训教学考核

1. 过程考核。实训各个步骤的执行与完成情况。

2. 结果考核。分析报告与总结情况。

思享园地

六名违法人员因职务侵占罪被依法处理

2019 年 3 月 18 日，二连浩特市公安局经侦大队接到二连浩特市某酒店有限公司法人金先生报案称：2017 年 9 月至 2019 年 2 月期间，其公司雇用的 6 名前台服务人员利用酒店财务系统漏洞套取酒店住宿款 185 554 元，请公安机关查处。

经查：该市某酒店财务人员每日收款数额以酒店财务系统核算数额为准，后该财务系统进行了升级，升级后的财务系统每日进行核算时会自动扣除老板的花销和微信套现部分钱款，剩余的钱款交由财务入账。而财务人员对系统升级后的核算方法并不知情，该酒店前台服务人员婴某、海某等6人在财务人员不知情的情况下，又扣除了一次老板的花销和微信套现等钱款，并将每日多扣除的钱款侵占并私分，累计共侵占私分酒店收入185 554元。目前，6名违法人员因职务侵占罪已被依法处理，所得钱款已全部退还酒店。

财务人员违纪违法问题的发生，与个别财务人员放松对自我的要求、对法纪毫无敬畏之心有关。无论是跟钱打交道，还是跟账打交道，爱岗敬业、廉洁自律都是财务人员必须遵守的职业操守。值得注意的是，一些年轻财务人员由于经受考验少、意志力薄弱，加之受到享乐主义、急功近利等不良风气影响，面对诱惑往往败下阵来。财务人员应加强自我约束，严守财务岗位职业道德。

财务人员身处资金密集岗位，面临较高的廉政风险，有关单位要切实加强对他们的廉洁从政教育和警示教育，使其自觉提升思想认识，树立正确的世界观、人生观和价值观，主动抵制不劳而获、贪图享受等不良思想的侵蚀，筑牢拒腐防变的思想防线。要积极推动财务从业人员职业道德建设，着力防范贪污挪用等违纪违法行为，确保财务安全，在全社会培育一种诚实守信、遵纪守法的良好风气。职业道德教育要从学校开始抓起，同时兼顾在校学生的职业道德教育和从业人员的后续职业道德教育，使其充分认知到自己所承担的社会责任和历史担当，始终坚持准则、诚实守信、廉洁自律、服务社会。

模块六 酒店收入管理及成本控制

学习目标

知识目标

- 掌握酒店产品价格确定及收入控制基本知识与方法。
- 掌握酒店成本费用控制程序及标准。
- 熟悉酒店采购流程及采购控制程序与标准。
- 了解酒店税收的种类及税金计算。
- 熟悉酒店利润分配与酒店盈亏平衡分析。

能力目标

- 能够熟练计算酒店营业收入、成本费用及税金等。
- 能够利用财务数据进行盈亏平衡分析。

模块导入

吴总干得怎么样?

某酒店按五星级标准设施建造，开业经营三年，主营业务为客房、餐饮以及康乐项目。酒店康乐项目拥有国内最为先进、规模最大的室内滑冰场，深受当地及周边青少年的喜爱，人气爆满，带动了酒店客房、餐饮的营收。

现任酒店总经理吴总是由业主方聘请的职业经理人，任期五年。在前三年的经营管理工作中，吴总对自己的工作较为满意，每年提交的财务报告都得到了业主的认可。但在前不久，业主邀请了几位酒店管理专家对酒店进行明察暗访，提出了酒店设施设备陈旧、老化过快、维护保养不到位等问题，引起了业主的关注。

思考：现任总经理吴总在酒店收入管理过程中其目标导向是什么？有什么优缺点？对此你有何建议？

项目一 酒店产品价格确定及收入控制

案例分析

800 美元的画

在比利时的一间画廊里，一位美国画商正和一位印度画家讨价还价，争辩得很激烈。印度画家的每幅画底价仅在 10 美元～100 美元。但当印度画家看出美国画商购画心切时，将其所看中的 3 幅画单价确定为 250 美元。美国画商对印度画家敲竹杠的宰客行为很不满意，吹胡子瞪眼睛地要求降价成交。印度画家也毫不示弱，竟将其中的一幅画用火柴点燃，烧掉了。美国画商亲眼看着自己喜爱的画被焚烧，很是惋惜，随即又问剩下的两幅画卖多少钱。印度画家仍然坚持每幅画要卖 250 美元。从对方的表情中，印度画家看出美国画商还不愿意接受这个价格。这时，印度画家气愤地点燃了火柴，竟然又烧了另一幅画。至此，酷爱收藏字画的美国画商再也沉不住气了，态度和蔼多了，乞求说："请不要再烧最后这幅画了，我愿意出高价买下。"最后，这幅画竟以 800 美元的价格成交。

思考：请分析本案例，说明最终 800 美元的价格是受到什么因素影响制定出来的。

酒店收入是指酒店营业收入，是酒店在某一时期内，通过提供劳务、出售商品和从事其他经营活动所取得的货币收入，包括出租客房、提供餐饮、出售商品及其他服务所取得的收入。从收入项目来看主要包括房费收入、餐费收入、自销商品收入、代销商品手续费收入、会场及多功能厅租金收入、宴会及风味餐收入、酒吧收入、洗衣收入、美容美发收入、汽车收入、其他经营收入等。对于酒店而言，客房收入和餐饮收入是其主营业务收入，而其他则属于附属业务收入。

酒店应加强对营业收入的管理，使营业收入及时收回，保证资金的正常循环与周转，使经营活动连续不断地进行，创造更好的经济效益。加强酒店营业收入管理，能确保会计资料的准确性与可信性，提高酒店的经营、服务水平，树立品牌形象。

一、酒店产品价格确定

酒店营业收入的影响因素有产品价格和销售量两个方面。在产品价格一定的情况下，销售量越大，营业收入越高；在销售量一定的情况下，产品价格越高，营业收入越高。然而，酒店产品价格并不可以无限度地提高，它受到许多因素的影响。酒店应制定合理的产品价格，最大限度地扩大销售量，实现营业收入最大化。

（一）影响酒店定价的因素

酒店产品价格是酒店产品价值的货币表现。价值是价格的基础，但价格往往受多方面因素影响，如产品成本、市场需求、竞争状况、消费者行为与心理以及政策与法律等因素。

1. 产品成本

酒店在制定价格时要考虑多种因素。其中，成本是影响价格的最基本因素，也是制定价格的最低界限。从长期来看，酒店产品价格应不低于成本。只有这样，价格才能补偿酒店服务过程中所消耗的生产资料转移价值和支付劳动的合理报酬，酒店的持续经营才能得以维持。也就是说，产品的售价只有高于成本，才可获利，否则就会亏损。因此，酒店在制定价格时须考虑补偿成本，这是保证酒店生存和发展的基本条件。

2. 市场需求

市场需求对产品价格也有着重要影响，分析需求对价格的影响主要是分析潜在顾客人数、顾客可能购买的数量及顾客对不同价格的反应，即分析市场潜力与价格需求弹性。

市场潜力是指在一定的价格水平上，市场需求可能达到的最高水平。价格需求弹性反映需求对价格的敏感程度，以需求变动的百分比与价格变动的百分比之比值来衡量。价格变化导致需求变化主要有三种表现形式：

（1）富有弹性的需求曲线，即当价格变动较小时，需求会变动很大；

（2）缺乏弹性的需求曲线，即当价格变动较大时，需求会变动很小；

（3）没有弹性的需求曲线，即当价格变化时，需求几乎没有任何变化。

价格需求弹性不同，定价策略也不同。由价格变化引起的需求变化的程度数值，即需求的敏感度。其计算公式为：

$$E_P=(\Delta Q \div Q_0) \div (\Delta P \div P_0)$$

式中：E_P为需求敏感度；ΔQ 为变动的需求量；Q_0为初始需求量；ΔP 为变动的价格；P_0为初始价格。

若 $E_P>1$，说明市场需求对价格变动的敏感度较强，酒店应采取降价策略；若 $E_P<1$，说明市场需求对价格变动的敏感度较弱，酒店应采取提价策略。

3. 竞争状况

一般而言，竞争越激烈，对价格的影响也越大。按照竞争的程度，市场竞争可以分为完全竞争、完全垄断和不完全竞争三种状况。

(1) 完全竞争对价格的影响。在完全竞争状态下，酒店几乎没有定价的主动权，酒店是价格接受者而不是决定者。在实际生活中，完全竞争在多数情况下只是一种理论现象，因为任何一种产品都存在一定的差异，加之国家政策的干预以及酒店的不同经营措施，完全竞争的现象几乎不可能出现。但是，如果出现了完全竞争，酒店可以采取随行就市的价格策略。

(2) 完全垄断对价格的影响。完全垄断是指一种产品完全由一家或几家酒店所控制的市场状态。在完全垄断状态下，该酒店没有竞争对手，可以独家或几家协商制定并控制市场价格。在现实生活中，完全垄断只有在特定的条件下才能形成。由于政府的干预（如许多国家的反垄断立法）、消费者的抵制以及产品间的替代关系，一个或几个酒店完全垄断价格的局面一般不易出现。但是，如果出现了完全垄断，则非垄断酒店在制定价格时一定要十分谨慎，以防垄断者的价格报复。

(3) 不完全竞争对价格的影响。不完全竞争是市场经济体制下普遍存在的典型竞争状态，多数酒店都能够积极主动地影响市场价格，而不是完全被动地适应市场价格。酒店在制定价格时，应认真分析竞争者的有关信息，采取相应的价格策略。

4. 消费者行为与心理

消费者行为，尤其是心理行为，是影响酒店价格的一个重要因素。无论何种类型的消费者，在消费过程中，必然会产生种种复杂的心理活动，支配其消费过程。因此，酒店制定产品价格时，不仅需要迎合不同消费者的心理，还应促成或改变消费者行为，使其向有利于酒店经营的方向转化，主动积极地考虑消费者的长远利益和社会整体利益。

根据消费者消费心理的不同，一般将消费者分为三种类型：

(1) 冲动和情感型。这类消费者的购买行为由其情绪波动所支配，购买行为具有冲动性、临时性和不稳定性。这类消费者对产品价格不是十分重视，主要注重产品的花色、式样等。因此，酒店对于适销对路的商品，定价可略高，且可视市场状况调高价格。

（2）理智和经济型。这类消费者购买产品时往往分析评价，并喜欢货比几家再购买，对价格比较慎重，酒店应依质论价。

（3）习惯型。这类消费者对零售商或品牌等产生了信任或偏爱，因此，酒店定价可略高，但应注意价格过高会导致消费者购买的转移。

5．政策与法律

酒店虽然有自主定价权，国家不直接干预，但对于利用垄断价格牟取暴利，或以不正当的手段哄抬物价、欺骗消费者的行为，国家是坚决反对的。在市场经济条件下，国家在自觉运用价值规律的基础上，通过制定物价工作方针和各项政策，对酒店产品价格实施宏观调控。国家制度与规定具有监督、保护、限制性作用，酒店定价时必须严格遵守，考虑国家指导性定价和市场调节定价、产品差价等因素。

（1）国家指导性定价。国家指导性定价是指国家物价部门和业务主管部门规定定价权限与范围，指导价格制定、调整的定价方式。其定价方式有以下三种：

1）浮动定价。它是指国家规定商品的基准价格、浮动幅度和方向，由酒店在规定的范围内自主作价。

2）比率控制定价。它是指国家规定商品的差价率、利润率与最高限价范围，由酒店自行灵活地确定价格。

3）行业定价。它是指为了避免同行业酒店盲目竞争，采取计划指导，由同行经营者共同协商制定产品的统一价格，并由协商者共同遵守执行。这样能防止价格向垄断转化，有利于市场竞争。

（2）市场调节定价。市场调节定价是指在遵守政策和法规的前提下，根据市场供求状况、市场竞争程度、消费者行为及酒店自身条件等因素的变化趋势，由经营者自行确定商品价格。

（3）产品差价。产品差价是指同一商品由于销售地区、销售季节、质量高低、用途等不同而形成的价格差额。产品差价形成的主要依据是上述各种情况下耗用的劳动量、产品质量、地区消费差异不同而形成地区差价、季节差价、质量差价、用途差价等。

（二）酒店定价的目标

酒店定价目标既是明确酒店产品定价的方向，又是酒店经营目标的具体体现。定价时要考虑利润导向目标和市场导向目标。

1．利润导向目标

利润是考核和分析酒店经营工作好坏的一项综合性指标，是酒店最主要的资金来源。以利润为目标定价有三种具体形式：获取预期收益、获取最大利润和获取合理利润。

（1）获取预期收益目标。预期收益目标是指酒店以预期利润（包括预交税金）为定价基点，并以利润加上产品的完全成本构成价格，从而获取预期收益的一种定价目标。预期收益目标有长期和短期之分，大多数酒店都采用长期目标。预期收益高低的确定，应当考虑产品的质量与功能、同期的银行利率、消费者对价格的反应、酒店在行业中的地位和在市场竞争中的实力等因素。预期收益定得过高，酒店会处于市场竞争的不利地位；定得过低，又会影响酒店投资的回收。一般情况下，预期收益适中，可获得长期稳定的收益。

预期收益主要是通过预期收益率计算出来的。预期收益率，又称投资收益率或销售收益率，是计算预期收益的一种具体方法，能准确地反映酒店经营的好坏。

（2）获取最大利润目标。最大利润目标是指酒店在一定时期内综合考虑各种因素后，以总收入减去总成本的最大差额为基点，确定单位产品的价格，以取得最大利润的一种定价目标。最大利润是指酒店在一定时期内可能并准备实现的最大利润总额，而不是单位产品的最高价格，最高价格不一定能获取最大利润。当酒店产品在市场上处于绝对有利地位时，往往采取这种定价目标，它能够使酒店在短期内获得高额利润。

单位产品的最高价格是酒店获取最大利润的一种方式。但在竞争激烈的市场上，想长期维持不合理的高价几乎是不可能的。因为不合理的高价势必会遇到各方面的对抗行动，诸如需求的减少、代替品的盛行、政府的干预等。因此，最大利润一般以长期的总利润为目标，在个别时期，甚至允许以低于成本的价格出售，以便招徕顾客。

（3）获取合理利润目标。合理利润目标是指酒店在补偿正常情况下社会平均成本基础上，适当地加上一定量的利润作为产品价格，以获取正常情况下合理利润的一种定价目标。酒店在自身力量不足、不能实现最大利润目标或预期收益目标时，往往采取这一定价目标。这种定价目标以稳定市场价格、避免不必要的竞争、获取长期利润为前提，因而产品价格适中，消费者乐于接受，政府积极鼓励。

2. 市场导向目标

酒店的利润高低并不必然反映酒店的市场地位，更不能反映它同其他竞争酒店的关系，而市场占有率则能准确反映酒店在同行业的地位和竞争实力。因此，许多酒店以市场占有率作为价格目标。

（1）以低价占领市场。以低价占领市场为目标，就是在提高产品质量、降低产品成本的前提下，使产品价格低于主要竞争者价格，以低价迅速打开销路，抢占市场，从而提高酒店产品的市场占有率。待占领市场后，再通过增加和提高某些功能的方式逐步提高产品价格。

（2）以高价占领市场。以高价占领市场为目标，就是在产品上市初期，以高于竞争对手的产品价格，利用消费者的求新、求奇心理，尽可能在短期内获取最大利润。

（3）以竞争价格占领市场。以竞争价格占领市场为目标，就是在制定产品价格之前，认真研究竞争对手的价格策略，根据酒店自身实力，用针对性策略方式与竞争者抗衡，以占领新市场或保护既得市场。这种价格目标易导致价格大战，风险较大。

（三）酒店定价的方法

酒店以出售客房、餐饮产品及服务为主要经营手段。由于客房、餐饮产品成本和经营方式具有不同的特点，因此，酒店应根据这些特点采取不同的定价方法，灵活制定价格，以实现经营目标。

1. 客房产品的定价方法

影响客房产品定价的因素中，最主要的是客房产品成本、市场需求与竞争状况。客房定价时，通常要考虑其中至少一个因素。因此，客房产品定价的基本方法主要有成本导向定价法、需求导向定价法和竞争导向定价法。

（1）成本导向定价法。成本导向定价法，也就是以成本为中心的定价法，是以酒店经营成本为基础制定客房产品价格的一种方法，以产品成本加酒店盈利得出产品的价格。客房产品价格的确定应以成本为基础，如果价格不能保证成本的回收，则酒店的经营活动将无法长期维持。成本导向定价法的具体方法有经验定价法、盈亏平衡定价法、成本加成定价法和目标收益定价法。

1）经验定价法。经验定价法，又称“千分之一定价法”或“拇指法则”，是以酒店总建造成本为基础计算的，酒店总建造成本包括建筑材料费用、各种设施设备费用、内部装修及各种用具费用，所需的各种技术费用、人员培训费用、建造中的资金利息费用等。具体方法是将每个房间所占用的建造成本除以 1 000，得出客房的平均价格。计算公式为：

$$平均房价=酒店建造总成本\div酒店客房数\times1‰$$

【例 6-1】某酒店建筑总成本为 2 亿元，客房总数为 500 间，用千分之一定价法计算其定价。

解：

$$平均房价=200\ 000\ 000\div500\times1‰=400（元）$$

2）盈亏平衡定价法。盈亏平衡定价法是指酒店在确定的固定成本、变动成本和预测的产品销量的条件下，实现销售收入与总成本相等的客房价格，也就是酒店盈亏平衡、不赚不赔时的客房价格，计算公式为：

$$客房价格=每间客房日成本额\div（1-税率）$$

其中，每间客房日成本额包括客房固定成本日分摊额和每间客房日变动成本部分。客房固定成本日分摊额可依据不同类型客房的使用面积进行分摊。计算公式为：

$$\begin{matrix}每平方米使用\\面积固定成本\end{matrix}=\begin{matrix}全年客房固定\\成本总额\end{matrix}\div（客房总使用面积\times年日历天数\times出租率）$$

每间客房日变动成本可以按客房数进行分摊，计算公式为：

$$\begin{matrix}每间客房日\\变动成本\end{matrix}=\begin{matrix}全年客房变动\\成本总额\end{matrix}\div（客房数\times年日历天数\times出租率）$$

3）成本加成定价法。成本加成定价法，又称成本基数法，其定价方法是按客房产品的成本加上若干百分比的加成额进行定价。计算公式为：

客房价格＝［每间客房总成本×（1＋加成率）］÷（1－税率）

按照这种定价方法，酒店客房价格可分三步确定，即估算单位客房产品每天的变动成本；估算单位客房产品每天的固定成本，单位变动成本加上单位固定成本就可获得单位产品的全部成本；全部成本加上成本加成额，就可获得客房价格。

4）目标收益定价法。最具代表性的是赫伯特定价法，又称赫伯特公式法，由美国酒店和汽车旅馆协会主席罗伊·赫伯特于20世纪50年代首创。这种定价方法以目标收益率为定价的出发点，在已确定计划期的各项成本费用及酒店利润指标的前提下，通过计算客房部应承担的营业收入指标，最终确定房价。这种定价方法计算结果比较准确，但需要大量的市场信息和相应的资料。其具体计算步骤如下：

①估计酒店总投资额。

②确定正常情况下的目标收益率，并计算出目标利润额。

目标利润额＝总投资额×目标收益率

③估计酒店的税金、保险费和折旧。

④估计酒店的行政管理、水电消耗及维修保养、营销费用等。

⑤计算酒店经营总收入，即B＋C＋D。

⑥估计酒店各部门的利润（不含客房部）。

⑦计算客房部应获得利润，即E－F。

⑧估计客房部营业费用。

⑨计算客房部应取得的营业收入，即G＋H。

$$\text{客房部营业收入}=\text{目标利润}+\text{酒店管理营业费用}-\text{其他部门利润}+\text{客房营业费用}$$

⑩确定客房预期销售量。

⑪计算客房平均房价。

平均房价＝客房营业收入÷（预计客房出租间天数×365×年均客房出租率）

【例6－2】某酒店有客房80间，预计明年的客房出租率为75%。其成本费用及利润指标预测如下：

利润指标：产权筹资1 000 000元，要求达到20%的税后投资收益率；所得税税率：25%；折旧费：600 000元；利息：应付抵押贷款为4 000 000元，年利率为10%；财产税和保险费：32 000元；管理费：235 600元；营销费：141 000元；维修保养费：163 200元；公用事业费：73 000元；客房部营业费用：310 000元；餐厅营业收入：640 000元；餐厅部门利润：占营业收入的15%；其他营业部门的利润：38 500元。

请用赫伯特定价法计算客房价格。

解：

投资数额	
举债筹资	4 000 000 元
产权筹资	1 000 000 元
预计客房出租间天数（75%出租率）	21 900 间天
利润指标（1 000 000×20%）	200 000 元
税前利润［200 000÷（1－25%）］	266 666 元
利息（4 000 000×10%）	400 000 元
息税前利润（266 666＋400 000）	666 666 元
折旧费	600 000 元
财产税和保险费	32 000 元
扣除固定费用前的收益指标	1 298 666 元
未分配营业费用	
管理费	235 600 元
营销费	141 000 元
维修保养费	163 200 元
公用事业费	73 000 元
合计	612 800 元
营业部门利润指标	1 911 466 元
减：餐厅部门利润（640 000×15%）	96 000 元
其他营业部门利润	38 500 元
客房部部门利润指标	1 776 966 元
客房部营业费用	310 000 元
客房部营业收入指标	2 086 966 元
平均房价（2 086 966÷21 900）	95.30 元

（2）需求导向定价法。需求导向定价法，也就是以需求为中心的定价方法。各类成本导向定价法有一个共同缺点，即忽视了市场需求和竞争因素，完全站在酒店角度去考虑问题。以需求为中心的定价法是以市场导向观念为指导，从宾客的需要出发，认为产品的价格主要应根据宾客对产品的需求程度和对产品价值的认同程度来确定。

1）理解价值定价法。理解价值定价法是根据宾客理解的某种价值即买主的价值观念来制定价格。这就要求酒店运用营销组合中的非价格因素影响宾客，使其对酒店客房产品形成一种价值概念，并根据这种价值概念制定相应的价格。

2）需求差异定价法。需求差异定价法是根据酒店不同细分市场的需求差异确定客房产品价格。酒店在使用需求差异定价法时，要充分考虑到宾客的需求、宾客的心理、产品差异、地区和时间差别等因素。例如：对宾客群体进行细分，针对不同职业、阶层和收入的宾客，制定不同的价格；对季节性强的产品和服务制定不同的季节价格。

（3）竞争导向定价法。竞争导向定价法，是以竞争为中心的定价方法，以酒店面临的竞争环境作为制定客房价格的主要依据。处于激烈竞争中的酒店，往往会把对抗竞争或谋求一定的市场占有率作为定价的出发点。

1）随行就市定价法。随行就市定价法是在竞争激烈、价格存在差别时酒店普遍采用的方法。它以竞争对手客房产品的平均价格水平作为定价依据，而对本酒店的成本和市场需求考虑较少。价格制定者认为市场平均价格在一定程度上反映了行业的集体智慧，随行就市定价能使本酒店获得稳妥的收益率，降低定价的风险。

2）率先定价法。率先定价法就是酒店根据市场竞争环境，率先制定出符合市场行情的客房价格，以吸引宾客而争取主动的定价方法。率先定价酒店所制定的价格若能符合市场的实际需要，即使是在竞争激烈的市场环境中，也可获得较大的收益。

2. 餐饮产品的定价方法

餐饮产品的价格是由原材料成本和毛利构成的，定价的重点是确定毛利率的高低。酒店可根据“按质论价、优质优价、时菜时价”的原则，按国家规定的毛利率幅度和酒店经营特点，确定餐饮产品的毛利率，再根据餐饮产品的原材料成本计算餐饮产品的销售价格。其计算方法主要有以下两种：

（1）内扣毛利率法。内扣毛利率法，又称销售毛利率法，是用毛利与销售价格的比值计算餐饮产品价格的方法。其计算公式为：

销售价格＝原材料成本÷（1－内扣毛利率）

内扣毛利率＝毛利÷收入

（2）外加毛利率法。外加毛利率，又称成本毛利率或加成率，是餐饮产品的毛利与其成本之间的比率。外加毛利率法是按照既定的成本毛利率加成计算餐饮产品销售价格的方法。计算公式为：

销售价格＝食品原材料成本×（1＋外加毛利率）

二、酒店营业收入控制

（一）酒店营业收入的控制要点

1. 营业收入的时间确认

营业收入在一定程度上反映了酒店在某一时期内经营成果的好坏，影响着投资者、管理者和全体员工的利益。营业收入确认时间是否合理，直接关系到盈利准确性。按照规定，酒店应采用权责发生制来核算营业收入，即凡是在本期取得的收入，不论其款项是否已收回，都被视为本期收入；凡是不属于本期形成的收入，即使款项在本期收到，也不能作为本期收入。所以，酒店应在服务已提供、产品已发出，同时价款已收讫或已取得收取价款权利的凭证时，才能确认营业收入实现。当期发生的销售折扣及销售退回，应冲减当期的营业收入。

2. 营业收入的数额确认

构成和影响酒店营业收入的因素较多，因而确认营业收入的正确数额则显得较为复杂。一般来说，影响营业收入数额的有以下相关因素：

（1）价格。在销售量一定的条件下，酒店营业收入的高低取决于价格的高低。在定价时，既要坚持按质论价的原则，又要符合市场供求规律。除了为提供服务而支出的成本费用及应得的利润外，酒店产品的价格还可以包括某些税金。

（2）折扣。折扣属于销售调整的项目，它对营业收入数额的准确性影响最大。销售的入账金额是发票价格减除商业折扣后的净额。为了鼓励宾客及时付款，酒店通常会给予一定的现金折扣。一种处理方法是以现金净收入额作为营业收入，如果将来没有发生折扣，则将现金折扣作为追加收入计入营业收入。另一种处理方法是以发票价格作为营业收入，当将来现金折扣实际发生时，再冲销营业收入。

（3）退赔。在经营过程中，由于酒店自身的过错，未达到国家或行业规定的服务质量标准，而造成消费者权益损失的，消费者有权要求退赔。当退赔或折让实际发生时，原来计入的营业收入就应全部或部分地冲销。

（4）坏账。当宾客无力支付其所欠的应付账款时，就会产生坏账。坏账是酒店在营业收入环节中发生的损失费。坏账实际发生时，应对收益进行调整，这种调整往往不是直接减少销售收入，而是以费用的形式来冲销当期收益。

（二）酒店营业收入的控制目标

1. 实现营业收入的真实性

酒店营业收入是补偿酒店过去发生的各种消耗，并为酒店未来发展提供保证的主要资金来源。通过内部控制制度的建立来防止漏记或多记的营业收入，防止非法转账而造成侵吞行为的发生，防止各种不合理的收入或支出。

2. 实现应收账款的合理性

允许宾客短期欠账是大多数酒店奉行的销售政策，在控制赊销业务时，要严格审核宾客的资信情况，确定宾客及债权数是否真正存在，防止呆账、坏账的发生，保证赊销的账款可收回。

3. 实现销售折扣的适度性

销售折扣是在特定的条件下运用的一种销售策略，是酒店在得到一定利益的情况下而相应放弃的一部分营业收入。酒店必须严格监督折扣政策的执行情况，检查宾客是否拥有享受折扣的条件、酒店自身有无相应的利益，防止销售人员以公谋私。

4. 实现退赔处理的科学性

酒店退赔处理是销售环节中的一种偶然现象，其控制目标就是要将这种现象降低到最低限度，防止投诉的发生。对消费者的退赔要求应查明其理由是否合理、处理方法是否正确，将处理结果记录在账，以便修正营业收入和应收账款的余额。

（三）酒店营业收入的控制制度

1. 职务分离制度

在酒店经营过程中，需要处理的业务有接受宾客的预订、核准付款条件、编制接待计划并实施、填制发票并发出账单、核准现金折扣、办理退赔手续、收入账款、会计记录及调整等。为了进行有效控制，各业务环节必须分工明确，相互牵制。例如：应收账款的记账员不能同时成为应收账款的核实者；付款条件必须同时得到销售部门和信贷部门的批准。

2. 信贷监测制度

对于在过去的成交记录中具有良好支付信誉的老客户，信贷部门主要是检查本次接待任务的数额。如果基本相同，即可办理批准手续；如果大大超过历史记录，则应设法监测其财务状况；对于新客户提出的赊销要求，信贷部门必须要求其同时提供能证明其资信情况的相关数据及财务报表，通过认真分析，来决定是否接受以及允许的信贷限额。

3. 折扣审核制度

销售折扣是营业收入和应收账款的减少额，严格的审核制度可使这种减少额保持在合理的范围内。酒店销售折扣政策和规定应详细、明确，如详细说明可以享受折扣的客户条件、不同数额可享受的不同折扣比例、现金折扣的适用范围和时间限制等。酒店可事先印制反映授权、批准、金额、原因等内容的文书，并由有关管理人员审核签字认可。

对于投诉退赔的处理，需采用不同的控制程序。退赔额度要根据宾客的抱怨程度和投诉内容进行分析确定，酒店应对宾客提出的理由加以记录，并派专人核实这些理由，最后复核并决定给予的退赔金额。任何折扣都应记录在事先连续编号的备忘录上，并由专人定期检查，总结分析。

4. 发票责任制度

发票是对营业收入业务的正式记录，如果在开具发票方面缺乏有效的控制制度，则会导致某些财务问题和舞弊行为的发生。填制发票控制管理，是通过对开票的授权来进行的，当宾客提供所需的证明附件时，开单人就自动得到了授权，可以开具发票。开票人应使用和保留连续编号的发票（包括作废的发票），这是开票人员应承担的会计责任。

5. 应收账款控制制度

酒店产品销售中存在赊销，应收账款在酒店资产中将占有较大比重。应收账款是记录在账面上的债权而不是一种实物性资产，所以比较容易被不法人员用来掩盖其贪污或挪用公款的行为。应收账款必须如实记录，防止虚列，根据有关凭证定期核查，指定专人进行催收和索取，保证账款得以及时收回。各种信贷调整必须经财务经理的批准才能进行。

6. 收入预算制度

酒店可以通过编制销售预算来与实际销售情况进行比较，从而全面控制营业收入的各个环节。定期将实际毛利同预算进行比较，将实际发生的冲销项目、贷项调整同历史数据相比较，然后对比较结果做出详细的分析说明。当发生重大差异时，应指定专门人员进行调查。

（四）酒店营业收入的日常管理

酒店是向宾客提供产品的服务性企业，一系列的消费交易集中在短时间内发生，因此，消费结算时信用政策明确、记账准确、走账迅速、结账清楚，是酒店营业收入日常管理的基本要求。

1. 酒店营业收入的结算方式

酒店营业收入的结算方式有预收、现收、事后结算三种方式。

（1）预收。要求宾客在预订房间或在住店登记时就付账。

（2）现收。要求宾客对酒店的每一项服务直接结账。

（3）事后结算。对宾客住店期间的住宿、餐饮和其他服务采用赊销记账的形式，待宾客离店时再一起结账。

2. 酒店营业收入的控制

酒店营业收入控制环节中涉及岗位较多，包括前厅接待、收银员、房务中心、厨房、酒吧、稽核员等多个岗位。要想做好酒店营业收入控制，必须明确各个岗位权限与职责，才能收到良好的控制效果。

（1）收款。收款是指向宾客收取其享受酒店产品或服务的款项，该款项构成了酒店的营业收入。收款的基本程序如下：

1）问清宾客房号，收回房卡、钥匙、预付收据，通知房务中心查房。

2）核对电脑账单与原始账单是否一致，有无遗漏。

3）收到房务中心查房信息后，结清全部费用并打印宾客账单，请宾客审核确认（见表6－1）。

4）宾客确认无误后收取款项，如果宾客对某项费用有异议，立即核查清楚。

5）如果宾客以现金付款，应按照消费总金额冲减预付金额，多退少补。

6）如果宾客以支票付款，应检查支票是否有效、印鉴是否齐全、有无付款单位款号、开户银行单位全称，然后按账单仔细填写金额，检查填写无误后将支票的第一联和账单递给客人，请宾客留下单位全称、联系人、联系电话，以便事后查找。

7）如果宾客以信用卡付款，应在POS机上根据预授权签购单做离线交易，请宾客签名，与信用卡背面的签名及身份证核对无误后将信用卡回单呈给宾客。

8）最后结账确认并封户。

表 6-1 宾客账单

<table>
<tr><td colspan="6">宾 客 账 单
GUEST CHECK
年 月 日　　　　No. 00001</td></tr>
<tr><td colspan="2" rowspan="2">姓名及地址
NAME & ADDRESS</td><td colspan="2">房 号
ROOM No.</td><td colspan="2">到店日期
ARRIVAL</td></tr>
<tr><td colspan="2">账 号
FOLIO No.</td><td colspan="2">离店日期
DEPARTURE</td></tr>
<tr><td colspan="2">日 期
DATE</td><td colspan="2">摘 要
DESCRIPTION</td><td colspan="2">金 额
AMOUNT</td></tr>
<tr><td colspan="2"></td><td colspan="2"></td><td colspan="2"></td></tr>
<tr><td colspan="3">转账至
SEND ACCOUNT TO
收银员
CASHIER</td><td colspan="3">宾客签字
GUEST SIGNATURE</td></tr>
<tr><td colspan="3">地址
ADD</td><td colspan="3">电话（TEL）
传真（FAX）</td></tr>
</table>

（2）夜审。夜审是指夜间进行的审核工作或从事夜间审核工作的人员。夜审的工作对象是各收银员以及各营业部门交来的单据、报表等资料，其目标是通过对这些单据、报表深入细致地查对，纠正错弊、追查责任，以保证当日酒店收入的真实、正确、合理和合法。工作程序如下：

1）严格按照酒店制定的价格政策认真审查；认真检查未设置电脑的各营业点上缴的单据和报表。

2）在电脑中过房费。

3）检查前台入住手续是否完备，房价是否符合规定，优惠房价是否有相应的酒店折扣凭证（见表 6-2）。

4）审核各收银站点收银员的收入明细表内容是否完整，表、单是否相符，是否与营业收入日报表相符。

5）审核各收银站点收银员开立的账单是否正确，折扣、冲销账手续是否齐全，宾客账单合计数与收银员收入明细表是否一致。

6）核实房务中心编报的实际客房使用数是否与总台接待、收银员实际数相符。

7）审核预收房费单反映的预收金额与收银员收入明细表是否一致，预收款退款手续是否完备、真实。

8）试算平衡，编制营业收入日报表。

9）整理、保管好各营业点营业收入日报表及有关原始单据、账单附件等，并于次日交接班时转给日审人员。

10）根据审计情况做好审计记录，及时上报。

表 6－2　酒店折扣凭证

酒店折扣凭证 Hotel Rate Voucher 年　　月　　日　　　　No.			
宾客姓名 Guest's Name		停留时间 Stopover Time	
房　　号 Room No.		账　　号 Debt No.	
折扣项目 Discount Item		折 扣率 Discount Rate	
折 扣 额 Rate Amount			
审批理由 Approve The Reason			
申请人： Applicant	批准人： Approved By	收银员： Cashier	

（3）日审。日审，又称收入稽核，是酒店营业收入的第二次审核。夜审人员经过一夜工作后，第二日早晨把审核过的资料交给日审人员接班后继续审核。工作程序如下：

1）负责复检夜间审核员编制的营业报表和单据等。

2）负责监督和复检总出纳清点的前一日各项营业款，核对交款凭证与所上交账款是否相符。

3）检查所有优惠、减免凭单，手续是否齐全，是否符合酒店有关规定。

4）负责保管各站点、部门的营业收入日报表及附件单据。

5）负责整理审核记录每日实际收入、未收账情况、应收款回款情况，并检查每一款项及所填凭证是否相符。

6）负责整理各部门调拨单，并分发给各部门。

7）负责收费电视、网络订房等的对账、结算工作。

8）负责前厅部促销房的审核。

项目二 酒店成本费用控制程序及标准

案例分析

酒店改造后的新要求

某五星级酒店建筑面积3万平方米，客房300间，拥有大小不一的中西餐厅、会议厅等，员工近500人，经营时间近15年。酒店拥有稳定客户群体，并在当地树立了良好的口碑。

2017年，酒店计划重新装修改造，在改造之前董事会给现任总经理提出新的要求，要求改造后的酒店在原财务数据基础上进一步控制能耗与人工成本，要求能耗费用、人力成本费用至少减少10%，并且提升服务水准。

思考：现任总经理应该如何利用装修改造的契机实现董事会提出的要求？

一、酒店成本费用管理概述

酒店成本费用包括营业成本及期间费用两个方面。酒店经营过程中为宾客提供各项产品或服务所发生的各种直接支出和耗费，属于酒店营业成本，未列入营业成本的各项耗费为酒店期间费用。

（一）酒店营业成本、期间费用的划分和认定

1. 营业成本的划分和认定

根据酒店的经营特点，营业成本主要包括直接材料成本、产品进价成本。

（1）直接材料成本。酒店经营中直接材料主要是指餐饮部在其饮食加工、经营过程中发生的各种原料，如食材、调料和配料等的耗费，调料是制成各种餐饮产品所用的调味用料，如食用油、盐、酱油等。酒店各部门（包括餐饮部）的人工费用直接计入部门费用，无须摊入营业成本。

（2）产品进价成本。产品进价成本主要是指为销售而购入产品的价格及相关费用，主要分为：国内购进产品进价成本和国外购进产品进价成本。

1）国内购进产品进价成本，是指产品的实际采购成本，不包括购入产品时发生的进货费用，如各项手续费和运杂费；

2）国外购进产品进价成本，以到岸价（CIF）成本加海上运费、保险费作为产品的

计价原价，同时加上产品在进口环节需缴纳的税金，如进口关税、购进外汇价差等。

2. 期间费用的划分和认定

期间费用是指一定会计期间发生的与生产经营没有直接关系或关系不密切而直接计入当期损益的各项费用，主要有营业费用、管理费用、财务费用等。

（1）营业费用。营业费用是指在酒店各营业部门的经营过程中发生的各项费用，按照经济内容分为如下类目：

1）运输费。不能直接认定的购入存货发生的运输费用，内部不独立核算的车队发生的燃料费、养路费等，也计入运输费。

2）装卸费。不能直接认定的购入存货发生的装卸运费。

3）包装费。酒店为宾客提供包装服务时所消耗的包装用品费。

4）保管费。存货储存过程中所支付的费用，包括倒库、晾晒、冷藏和挑选整理等费用。

5）保险费。酒店向保险公司投保所支付的财产保险费。

6）燃料费。酒店餐饮部门耗用的燃料费用。

7）水电费。酒店营业部门耗用的水费、电费。

8）展览费。酒店为推销产品、租用场地对产品进行展览宣传所发生的费用。

9）广告宣传费。酒店为扩大经营成果对酒店产品和经营项目进行广告宣传而应支付的广告费用和宣传费用。

10）邮电费。经营过程中支出的电话、电报邮寄等费用。

11）差旅费。酒店营业部门人员出差的费用。

12）洗涤费。酒店营业部门洗涤工作服而发生的费用。

13）清洁卫生费。酒店营业部门为加强清洁卫生，对棉织品、餐具进行清洗，对营业场所进行清扫所发生的费用。

14）低值易耗品摊销费。酒店营业部门领用低值易耗品的摊销费用。

15）物料消耗费。酒店营业部门领用物料用品而发生的费用。物料用品主要包括日常用品（如棉织品、餐具、卫生用品、印刷品等）、办公用品（如办公文具、纸张等）、包装物品、日常维修材料、零配件等。

16）经营人员工资。直接从事经营的营业部门人员的工资，包括工资、工资性质津贴和各种资金。

17）职工福利费。直接从事经营的营业部门人员的工资总额中按一定比例提取，应由本期费用负担列支的福利费。

18）工作餐费。酒店按规定为职工提供工作餐而支付的费用。

19）服装费。酒店按规定为职工制作工作服而支付的费用。

20）其他营业费用。不能列入上述各项费用的其他营业费用。

（2）管理费用。管理费用是为组织和管理经营活动而发生的费用，以及由酒店统一负担的费用。主要包括两大部分：一是酒店为组织和管理经营活动而发生的费用；二是涉及酒店若干部门的，难以区分或不必区分，由酒店统一负担的费用。按其经济内容可分为如下类目：

1）公司经费。酒店行政管理部门的人员工资、福利费、工作餐费、服装费、办公费、差旅费、会议费、物料消耗及其他行政经费。

2）工会经费。酒店按工资总额的一定比例计提的工会经费。

3）职业教育费。酒店按工资总额的一定比例计提的、用于职工学习先进技术和提高文化水平的费用。

4）劳动保险费。酒店支付的离退休人员的退职金、退休金及其他各项经费。

5）待业保险费。酒店按照国家规定交纳的待业保险费。

6）董事会费。酒店最高权力机构及其成员为执行其职能而发生的费用。

7）外事费。出国展览、推销、考察、实习培训和接待外宾所发生的费用。

8）租赁费。酒店租赁办公用房、营业用房、低值易耗品等的租赁费用。

9）咨询费。酒店向有关咨询机构进行科学技术、经营管理等咨询时按有关规定所支付的费用。

10）审计费。酒店聘请中国注册会计师进行查账验资，以及进行资产评估等发生的各项费用。

11）诉讼费。酒店因经济纠纷起诉或应诉而发生的各项费用。

12）排污费。酒店按规定交纳的排污费用。

13）绿化费。对酒店的内外环境进行绿化而发生的绿化费用。

14）土地使用费。酒店使用土地（或海域）时按规定支付的费用。

15）土地损失补偿费。对酒店生产经营过程中破坏的土地所支付的土地损失补偿费。

16）技术转让费。酒店使用非专利技术时支付的费用，包括以技术转让为前提的技术咨询、技术服务、技术培训过程中发生的有关开支。

17）研究开发费。酒店研究开发新产品、新技术、新工艺所发生的新产品设计费、技术图书资料费与新产品试制、技术研究相关的其他经费及试制新产品失败的损失等。

18）税金。酒店按国家规定缴纳的房产税、土地使用税、车船使用税和印花税等。

19）燃料费。酒店支付的燃料及动力费用。酒店的餐饮部门耗用的燃料费用计入营业费用；餐馆、浴池的燃料费用计入营业成本；不独立核算的车队发生的燃料费计入营业费用中的运输费，这些费用不包括在这一项目中。

20）水电费。酒店除营业部门以外的其他部门耗用的水费、电费。规模较小的酒店发生的水电费也可以不计入营业费用，而全部计入管理费用。

21）折旧费。酒店全部固定资产的折旧费用。酒店固定资产的折旧费直接计入管理费用，为简化核算，不分营业部门发生的费用或管理部门发生的费用。

22）修理费。酒店维修、维护设施设备时而产生的相关费用。

23）无形资产摊销费。酒店购置无形资产按规定计算的摊销额。

24）低值易耗品摊销费。酒店除营业部门外的其他部门领用的低值易耗品的摊销费用。规模小的酒店发生的低值易耗品摊销费用可全部计入管理费用。

25）开办费摊销。酒店按规定期限摊销的因酒店设立以及设立分支机构在筹建期间发生的有关支出。

26）交际应酬费。酒店业务交往过程中发生的业务招待费用。交际应酬费按全年营业收入净额的一定比例控制使用，按实际情况列支。

27）坏账损失。酒店不能收回应收账款而发生的损失。

28）存货盘亏或损毁。酒店盘点存货时发现的盘亏数及存货的损毁数。

29）上级管理费。酒店上缴集团公司和管理公司的费用。

30）其他管理费用。不能列入上述各项的其他各项管理费用。

（3）财务费用。财务费用是指酒店经营期间为筹集经营所需资金而发生的费用，包括酒店经营期间发生的利息净支出、汇兑净损失、金融机构手续费、加息及筹资发生的其他费用。酒店在筹建期间、清算期间发生的筹资费用，应计入筹建期的开办费用或清算期间的清算损益，不计入经营期间的财务费用。

（二）成本费用的分类

成本费用根据不同的管理要求，可以作以下区分：

1. 固定成本、变动成本和混合成本

（1）固定成本。固定成本是指在一定时期和一定经营条件下，不随经营业务量的变化而变化的成本。固定成本一般包括工资、租金、折旧费、利息费、保险费等。如客房固定资产的折旧不会因客房出租数量的上升而增加，也不会因客房出租数量的下降而减少。虽然固定成本的总额不随经营业务量的变化而变化，但是单位平均固定资产会随着业务量的上升而下降；反之，则上升。

（2）变动成本。变动成本是指随着经营业务量的变化而成比例变化的成本。变动成本主要包括经营中的各项直接支出，如餐饮的食品材料会随着就餐客人的增加而增加。变动成本总额随着经营业务量的上升而增加，但单位变动成本却不随业务量的变化而变化，单位变动成本是保持不变的。

（3）混合成本。混合成本是指其总额中既包含变动成本部分，也包含固定成本部分。混合成本主要包括电话费用、汽车租赁费用、行政报酬、维修保养费等。如电话费用中，固定部分是指电话设备，变动部分是指随着打电话次数变化而变化的费用，即通话费用。对混合成本要采用一定方法将其分解为固定部分与变动部分，以便作决策。

2. 可控成本和不可控成本

（1）可控成本。可控成本是指成本的发生能明确归属于某一单位（如楼层、部门、班组等）权责范围内，而且能够加以控制的成本。

（2）不可控成本。不可控成本是指成本的发生不能明确归属于某一单位权责范围内，而且不能加以控制的成本。

将成本费用划分为可控成本和不可控成本，有利于确定酒店内部各单位及个人的经济责任，便于酒店经济责任制的建立，有利于考核和评价其工作业绩的好坏，使成本费用的管理和每个部门、每个人的责任及经济利益挂起钩来，对于降低成本费用、提高酒店的经济效益有着很大影响。

3. 沉没成本

沉没成本是指那些已经付出而且无法收回的成本，它不会影响任何进一步的决策。

4. 机会成本

机会成本是指由于做出一种选择而放弃其他选择所产生的成本。

（三）成本费用管理的意义

酒店成本费用管理是酒店财务管理的重要组成部分，成本费用是酒店经营耗费补偿的最低界限，是制定价格的基础和重要依据，也是检验酒店工作质量的重要指标。对于酒店来说，加强成本费用管理，严格控制成本费用，具有非常重要的意义。

（1）加强成本费用管理可以减少酒店的资金占用量，从而提高资金的使用效率；

（2）加强成本费用管理是提高酒店竞争力的有效手段；

（3）加强成本费用管理有利于酒店全面改善经营管理，提高经济效益。

（四）成本费用管理的原则

酒店成本费用管理必须既符合国家有关规定，又符合酒店的经营实际。因此，在成本费用管理中必须按照以下原则实施管理：

1. 严格遵守国家规定的成本开支范围及费用开支标准

为了保证国家财政收入有可靠的来源，国家对酒店发生的支出是否计入成本有明确的规定。按照财务制度的规定，酒店下列支出不得计入成本费用：

（1）购置和建造固定资产、购入无形资产和其他资产的支出；

（2）对外投资支出和分配给投资者的利润；

（3）被没收财物的损失；

（4）支付的各种赔偿金、违约金、滞纳金、罚款以及赞助、捐赠支出；

（5）国家规定不得列入成本费用的其他开支。

酒店要根据各项支出发生的不同用途和资金来源，在国家规定的成本开支范围内列支相关成本，不得随意扩大开支范围，不得把不应计入成本费用的开支计入成本费用，防止因此导致利润减少，影响国家财政收入。

2. 正确处理降低成本与保证服务质量的关系

酒店在接待各种不同规格的宾客时，都要提供相应水平的服务，否则就会形成对宾客的利益损害，从而影响酒店声誉。为此必须处理好降低成本与保证服务质量的关系。降低成本并不意味着降低服务质量，而是在保证服务质量的前提下，经过各方努力达到降低成本的目的。如果不考虑服务质量而一味追求降低成本，即使成本降低了，也失去了降低成本的实际意义，以低劣产品换来的成本下降是得不偿失的。这就要求酒店从内部挖掘潜力，力求节约，减少浪费，从而降低成本。

3. 健全成本管理责任制，实行全员成本管理

酒店成本是在整个经营过程中逐步形成的，它涉及酒店的各个部门、班组和个人，因此，必须实行全员成本管理。为此要建立健全成本管理责任制，将成本计划指标分解落实到有关部门、班组，并且和岗位责任制结合起来，将成本费用计划的完成情况作为评价考核的一个重要内容。为调动各部门、班组、个人降低成本费用的积极性，要将成本管理方面的责任、权利和利益结合起来。只有人人都注意成本，人人都关心成本的降低，酒店的成本费用才能真正得到控制。

4. 从酒店实际出发，实行目标成本管理

所谓目标成本管理，是对各项成本费用的发生进行事前预测，通过编制成本费用预算，确定目标成本，把总目标分解至各月，落实到各部门实施完成。酒店除了进行日常成本核算和事后成本分析外，还必须在成本形成过程中加强成本控制，这样才能及时发现影响成本降低的不利因素，以便及时采取有效措施，达到预期目的。

二、酒店成本费用控制的标准与程序

成本费用控制就是在成本费用形成的全过程中，按照国家有关规定和成本费用预算的要求，通过经常性监督和及时纠正偏差，把各项费用的发生和成本的形成限制在成本费用预算之内，以实现成本费用不断降低的一种管理办法。

成本费用控制有狭义和广义之分。狭义的成本费用控制是指成本费用的事后控制，即在成本费用发生之后，将成本费用的实际发生额与预算指标进行比较，从而发现问题，纠正偏差。广义的成本费用控制是指事前、事中、事后都要进行控制，即在成本费用发生之前，就要开展价值分析，使价值与成本费用处于最佳状态；事中通过严密的管理制度约束，实行全过程、全方位、全员化的控制；事后通过财务分析等一系列方法，发现成本费用管理中的问题与不足，并提出解决问题的方法，以保证成本费用预算的实现。酒店应严格地对成本费用进行事前、事中、事后控制，以保证酒店成本费用的有效管理，从而不断提高酒店的经济效益。

（一）成本费用控制的基本标准

1. 制定成本费用控制标准

成本费用控制标准以成本费用预算为主要依据，可分为三种。

（1）理想标准成本。酒店内部人、财、物的利用与管理均处于最佳状态下所确定的成本控制标准。这一标准应能在酒店与同行业的其他酒店竞争中处于有利地位。理想标准成本的定位是很高的，需要酒店具备高水平的经营管理与员工素质，还需不断努力才能达到。

（2）正常标准成本。酒店内部人、财、物的利用与管理处于较佳状态所确定的成本控制标准。正常标准成本应在同行业当中是比较先进的，需要调动员工的积极性才能达到。

（3）预计实际标准成本。根据酒店内部人、财、物的利用与管理的现有状态所确定的成本费用标准。

2. 监督成本费用形成过程

由于有了成本费用控制标准，在成本费用的形成过程中，要经常把酒店成本费用发生的实际情况与控制标准作对比，及时纠正偏差，以降低成本费用。

3. 进行成本费用预测

根据酒店成本费用与相关因素指标的内在联系，掌握成本费用变动趋势和水平，以更好地进行成本费用的控制。

4. 处理成本费用问题

酒店在成本控制过程中会随时发现问题，应及时纠正解决，以不断完善成本控制，提高酒店的经济效益。

（二）成本费用控制的程序

1. 建立归口分级管理责任制

财务部把成本费用控制指标分解落实到各个有关归口管理部门，各部门再把指标进一步分解落实到各个班组及个人，并结合每个班组及个人的经济责任制、考核指标的执行情况，使各部门、各班组及每个人都清楚各自的成本费用控制目标，关心成本费用指标的完成，使成本费用管理真正成为全员性管理。

2. 建立成本控制的指标体系

财务部门和其他部门互相配合，进行反复对比研究，并参照本酒店历史最高水平及同行业先进水平，制定各部门、各班组及个人的成本控制指标，使酒店的生产经营按照严格的计划进行，而不盲目开展。

3. 建立相应的经济责任制

为保证成本费用控制能够真正实施，需要建立相应的经济责任制，把每个部门、班组、员工的工资奖金与成本费用指标挂钩，以保证成本费用控制得以实现。

（三）成本费用控制的基本方法

酒店成本费用控制的方法较多，基本方法有预算控制法、制度控制法、标准成本控制法、定额控制法、指标控制法等。

1. 预算控制法

预算是酒店未来一定时期预期计划的货币流量表现，预算成本是按标准成本计算的一定业务量下的成本开支额。成本费用预算控制法就是以预算指标作为控制成本费用支出的依据，以分项目、分阶段的预算指标作为测量、控制实际成本费用的尺度，通过实际与预算指标的比较分析，找出差异，采取相应的改进措施，从而保证成本费用预算实现的一种方法。

为了与现行的会计核算制度相衔接，更好地实现预算控制，必须按不同的经营项目，分别预算营业成本与营业费用，并且将预算时期进行更细的划分，如划分为月度成本预算或更细的成本预算，以便于分部门、分项目、分时期进行成本费用控制。

2. 制度控制法

制度控制法是利用国家及酒店内部各项成本费用管理制度来控制成本费用开支。从财务管理的角度出发，国家规定了成本开支范围及费用开支标准，财政、税务及上级主管部门也都有各自的规定。从酒店本身来讲，为有效地控制成本费用，必须建立健全各项成本费用控制制度和相应的组织机构，如各项开支消耗的审批制度、日常考勤考核制度、设备设施的维修保养制度、各种材料物资的采购、验收、保管、领发制度及报批、报审程序制度等。成本费用控制制度中还要包括相应的奖惩制度规定，对努力降低成本费用有显著效果的要予以奖励，对成本费用控制不力造成超支的要予以惩罚，只有这样才能真正调动员工节约成本、降低消耗的积极性。

3. 标准成本控制法

标准成本实际上就是单位成本消耗定额。它是采取科学的方法，经过调查、分析和测算而制定的正常生产经营条件下应该实现的一种目标成本。它是控制成本开支、评价实际成本高低、衡量工作质量和效果的重要依据。如客房部的单位客房物料用品消耗定额、餐饮部的餐食制品消耗原材料定额、提供单位产品服务所消耗人工费定额等，这些定额作为标准成本发挥着控制成本支出的作用。由于酒店经营活动项目不同，因此各部门标准成本的确定及计算方法也不相同。

（1）间天出租成本。间天出租成本是指一间客房出租一天的成本。用公式表示为：

$$客房间天出租成本=间天固定成本+间天变动成本$$

或：

$$\frac{客房间天}{出租成本}=\frac{计算期全年客房}{成本费用总额}\div（可出租客房数量\times出租率\times365）$$

客房的单位是间，客房的折旧和低值易耗品的摊销在大部分酒店都是按照使用年限法计提的。无论客房是否出租，每间客房都必须计提折旧，摊销各种低值易耗品。客房出租以天为单位，客房出租后产生水电、各种物料以及人工消耗，这些支出构成客房的间天成本。计算每一间客房出租一天的成本，即以“间天出租成本”作为标准，用来与客房间天实际成本进行比较分析，才能达到成本控制的目的。

（2）百元营业额主营业务成本。百元营业额主营业务成本是指百元营业收入中主营业务成本的支出限额，该指标适用于餐饮、康乐、商品等部门。其计算公式为：

百元营业额主营业务成本＝计算期主营业务成本÷计算期营业收入×100%

公式中主营业务成本是指餐饮部的食品原材料成本、商品部商品的进价成本、康乐部的直接支出。

4. 定额控制法

为了有效地控制成本费用，酒店对经营过程中的各种材料物品消耗、费用的支出，应当制定定额，按接待数量的定额控制消耗和支出。各项定额应当是先进且合理的，并反映平均水平，使多数职员经过努力可以达到。在成本和费用的控制中，常用的定额主要有：

（1）材料物品消耗定额。如客房部出租单位客房的物料用品消耗定额、餐饮部制作各种餐饮制品应消耗各种食品原材料定额、汽车行驶单位千米应消耗燃料定额等。材料物品的消耗定额是仓库发料和使用消耗的标准。

（2）工作量定额。工作量定额应当按照不同工作种类分别制定。工作量定额既是组织业务经营活动、配置人力的依据，也是考核职工劳动效率的标准。

5. 指标控制法

酒店经营的各项指标之间，如营业收入、营业成本、营业费用等之间存在一些内在联系。成本控制可随时利用这些关系，检查成本支出是否按计划进行，从而达到控制成本的目的。指标控制法主要有毛利率控制法、费用率控制法、收入利润率控制法等方法。

（1）毛利率控制法就是利用毛利率来控制成本，随时根据收入数量控制其成本数量，及时发现问题，及时解决。

（2）费用率控制法就是酒店按照费用率计划，随时了解费用与收入的发生额及其比率，从而有效控制费用。

（3）收入利润率控制法就是利用酒店收入、成本、利润之间的关系，通过控制利润来控制成本。这种方法最大的优点就是能及时发现问题，缺点在于只能总括地进行成本控制，至于成本开支失控的具体项目，还需进一步利用消耗定额法或其他方法进行研究。

以上几种成本费用控制方法可以互相补充，共同使用，它们分别从不同的角度对成本进行控制，从而逐步形成成本控制的方法体系，在实际工作中可根据酒店的实际情况来确定具体的使用范围等。

项目三 酒店采购流程及采购控制程序与标准

案例分析

赚钱的难题

某酒店餐饮经营一直是高层管理者头疼的难题，餐饮收益一直处于保本状态，无法为酒店获得更多的收益。高层管理者对餐饮经营状况表示困惑，因为酒店聘请的是在全国厨艺竞赛中获得金奖的行政大厨，技术过硬，员工的服务水平也得到了顾客的认可。于是高层管理者采用多种方式对餐饮现状进行调查，如自查、邀请行业专家检查、听取顾客意见。调查的结果是“评价很好”“评价一般”“评价较差”占比相近，即使对同一批顾客进行连续调查，也存在类似评价不一的问题，餐饮的菜肴质量似乎并不稳定。

思考：作为酒店高层管理者，要改善餐饮的经营状况，你认为应在哪些方面进行深入调查分析？你认为最有可能存在的问题在哪里？

一、酒店采购控制的关键环节

采购是与酒店各使用部门或库房以及财务部紧密相连的一项工作，涉及的内容包括采购申请、采购审批、订货与采购、采购价格、采购监督等。

（一）采购申请控制

使用部门或库房管理者根据营业需要提出采购物品的申请，应按不同的用品和原料提出采购申请。

（二）采购审批控制

由财务经理或采购经理从全局考虑对采购申请给予批准，或经部门批准。

（三）订货与采购控制

采购部根据经过审批的采购申请单进行选购。

（四）采购价格控制

采购价格控制是采购控制的关键。采购价格控制的目标是防止有关人员从中徇私舞弊，保证采购物品价格的合理性。一般采取下列方式控制采购价格。

（1）三种报价方式。在订货前，采购部门发出报价单，必须征询三个或三个以上供货商的送货价格，然后确定采购限额，作为采购控制价格。

（2）三个部门共同确定采购价格方式。使用部门、采购部门和成本控制部门三个部门定期对市场进行实地考察后确定采购价格，与供货商均按确定的采购价格结算。这种方式多用于鲜活商品、受季节影响和市场供求关系影响较大的商品、随行就市商品的采购。

（3）集体控制方式。酒店成立专门采购委员会，凡大项的、超过规定限额的物品采购，必须上报采购委员会采用表决方式集体确定，或由采购委员会通过公开招标方式确定。

（4）集中采购制度。多家酒店联合成立采购中心，由采购中心采取公开招标方式确定供应商和采购价格。

（五）采购监督控制

当酒店采购工作完成后，还需要相关部门对所购物资进行监督检查，了解物资的流向、查询事后价格等，以防止出现采购前酒店重视、采购后放任自流的现象发生。

二、酒店采购控制的基本程序

（一）采购准备程序

采购前的准备包括编制采购计划、确定采购价格、选择供货商、选择支付方式等。

1. 编制采购计划

采购计划包括采购物品的详细规格、采购数量、采购频率、采购批量，以及计划采购时间、采购理想价格和资金需要量等内容。采购计划对指导采购、加强采购工作的科学性和计划性起到重要作用；采购计划中的资金需要量又是编制成本费用预算和现金支出预算的重要依据。因此，采购计划是酒店预算的重要组成部分。

2. 确定采购价格

采购计划中很重要的内容是确定理想采购价格。确定理想采购价格的重要影响因素是物品质量，在保证质量的前提下选择最低价格才是最有意义的。获取理想采购价格的手段和途径是多方面的。首先，采购人员在日常采购工作中应树立酒店的良好形象和付款信誉，自身组建一个相对稳定的供货渠道，与供货商建立长期购货关系，减少中间商，直接送货。有些商品可以采取批量订货，以获得较低的批发价格，但批量要适当，批量过大会占用流动资金，加大采购成本，必要时可组建采购集团或采购中心。

3. 选择供货商

通过广泛收集市场信息，采取货比三家、了解报价、试探性洽谈等方式正确选择供货商；对大宗物品采购或经常性采购可以采取定期公开招标方式选择供货商，防止无供货能力的供货商买空卖空，从中牟利。

4. 选择支付方式

采购的支付有多种方式，如现金支付、定期支付、收到下一批货款时支付上一批货款等，支付方式选择直接影响采购价格、采购质量和酒店采购准备金。从提高酒店资金使用效率来看，应尽量选择赊销政策优惠的支付方式，但又不能因赊销过长而失去价格上的优惠。因此，应权衡利弊，合理选择支付方式。

（二）采购执行阶段

1. 请购

使用部门根据自己的需求提出物品采购申请，填写请购单，或仓库保管部门在各种物品库存量到达订货点量时填写请购单。

2. 报批

填好的请购单经请购部门主管签字后须交仓库核签，仓库人员主要检查仓库里有无该种物品或有无可代用的物品，把好采购关。如果有，则可以直接在仓库领取的，就不需再申报采购，申报程序中止。对于仓库自己填写请购单申请采购的，仓库主管应认真复核该物品的储备量并在请购单上签字确认。

3. 审批

请购单经仓库核签后，按照酒店规定的审批程序报财务总监和总经理审批。一般来讲，日常经营需要的、采购金额不超过某一范围的物品，由财务总监行使审批权，非日常经营需要的、金额较大的采购项目，除财务总监审批外，还需总经理加批。

（三）订货与采购

（1）批准的请购单分别送交采购部和会计部的应付账款处。

（2）采购部门根据请购单的要求，选择合适的供应商，签订订货单或合同，安排采购事宜。

（3）订货单或订货合同要报财务总监和总经理审批，审批是对订货的认可，主要是对订货价格的控制。

（4）如果采购部门订购不到请购单上要求的物品，应及时通知请购部门。如果找的是此种物品的代用品，也应事先征得请购部门同意。

（5）批准的订货单或订货合同，采购部门留存一联；送交请购部门一联，以便了解进货的时间，安排相应的工作；送交仓库一联，以便核对验收、安排仓位；送交会计部门应付账款处一联，以便准备资金付款或按时预付定金。

（四）退货与折让

酒店采购日常物品时，收货员应与供货商一起当场验货，发现数量和质量问题及需要在价格上折让的，现场有关部门即可与供货商洽谈解决。对于大宗购货，采购部收到收货报告，发现货物数量或质量不符合合同要求时，需要分情况进行处理。属于数量上短缺的，通知供货商补足；属于质量上有问题的，针对具体情况进行处理。

（1）若决定退货，采购部应编制退货通知单，其中一联通知运输部门将货物退回，一联交供货商。采购部在货物退回后，编制借项凭单，内容包括退货数量、退货日期、供货商及金额等。借项凭单经财务总监审批后，经会计部门审核并调整应付账款。

（2）若与供货商协商给予折让，折让金额必须由财务总监或总经理签字批准。合适的折让金额一经确定，采购部即应编制借项凭单，通知会计部门，调整应付账款。

延伸阅读

采购方式及有关程序规定

1. 总则

为了搞好酒店采购工作，保证采购到优质廉价的物品，确保经济指标的完成，防止一些不正常事情发生，特制定此规定。

（1）采购部是酒店采购工作的专业部门，酒店所需物品原则上均由其统一购买，其他部门有参与监督、支持配合权，但一般不得自行采购。

（2）所有采购活动必须遵守国家有关法律、法规。

（3）相关人员在采购、收货过程中，必须遵循职业道德；努力提高业务水平，适应市场经济发展要求；讲究文明礼貌；遵守法律、法规；以酒店利益为重，相互监督，相互配合，共同把好采购关。

2. 采购项目的申请

（1）凡是仓库储备的项目均由其提出采购申请，申请之前须认真检查库存量及消耗量。

（2）仓库储备以外的项目由各使用部门提出采购申请。申请之前须查询仓库是否有该项物资，或在仓库多余物资中是否有代用品。

（3）凡属国外进口项目，申请部门在申请之前须向采购部确认能否在国内采购。采购部要认真对待，及时予以答复。

（4）经确认实属必须购买项目，必须由仓库或使用部门按照不同情况提前填写不同类型的申购单，经部门经理审批签字后报送采购部。

1）厨房的正常消耗食品填写直拨食品采购单，报送采购部。

2）厨房的正常消耗食品以外的采购项目填写采购申请单，报送采购部。

（5）所有申购单必须用中文（或中英文）填写，并写清楚其规格、型号等条件（或特殊要求）等，以便采购员购买。

（6）所有采购项目的申请要加强计划性，减少盲目性，提前填写，留有余地。

1）国外进口项目需提前二至三个月提出申请。

2）国内加工或定做的项目需视生产周期提前提出申请。

3）国内常用批量项目需在当年年底提出下年度半年或全年申请计划，分批到货。

4）国内市场一般项目需提前两周提出申请。

5）厨房正常消耗食品每周二、四、六上午提出申请，每周一、三、五进货。

6）特殊项目按有关规定处理。

3. 采购项目的择商、确认与报价

（1）所有原材料采购申请单以外的采购申请单报送到采购部后，由采购部经理统一登记后分发给相应采购员，由其具体负责采购人员对申请单上的采购项目选择供应商、确认和报价。

（2）原材料采购申请单直接报送采购部经理，由其具体负责落实采购人员报价后，留存第一联，其余联返送厨房及收货部。

（3）采购人员收到自己分管的申请单后要认真归纳、分类整理。对其中有疑问的内容要与分部经理和申报部门授权人及时沟通。在确认无误后，按照要求尽快寻找至少三家以上供应商进行业务洽谈，经过对比筛选，择优确定报价填入申请单，并填好总金额、供应商名称后上报财务总监。

（4）国外采购由采购部经理直接负责。通常以发电邮、传真方式向国外供应商询价。属国家控制进口的项目在询价同时报送国家有关部门办理申报审批手续。

（5）供应商的优惠、折扣、赠送、回扣等必须归酒店所有，并在报价中注明。

（6）对于有特殊要求的或需加工定做的采购项目，需方要作详细说明或提供完样；供方按要求或完样提供样品，经管理当局授权人确认签字后方可进一步洽谈。

（7）采购部对内要主动与使用部门保持密切联系，树立服务意识，熟知酒店物品的标准和使用情况；对外经常做好市场调查研究，掌握市场信息，积极主动向使用部门推荐新产品及质优价廉的代用品，积极主动向管理当局提供市场情况及采购物品的策略。

（8）所有采购项目的择商、报价必须由采购部在充分准备、掌握市场行情的条件下确定；使用部门有权了解所需物品的价格和提出质疑，采购部在择商报价中必须认真研究对待。使用部门在工作中要主动与采购部沟通配合，对于所掌握的供应商情况及申购物品的意向要主动通报采购部，由其选定质好价廉服务优的供应商。

（9）确属疑难采购项目，采购部和使用部门双方必须及时联系沟通，研究对策，无力解决的必须及时上报酒店领导，不得拖延误事。

4. 采购项目的审批

（1）原材料采购申请单以外的所有申请单在完成报价、分部经理审核后必须经采购部经理审批签字及登记后方可上报审批。

（2）不同的申请单经过不同级别的审批签字后即为有效订单。

1）经授权厨师长签字并完成报价后的原材料采购申请单经采购部经理签字后即为有效订单。

2）原材料采购申请单上的价格，每10天更新一次，报请财务总监、总经理，经总经理批准后方能生效。审批依据是每15天一次的由采购部、会计部及餐饮部三方分别完成的市场询价调查表。

3）其他申请单均经采购部经理、财务总监、总经理签字后方为有效订单。

（3）国外进口申请单经采购部经理、财务总监、总经理签字后，返回采购部打印订单再经审批签字后方为有效订单。

（4）所有采购项目经审批成为有效订单后，方能实施购买。

5. 采购项目的购买

（1）所有采购项目依据有效订单，原则上由采购部统一购买，其他部门一般不得自行购买。

（2）经审批签字的采购单返回采购部后，由采购部经理统一注册登记后分到采购部有关分部经理等人。国外进口订单由采购部经理直接负责订购，通常以邮寄订单、发电邮、传真方式订购，同时登记相关单证。国内采购订单由各分部经理落实到采购员实施购买，所有购买活动必须依据有效订单规定的项目、数量、价格、时限、供应商及其他要求进行。

（3）在购买过程中要认真检查所购物品的品质、商标、期限、卫生标准等内容，坚决杜绝假冒伪劣等不合格商品流入酒店。

（4）对于期货或供需双方认为必须签约的经济活动，首先要与供应商认真洽谈有关业务的细节，主动向财务总监请示汇报；在达成协议后，签订供需合同，经双方法人代表签字并取得合法公证后方能生效。

（5）采购人员在购买中要将采购订单号码、使用部门信息明确告诉送货的供应商。

（6）由于当地市场变化或其他原因造成购买时价格高于有效订单报价或数量多于有效订单数量时，必须重新办理补缺申请，经审批后方能购买。

6. 采购项目的报关与报验

进口项目入关到货后均需由专职报关员、报验员按照有关规定进行报关、报验。

（1）进口用品到货后，首先填写《进出口货物征免税申请表》向海关办理征免审批；然后完整、准确地填制有关单证，附交合法、齐全、有效的报关单证向海关办理报关手续，交税过关后方能提货；进口食品经检疫合格后方能使用。

（2）报关员、报验员必须认真学习并切实遵守国家有关进出口的政策法令以及海关和检疫部门的法律、法规、规章，依法履行报关员、报验员义务，行使报关员、报验员权力。

7. 采购项目的运输

（1）所有购买项目应争取供应商送货，采购部车辆仅对不具备送货条件的采购项目进行运输。

（2）采购运输必须做到及时、安全、完好、节约且有效率，禁止食品与其他货物混装，保证食品卫生。

（3）凡是需要酒店提供运输的采购项目、采购人员外出联系业务或其他业务用车，应由主办人向分部经理提出用车申请，详细说明所运项目的名称、数量、重量、地点、路线、期限及特殊要求，采购部经理根据情况安排运输、用车计划，并填写派车单。

（4）非酒店业务用车必须经过财务总监或总经理批准。

8. 采购项目的验收

（1）无论是采购人员自提项目还是供应商送货项目，货到酒店后，必须首先与收货部联系，说明酒店采购订单号码及部门，由收货部依据采购订单过数检验，合格后分送所需部门。不允许采购人员或供应商直接交予所需部门，不符合采购订单内容的项目一律拒收。

（2）验收合格并已付款的采购项目由采购人员将发货票、支票存根登记后交予收货部签收。

（3）验收合格但未付款的采购项目由收货部开具收货单经交货人签字后，将第四联给交货人作为结算凭证，第一联随同收货日报上交财务部，第二联收货部留存备用，第三联交使用部门。

（4）收货部在对购入项目的质量、规格、样式等难以确认的情况下，要主动请示所需部门的授权人协助，有关部门和人员积极帮助解决。

（5）在验收中，收货部或所需部门均有权提出退货要求。经确认，实属不符合要求的项目，由采购部负责退货事宜。

（6）购买、收货和使用三个环节上的相关人员要相互监督、相互合作，共同做好工作。对争议不决的有关事宜，双方进行协调解决，如仍存在分歧，由酒店管理当局授权人裁决。

9. 采购项目的结算

所有采购项目的结算均由采购人员凭采购订单到财务部取得付款凭证后进行。

（1）国外采购项目凭采购订单、发货票、收货单证由财务部办理付款事宜。

（2）国内本市采购项目金额在100元（含100元）以上的，由采购部人员凭采购申请单、相应的收货记录及发票到财务应付账款处办理付款手续。

（3）供需双方认可的带有预付账款的采购项目必须由采购人员填写支票申请单，附上该项采购订单、预付账款协议书，报采购部经理、财务总监、总经理审批签字后由采购人员凭采购订单领取转账支票付款。付款后采购人员要及时将发货票收货记录、支票存根登记后递交财务部。

10. 特殊采购项目

（1）一些技术性较强或有特殊要求的采购项目，采购部可以邀请有关部门相关人员共同购买或授权有关部门人员购买，并与之共同承担责任，有关部门对此要予以协助。

(2) 对于紧急采购项目，采购部以最快速度择商报价，收到所需部门已经形成的有效订单，采取紧急购买措施保证供应。采购部人力不足的情况下，可以授权有关人员代购，并与之共同承担责任。

(3) 对采购部、收货部正常工作时间以外的采购需求项目，尽可能提前申购。若确有个别紧急需求，须经有关授权人批准后，由所需部门自行购买，在有关授权人监督下收货，于次日及时补办申请、审批、收货手续。

(4) 管理当局决定的特殊专项专人采购项目不受规程限制。

11. 采购业务管理

(1) 为了做好酒店的采购工作，保证物品优质廉价、适时的供应，采购部全体人员必须认真履行各自的职责。

(2) 确保店内店外的业务合作关系，树立良好的酒店及个人形象，廉洁自律。

(3) 采购人员在采购过程中必须依法办事，提高业务技能，不断降低采购成本，按时完成本职工作，讲求实效。

(4) 采购部经理主要负责收集、分析、研究市场信息，制定采购原则、采购计划，控制采购成本及采购费用，认真审定各类采购申请单的报价及推荐的供应商，提出主导意见，督促、检查各类采购项目的执行情况，加强与酒店各部门及供应商之间的沟通与协调。

(5) 采购人员按酒店采购项目的分类进行分工，采购部经理负责进口物资的订购，不负责具体项目的采购，对于一些技术较强或有特殊要求的采购项目，采购部可要求有关部门共同购买，并共同承担责任。

(6) 供应商的信息档案、业务信息资料归酒店所有，归类存放，未经批准不得私留、借阅。

项目四 酒店税收计算与管理

案例分析

有差异的税金及服务费

王女士去泰国旅游，通过国际订房网站预订泰国酒店。入住后的第二天，王女士对自己预订的房价产生了异议。该酒店订房网站上的房价由两部分组成，即房间每晚价格、税金及服务费。王女士发现，该网站对使用不同的货币币种订房收取的税金与服务费不相同。例如：通过美元、泰铢支付，税金及服务费约18%；通过欧元支付，税金及服务费约21%；通过人民币支付，税金及服务费约24%，而这一切都没有明示，只是王女士在尝试中无意发现的。王女士之前用人民币在网站上支付了房间总价，就意味着多支付了房间税金与服务费。

思考：这种在订房网站上出现的同一房间不同税金及服务费的措施是否合理？这里所说的税金及服务费指的是什么？

一、酒店税金的种类与计算

税金是国家财政收入的组成部分，是国家按照法律规定的标准取得财政收入的一种手段。酒店向国家缴纳的税金主要有增值税、城市维护建设税、教育费附加、房产税、车船使用税、城镇土地使用税、印花税、企业所得税等。按财务处理方式不同分为三类：

（1）销售税，即以销售额为计税依据的流转税，包括增值税、城市维护建设税。

（2）计入管理用的税金，包括房产税、车船使用税、城镇土地使用税、印花税。

（3）所得税，以应纳税所得额为计税依据的税金。

（一）增值税

增值税是以商品（含应税劳务）在流转过程中产生的增值额作为计税依据而征收的一种流转税。从计税原理上说，增值税是对商品生产、流通、劳务服务中多个环节的新增价值或商品的附加值征收的一种流转税。

营业税改增值税，简称营改增，是指以前缴纳营业税的应税项目改成缴纳增值税。营改增的最大特点是减少重复征税，可以促使社会形成良性循环，有利于企业降低税负。

1. 征税对象

在中华人民共和国境内有偿提供销售服务、无形资产或者不动产的单位和个人，为增值税纳税人，应当缴纳增值税。纳税人分为一般纳税人和小规模纳税人。

（1）有偿是指取得货币、货物或者其他经济利益。

（2）在境内销售服务、无形资产或者不动产，是指服务（租赁不动产除外）或者无形资产（自然资源使用权除外）的销售方或者购买方在境内；所销售或者租赁的不动产在境内；所销售自然资源使用权的自然资源在境内；财政部和国家税务总局规定的其他情形。

（3）销售服务是指提供交通运输服务、邮政服务、电信服务、建筑服务、金融服务、现代服务、生活服务。

（4）生活服务是指为满足城乡居民日常生活需求提供的各类服务活动。包括文化体育服务、教育医疗服务、旅游娱乐服务、餐饮住宿服务、居民日常服务和其他生活服务。

（5）餐饮住宿服务包括餐饮服务和住宿服务。餐饮服务是指通过同时提供饮食和饮食场所的方式为消费者提供饮食消费服务的业务活动。住宿服务是指提供住宿场所及配套服务等的活动，包括宾馆、旅馆、旅社、度假村和其他经营性住宿场所提供的住宿服务。

2. 计税依据

增值税的计税依据为有偿提供销售服务、无形资产或者不动产的单位和个人发生应税行为取得的全部价款和价外费用，财政部和国家税务总局另有规定的除外。

按照人民币以外的货币结算销售额的，应当折合成人民币计算。折合率可以选择销售额发生的当天或者当月 1 日的人民币汇率中间价。纳税人应当事先确定采用何种折合率，确定后 12 个月内不得变更。

兼营销售货物、劳务、服务、无形资产或者不动产，适用不同税率或者征收率的，应当分别核算适用不同税率或者征收率的销售额；未分别核算的，从高适用税率。

3. 税率

酒店是有偿提供销售服务的企业，其税率为 6%。陆路运输、水路运输、航空运输等交通运输业的增值税税率为 11%，研发和技术服务、信息技术、文化创意、物流辅助、鉴证咨询服务等现代服务业的增值税税率基本在 6%～10%。

4. 纳税期限

增值税的纳税期限分别为 1 日、3 日、5 日、10 日、15 日、1 个月或者 1 个季度，具体纳税期限由主管税务机关根据纳税人应纳税额的大小分别核定。以 1 个季度为纳税期限的规定适用于小规模纳税人等，不能按照固定期限纳税的可以按次纳税。

纳税人以 1 个月或者 1 个季度为 1 个纳税期的，自期满之日起 15 日内申报纳税；以 1 日、3 日、5 日、10 日或者 15 日为 1 个纳税期的，自期满之日起 5 日内预缴税款，于次月 1 日起 15 日内申报纳税并结清上月应纳税款。

5. 增值税的计算

增值税的计税方法包括一般计税方法和简易计税方法。一般纳税人发生应税行为适用一般计税方法计税。一般纳税人发生财政部和国家税务总局规定的特定应税行为，可以选择适用简易计税方法计税，但一经选择，36 个月内不得变更。

小规模纳税人发生应税行为适用简易计税方法计税。简易计税方法的应纳税额是指按照销售额和增值税征收率计算的增值税税额，不得抵扣进项税额。应纳税额的计算公式为：

应纳税额＝销售额×征收率

简易计税方法的销售额不包括其应纳税额，纳税人采用销售额和应纳税额合并定价方法的，按照下列公式计算销售额：

销售额=含税销售额÷（1+征收率）

纳税人适用简易计税方法计税的，因销售折让、中止或者退回而退还给购买方的销售额，应当从当期销售额中扣减。扣减当期销售额后仍有余额造成多缴的税款，可以从以后的应纳税额中扣减。

（二）城市维护建设税

城市维护建设税是为筹集城市维护和建设资金，于1985年开征的税种，以缴纳增值税、消费税的单位和个人为纳税人。

1. 征税对象

城市维护建设税的征税对象是纳税人实缴的增值税税额、消费税税额。

2. 计税依据

城市维护建设税的计税依据是纳税人所缴纳的增值税税额、消费税税额。

3. 税率

城市维护建设税根据纳税人所在地不同，分别规定不同比例税率。纳税人所在地为市区的，税率为7%；纳税人所在地为县城、镇的，税率为5%；纳税人所在地不为市区、县城或镇的，税率为1%。

4. 城市维护建设税的计算

城市维护建设税的计算公式为：

城市维护建设税应纳税额=（增值税+消费税）×适用税率

（三）教育费附加

教育费附加是对缴纳增值税、消费税的单位和个人征收的一种附加费。

1. 征税对象

凡缴纳增值税、消费税的单位和个人，均为教育费附加的纳税义务人（简称纳税人），但暂不包括外商投资企业和外国企业。凡代纳增值税、消费税的单位和个人，亦为代纳教育费附加的义务人。农业、乡镇企业，由乡镇人民政府征收农村教育事业费附加，不再征收教育费附加。

2. 计税依据

以纳税人实际缴纳的增值税、消费税的税额为计费依据。

3. 税率

教育费附加的征收率为3%。

4. 教育费附加的计算

教育费附加的计算公式为：

应纳教育费附加＝（实际缴纳的增值税税额＋消费税税额）×3%

（四）房产税

房产税是以房产为征税对象，依据房产价格或房产租金收入，向房产所有人或经营人征收的一种税。

1. 征税对象

房产税的征税对象是房产。房产税在城市、县城、建制镇和工矿区征收，不在农村征收。

2. 计税依据

房产税的计税依据是房产的计税价值或房产的租金收入。按房产计税价值征税的称从价计征，按房产租金收入计征的称从租计征。企业、单位和个人自用的房产有原值的，按原值一次减除10%～30%后的余值计税，具体减除幅度由省、自治区、直辖市人民政府规定。没有房产原值的，则由房产所在地税务机关参考同类房产核定；房产出租的，以房产租金收入为计税依据。

3. 税率

房产税采用比例税率，税率分为两种，即从价计征的年税率为1.2%，从租计征的年税率为12%。

4. 房产税的计算

（1）从价计征的房产税的计算公式为：

应纳税额＝应税房产原值×（1－扣除率）×税率

（2）从租计征的房产税的计算公式为：

应纳税额＝房产租金收入×税率

（五）车船使用税

车船使用税是对拥有并使用车船的单位和个人征收的一种税。车船使用税在具体征收时，按照其种类和大小设计税额。机动车船税额高，非机动车船税额低；吨位大的车船税额高，吨位小的车船税额低。车船使用税实行定额征税，按年征收，分期缴纳。

1. 征税对象

车船使用税的征税对象是车辆和船舶。车辆包括机动车和非机动车，船舶包括机动船和非机动船。

2. 计税依据

车船使用税对各类车船分别以辆、净吨位和载重吨位为计税依据。具体包括：除载货车以外的各种车辆，无论是机动车还是非机动车，均按辆计征；载货车和机动船按净吨位计征，非机动船按载重吨位计征。

3. 税率

车船使用税采用定额税率，具体分为两种：

（1）车辆实行幅度税额，由各省、自治区、直辖市人民政府根据当地的具体情况，在规定的幅度内确定本地区的适用税额。

（2）船舶实行分类分级的固定税额。

4. 车船使用税的计算

车船使用税的计算公式为：

机动船和载货车的应纳税额＝净吨位数×适用税额

非机动船的应纳税额＝载重吨位数×适用税额

机动车和非机动车的应纳税额＝辆数×适用税额

（六）城镇土地使用税

城镇土地使用税是对中国境内使用城镇土地的单位和个人，就其实际使用土地面积从量定额征收的一种税。

1. 征税对象

城镇土地使用税的征税对象是纳税人实际占用的土地，城镇土地使用税的征税范围是城市、县城、建制镇和工矿区。

2. 计税依据

城镇土地使用税以纳税人实际占用的土地面积为计税依据。

3. 税率

城镇土地使用税采用定额税率，采用有幅度的差别税额，按大、中、小城市和县城、建制镇、工矿区分别规定每平方米使用税年应纳税额。具体标准如下：大城市，1.5～30元；中等城市，1.2～24元；小城市，0.9～18元；县城、建制镇、工矿区，0.6～12元。

4. 城镇土地使用税的计算

城镇土地使用税的计算公式为：

城镇土地使用税应纳税额＝实际占用应税土地面积×适用单位税额

（七）印花税

印花税是指对经济活动和经济交往中书立、使用、领受的凭证征收的一种税。

1. 征税对象

印花税的纳税人是我国境内书立、领受印花税法所列举的单位和个人，根据书立、领受应税凭证的不同，纳税人可分别为合同人、立账簿人、立据人和领受人。对合同、书据等由2人以上共同书立的，其当事人各方都是纳税人。

印花税征收范围采用正列举法，按列举的税目征收，具体有13种：购销、加工承揽、建设工程勘探设计、建设安装工程承包、财产租赁、货物运输、仓储保管、借款、财产保险、技术合同，以及产权转移书据、营业账簿和权利许可执照。

2. 计税依据

（1）合同、财产转移书据等凭证，以凭证所载金额为计税依据。

（2）营业账簿中记载的账簿，以固定资产原值和自有流动资金总额为计税依据。

（3）营业执照、专利许可证照等不记载金额的凭证，按件数纳税。

3. 税率

印花税的税率分为两种，即比例税率和定额税率。除了权利许可证照和营业账簿中的其他账簿部分适用定额税率外，其余 11 个税目均采用比例税率。比例税率分为五档，即 1‰、5‰、3‰、0.5‰、0.3‰。

4. 印花税的计算

印花税的计算公式为：

印花税应纳税额=计税金额×适用税率

（八）企业所得税

企业所得税是指在中国境内的企业（外商投资企业和外国企业除外）就其生产经营所得和其他所得而征收的一种税。

1. 征税对象

企业所得税的征税对象是纳税人来自中国境内和境外的生产经营所得和其他所得。

2. 计税依据

企业所得税的计税依据是应纳税所得额，应纳税所得额不是企业的利润总额，而是纳税人的收入总额扣除与纳税人取得收入有关的各项成本、费用和相关损失后的余额。

3. 税率

企业所得税实行比例税率，一般企业所得税的税率为 25%；非居民企业在中国境内未设立机构、场所的，或者虽设立机构、场所但取得的所得与其所设机构、场所没有实际联系的，应当就其来源于中国境内的所得缴纳企业所得税，适用税率为 20%；符合条件的小型微利企业，减按 20%的税率征收企业所得税；国家需要重点扶持的高新技术企业，减按 15%的税率征收企业所得税。

4. 纳税期限

企业所得税实行按年计算、分月（季）预缴、年终汇算清缴、多退少补的办法，月份或季度终了后 15 日内预缴，年度终了后 5 个月内汇算清缴。

5. 企业所得税的计算

（1）应纳税所得额的确定。应纳税所得额是指纳税人纳税年度的收入总额减去允许扣除项目金额后的余额，其计算公式为：

应纳税所得额=收入总额一准予扣除项目

（2）应纳所得税税额的计算。应纳所得税税额计算公式为：

应纳所得税税额=应纳税所得额×税率

二、酒店税金的管理

酒店税金管理是一项政策性很强的工作，必须指定专人负责。向国家税务机关缴纳税金一般应做好以下几方面的工作。

（一）办理税务登记

经工商管理部门批准开业、领取营业执照之日起30日内，酒店应持有关证件向当地税务机关办理税务登记。登记的内容包括纳税人名称、地址、法人代表、经济性质、企业形式、核算方式、经营方式、经营范围以及其他有关事项。主管税务机关审核后，发给税务登记证。

酒店办理税务登记后，发生转业、分设、合并、联营、歇业、停业、破产，以及其他需要改变税务登记的情况时，如改变经营方式、经营范围等，都应当在有关部门批准或宣告之日起30日内，向主管税务机关申报办理变更登记、重新登记或者注销登记。

酒店所属的跨地区的非独立经济核算的分支机构，应当在设立之日起30日内，向该分支机构所在地的税务机关申报办理注册登记。

（二）申报纳税鉴定

按规定办理税务登记的酒店应办理纳税鉴定，通过纳税鉴定可以帮助酒店经理和财务人员了解国家税收政策、法令，明确本单位应缴税种、税率、税额及缴纳时间等事项。

纳税鉴定是通过填写纳税鉴定申报表，向主管税务机关申报，主管税务机关依法对纳税人的纳税鉴定申报表进行认真的审核，确定其适用的税种、税目、税率、纳税环节、计税依据、纳税期限和征收方式等，编制纳税鉴定书，交纳税人执行。

（三）办理纳税申报

酒店应按规定的期限进行纳税申报，纳税申报的具体内容，因税种不同而异，如酒店所得税的纳税申报，应写明本期销售收入、本期利润总额、适用税率、累计应纳税额、本期实际应纳税所得额等。因特殊情况不能按期办理纳税申报的，必须报税务机关酌情准予延期，并根据税务机关事先核定的纳税预缴税款，待申报后结算。酒店发生纳税义务超过税务机关核定的纳税期限15日，未向税务机关申报纳税的，税务机关有权确定其应纳税额，限期纳税。

（四）按期缴纳税金

税款的缴纳方式有自核自缴、预储扣税、支票缴税、现金缴税及定期定额征收等，酒店应严格执行由税务机关核定的各项税金的期限，及时足额地缴纳税金，做到月税月清、季税季清。如果发生欠税、偷税和骗税等违反税法的行为，税务机关除按规定限期追缴、加收滞纳金、处以罚款外，还要追究个人责任甚至法律责任。

（五）加强账务票证管理

纳税人必须按照国家财务会计法规和税务机关的规定，建立健全财务会计制度，配备人员办理纳税事项，并完整保存账簿、凭证、缴款书、完税证等纳税资料。酒店在遵循相关规定的同时，还应执行旅游、饮食服务企业会计制度，当酒店财务会计制度和具体的财务会计处理方法同《税收征收管理法》有抵触时，应当按照《税收征收管理法》的规定执行。

发票由税务机关统一管理，未经县级或者县级以上税务机关批准，任何单位、个人都不得自行印制、出售或者承印发票。酒店发票、账单只限于酒店使用，不得转让或转借，因发生转业、分设、联营、歇业、停业，以及改变隶属税务机关时，按税务机关的规定需要缴销或更换发票的，应在税务机关规定的时间内向批准印制发票的税务机关办理发票的缴销或更换手续，不准私自处理。一切使用发票、账单的酒店，都必须接受税务机关的检查和监督。

酒店必须建立必要的发票和账单的领、用、存管理制度，对发票和账单的申购、入库、发放、领用、结存、销毁、缴销等事项，均应设置专项账簿予以记录，并由专人负责。

（六）接受税务检查

税务机关对纳税单位和个人履行纳税义务的情况进行监督检查，是税务机关行使其职权、贯彻执行税收政策法令的一种经营性的业务工作，是税收征收管理的重要环节。酒店应主动接受税务检查，通过检查，促进酒店建立和健全财务管理制度，加强经济核算，提高经济效益。

项目五 酒店利润分配与盈亏平衡分析

案例分析

这样分配利润是否合适？

某酒店是由5位股东共同投资按四星级标准建造的，开业时股东们聘请了一位从事多年酒店管理工作的陈先生全面负责酒店的运营管理。但陈总只工作了3个月便提出辞职，原因是每到月底，只要酒店还有现金，或账面显示有利润，5位股东便要求陈总分配利润，陈总认为酒店账务操作一团混乱，非常糟糕。

思考：案例中的利润分配是否存在差错？为什么？这种利润分配方式对经营管理有什么影响？

一、酒店利润分配

（一）酒店利润分配的原则

利润分配是对酒店实现的利润或亏损进行分配和处理的过程，酒店利润分配是一项政策性很强的工作，体现出酒店与国家、投资者及职工之间的经济利益关系，因此，必须遵循一定的分配原则。

1. 依法分配原则

利润分配必须贯彻依法分配原则，严格遵守国家的财经法规。企业必须首先按税法规定缴纳所得税，然后才能进行税后利润的分配，税后利润分配应严格遵守国家制定的《公司法》《企业会计制度》及其他法规的规定，按财经法规的要求合理确定税后利润分配的项目、顺序及比例。

2. 兼顾各方利益原则

税后利润分配合理与否，直接影响酒店、投资者、经营者和员工等各方的经济利益。酒店不能只强调长远利益和整体利益，忽视投资者和员工的近期利益和局部利益，挫伤投资者和管理者的积极性；也不能只顾近期利益而损害酒店的长远发展。酒店应从全局出发，充分兼顾各方的利益，协调好近期利益与酒店长远发展的关系，做到统筹兼顾、合理安排。

3. 分配与积累并重原则

酒店进行利润分配，应正确处理近期利益与长远利益的关系，将二者有机结合起来，坚持分配与积累并重。考虑酒店未来发展需要，酒店除按规定提取法定盈余公积以外，应适当留存一部分利润作为积累。酒店留存利润用于发展经营，增强酒店的发展后劲，提高酒店抵御风险的能力，否则，酒店将缺乏应对经营风险的能力，酒店的投资发展也将受到阻碍，最终将损害投资者的利益。当然，在保证积累的前提下，还需正确处理积累与消费的关系，以充分调动员工的积极性。

4. 投资收益对等原则

酒店税后利润分配直接关系到投资者的经济利益，酒店在向投资者分配利润时，应一视同仁地对待所有投资者，应当体现谁投资谁收益、收益大小与投资比例相适应，即投资与收益对等原则。所有投资者只应按其投资比例分享收益，做到同股同权、同股同利。

5. 弥补年度亏损原则

酒店发生经营性亏损，国家不再予以弥补，而是由酒店用以后年度实现的利润弥补。酒店发生的本年度亏损，可用下一年度税前利润弥补；下一年度利润不足弥补的，可以在以后 5 年内延续弥补；5 年内不足弥补的，用税后利润和盈余公积弥补。

（二）酒店利润分配的程序

利润分配是酒店根据国家有关规定和投资者的决议，对酒店利润所进行的分配，酒店本年实现的净利润加上年初未分配利润为可供分配的利润。酒店利润分配的内容和程序如下：

（1）支付被没收财务损失和各项税费的滞纳金、罚款。

（2）弥补酒店以前年度亏损（超过用所得税前利润弥补亏损的期限，仍未补足的亏损）。

（3）提取法定盈余公积。

（4）提取公益金。

（5）向投资者分配利润。

二、酒店盈亏平衡分析

（一）盈亏平衡分析概述

盈亏平衡分析是通过盈亏平衡点分析项目成本与收益的平衡关系的一种方法。各种不确定因素（如投资、成本、销售量、产品价格、项目寿命期等）的变化会影响投资方案的经济效果，当这些因素的变化达到某一临界值时，就会影响方案的取舍。盈亏平衡分析的目的就是找出这种临界值，即盈亏平衡点，判断投资方案对不确定因素变化的承受能力，为决策提供依据。

盈亏平衡点越低，说明项目盈利的可能性越大，亏损的可能性越小，因而项目有较大的抗经营风险能力。因为盈亏平衡分析是分析产量（销量）、成本与利润的关系，所以也称量本利分析。

（二）盈亏平衡分析形式

盈亏平衡点的表达形式有许多种，可以用实物产量、单位产品售价、单位产品可变成本以及年固定成本总量表示，也可以用生产能力利用率（盈亏平衡点率）等相对量表示。根据生产成本、销售收入与产量（销售量）之间是否呈线性关系，盈亏平衡分析可分为线性盈亏平衡分析和非线性盈亏平衡分析。

1. 线性盈亏平衡分析

线性盈亏平衡分析主要用于分析销售收入、生产成本与产品产量的关系。

（1）假设产量等于销售量，销售量变化，销售单价不变，销售收入与产量呈线性关系，酒店管理者不会通过降低价格增加销售量。

（2）假设正常生产年份的总成本可划分为固定成本和可变成本两部分。其中，固定成本不随产量变动而变化，可变成本总额随产量变动成比例变化，单位产品可变成本为常数，总可变成本是产量的线性函数。

（3）假设在分析期内产品市场价格、技术装备、管理水平等均无变化。

（4）假设只生产一种产品，或当生产多种产品时，产品结构不变，且都可以换算为单一产品计算。

酒店生产销售活动不会明显地影响市场供求状况，假设其他市场条件不变，产品价格不会随酒店销售量的变化而变化，可以看作常数。销售收入与销售量呈线性关系，即：

$$B=PQ$$

式中：B 为销售收入；P 为单位产品价格；Q 为产品销售量。

酒店生产成本可以分为固定成本与变动成本两部分。固定成本是指在一定的生产规模限度内不随产量的变动而变动的费用，变动成本是指随产品产量的变动而变动的费用。变动成本总额中的大部分与产品产量成正比例关系，也有一部分变动成本与产品产量不成正比例关系，这部分变动成本随产量变动的规律一般呈阶梯形曲线，通常称这部分变动成本为半变动成本。由于半变动成本通常在总成本中所占比例很小，在经济分析中一般可以近似地认为它也随产量成正比例变动。

总成本是固定成本与变动成本之和，它与产品产量的关系也可以近似地认为是线性关系，即：

$$C=C_f+C_vQ$$

式中：C 为总生产成本；C_f 为固定成本；C_v 为单位产品变动成本。

在同一坐标图上表示出来，可以构成线性量本利分析图（见图6-1）。

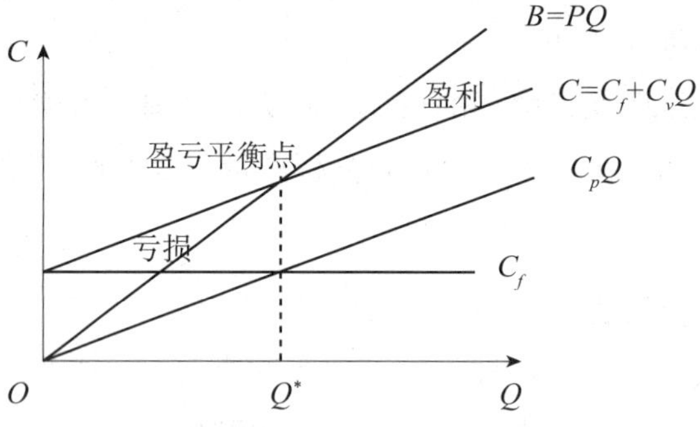

图6-1　线性量本利分析图

图中纵坐标表示销售收入与产品成本，横坐标表示产品产量，销售收入线 B 与总成本线 C 的交点称盈亏平衡点，也就是项目盈利与亏损的临界点。在盈亏平衡点的左边，总成本大于销售收入，项目亏损；在盈亏平衡点的右边，销售收入大于总成本，项目盈利；在盈亏平衡点上，项目不亏不盈。

在销售收入及总成本都与产量呈线性关系的情况下，可以很方便地用解析方法求出以产品产量、生产能力利用率、产品销售价格、单位产品变动成本等表示的盈亏平衡点。在盈亏平衡点，销售收入 B 等于总成本 C，设对应于盈亏平衡点的产量为 Q^*，则有：

$$PQ^* = C_f + C_v Q^*$$

所以，盈亏平衡点产量为：

$$Q^* = C_f \div (P - C_v)$$

若酒店产品可销售能力为 Q_c，则盈亏平衡生产能力利用率为：

$$E^* = Q^* \div Q_c \times 100\%$$
$$= C_f \div [(P - C_v) \times Q_c] \times 100\%$$

若按酒店产品可销售能力进行生产和销售，且销售价格已定，则盈亏平衡单位产品变动成本为：

$$C_v^* = P - C_f \div Q_c$$

2. 非线性盈亏平衡分析

由于产量扩大到一定水平，原材料、动力供应价格上涨等原因造成酒店生产成本并非与产量呈线性关系；由于市场容量的制约，当产量增长后，产品售价也会相应下降，价格与产量成某种函数关系，因此，销售收入与产量就呈非线性关系（见图 6－2）。

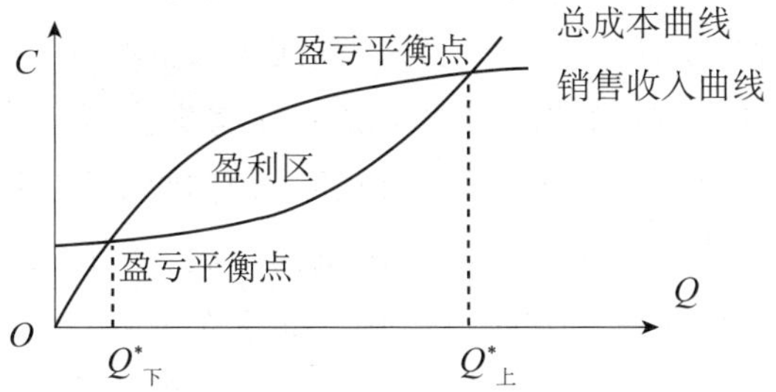

图 6－2 非线性盈亏平衡关系示意图

（三）成本结构与经营风险的关系

销售量、产品价格及单位产品变动成本等不确定因素发生变动所引起的酒店盈利额的波动称为酒店的经营风险。由销售量及成本变动引起的经营风险的大小，与酒店固定成本占总成本的比例有关。

固定成本占总成本的比例越大，盈亏平衡产量越高，盈亏平衡单位产品变动成本越低。高的盈亏平衡产量和低的盈亏平衡单位产品变动成本会导致酒店在面临不确定因素的变动时发生亏损的可能性增大。固定成本的存在扩大了酒店的经营风险，固定成本占总成本的比例越大，这种扩大作用越强。这种现象称为经营杠杆效应。

项目六　酒店收益管理

一、酒店收益管理的定义

酒店收益管理是酒店在微观的层面预测实时顾客需求的科学和艺术，它使价格尽可能地最大化以及客房尽可能多地出租，是在恰当的时间，把恰当的产品，用恰当的价格，通过恰当的渠道，卖给恰当的顾客。

酒店收益管理，又称酒店收入管理、酒店实时管理，但不管如何称呼，其目的都是通过调整出租率或房价来提高收入。众所周知，在房价一定的情况下，出租率越高，收入也就越高；反之亦然。同样道理，在出租率一定的情况下，房价越高，收入也就越高。但房价太高可能销售不出去，房价太低可能不赚钱甚至亏本。而收益管理就是把恰当的产品，以恰当的价格，在恰当的时间，卖给恰当的顾客。

万豪国际酒店董事长兼首席执行官比尔·马里奥特曾说，“收益管理不仅为我们增加了数百万美元的收益，同时教育了我们如何更有效地管理”。应用收益管理的企业，在没有重大支出的情况下，收益增加了3%～7%，利润增加了50%～100%。甚至有人认为，“那些忽视应用收益管理使收益和利润最大化的企业将失去竞争力”。有专家认为，在当前出现的商业策略中，收益管理是排在第一位的，并称收益管理为一种有待探索、前途光明的实践。目前，假日酒店、希尔顿酒店、凯悦酒店、洲际酒店、威斯汀酒店、万豪国际酒店、中国国际航空公司、东方航空公司、北京东方君悦大酒店、中国大饭店、香格里拉酒店、王府饭店、北京国际俱乐部、北京金域万豪酒店等全球顶级管理集团的旗下航空公司和酒店已经将收益管理作为本企业在市场竞争中的制胜法宝。

为什么要在酒店实行收益管理，理由如下：

（1）酒店产品的不可储存性；

（2）酒店产品需求的波动性；

（3）酒店产品固定成本高；

（4）酒店不同的客户群所能承受的价格不同。

二、收益管理的基本原理和计算公式

（一）收益管理的基本原理

收益管理的基本原理主要是根据酒店市场的供求关系来决定酒店房价：

（1）供大于求时，降低房价，增加预订数量，使收益最大化；

（2）供不应求时，提高房价，使收益最大化；

（3）调整或优化客源结构，使收益最大化。

（二）平均房价计算公式

平均房价＝客房总销售额÷实际客房出售数

例如：A酒店有客房100间。其中，60间为标准间，房价180元/间；40间为单人间，房价160元/间。当日房价以8折优惠，标准间房价144元/间，单人间房价128元/间，实际出租房间为80间（标准间40间，单人间40间），则当日客房总销售额＝144×40＋128×40＝10 880元，日平均房价＝10 880÷80＝136元。

（三）出租率计算公式

出租率＝实际出租房间数÷可供出租房间数×100％

例如：B酒店有客房125间，当日出租房间数为89间，则出租率＝89÷125×100％＝71.2％。

（四）每房日平均收益计算公式

可以用两种方法计算出每房日平均收益（RevPAR）。

公式①：

RevPAR＝实际客房收入÷可供房总数

仍以上面A酒店为例，A酒店的RevPAR＝10 880÷100＝108.8。这个数字表明，该酒店每间客房产生了108.8元的收入，经营状况尚可。

公式②：

RevPAR＝出租率×日平均房价

假如上述A酒店实际出租房为50间（标准间30间，单人间20间），则：

当日客房总销售额＝144×30＋128×20＝6 880（元）

日平均房价＝6 880÷50＝137.6（元）

出租率＝（50÷100）×100％＝50％

RevPAR＝6 880÷100＝50％×137.6＝68.8

RevPAR是一个非常重要的指标。因为仅凭出租率，我们并不能判断一个酒店的经营优劣，同理，仅凭平均房价我们也不能作出判断。而RevPAR则可以帮助我们比较全面地了解一个酒店的经营状况，因为它从出租率和平均房价两个方面来考察酒店的经营。举例来说，一个酒店有100间客房，它的RevPAR是100元，那么不用任何计算器也能够计算得出，客房总营收＝100×100×365＝3 650 000元。

（五）收益率指数

收益率指数是衡量一个酒店经营好坏的重要指标。收益率指数的计算公式是：

收益率指数＝客房实际收入÷理想客房收入×100％

理想收入是指按门市价出售的房价收入。

例如：某酒店有100间房，假设门市价为100元/间，年平均出租率为85%，则：

收益率指数＝（100×100×365×85%）÷（100×100×365）×100%＝85%

收益率指数越高，越接近理想的客房收入。收益率指数达到100%的经济型酒店可考虑涨价。假如收益率指数太低，如低于75%，要查找原因：

（1）定价错误，房价太高；

（2）竞争太激烈；

（3）经营不善；

（4）服务不好，留不住客人；

（5）客源结构有问题。

三、酒店收益管理的策略

（一）客房库存管理

1. 超额预订

考虑要素：超额预订、提早离店、预订取消、预订客人未到达、升级等。

【例6-3】某酒店有100间房，截至当日15点，在店客占用50间，预订50间。酒店前台开始不再接受预订，说是满房了，这是完全错误的。每天都可能会有客人在晚些时候退房，也有可能有预订的客人不来，可以适当接受超额预订，以防预订客人未到达，造成空房损失。

【例6-4】某酒店有200间房，其中标间100间、大床房70间、单人间30间，预计当日出租率在80%。截至当日中午12点钟，在店客占用标间40间、大床房30间、单人间10间，标间预订40间，大床房预订20间，单人间预订20间。表面上看，单人间已经客满，不能再接受预订了。其实不然，酒店可以继续接受单人间的预订，如可以再接4～5间的预订。为什么呢？道理很简单，因为当天出租率只有80%，可以肯定有空出来的标间或大床房，万一10间在店客单人间不退而20间预订房客人全部到店也没有关系，可以免费把客人升级到大床房。有人觉得这不是让客人占便宜了吗？那有什么关系呢？帮客人升级房间，可以带给客人更好的服务体验，提升酒店口碑。

【例6-5】晚上7点，某酒店在店客占用130间，预订35间。其中，在店客中标间85间、预订15间，预计当天出租率85%，即可能剩余30间大床房。这时走进来两个客人，要一间标准间，但被前台以标间已满回绝，客人失望而去，前台的这种做法是错误的。酒店前台完全有可能把客人留下来，解决的方法有：

（1）接受客人，给客人安排一间标间，因为有客人可能提早离店、预订客人可能取消、预订客人可能不到等情况发生。如果上述三种情况都没有出现，可以给后来的预订了标间的客人升级，即支付一间标间的价钱住两间大床房。

（2）接受客人，给客人一个惊喜：他们只需要出团队价就可以住上两间大床房。

2. 预订未到达的控制

经常会有预订但未能来的客人，酒店要统计这些客人的预订渠道，如携程网、艺龙网、中央预订、协议单位等。日积月累，这些统计数据有助于酒店计算出各种渠道的预订数与预订未到达（NOSHOW）的大约比例。有了这些数据，酒店不仅可以适当地进行超预订，有效地避免因 NOSHOW 而给酒店带来的损失，还可以控制某一渠道的预订，甚至在用房紧张时关闭该渠道，从而有效地降低 NOSHOW。

3. 设定最晚保留时间

按照国际惯例，没有预付定金的预订只保留到 18 点，超过 18 点就代表自动取消。因此，酒店前台每天 18 点要做一次清理，把保留到 18 点而未到的预订取消。对 18 点以后到达的客人，要密切关注，保持联系。18 点以后的预订一定要按时清理，以免错失出售的良机。一般来说，对晚于 18 点的顾客，不再做进一步的保留。如果酒店某日房间基本客满，前台可以拒绝没有支付保证金的预订，除非客人有特殊情况，如飞机晚点、航班在 21 点以后到达、长途汽车晚点等。如果客人 21 点后未到达，酒店就有可能蒙受损失。对于大批量预订，酒店一定要求客人预付保证金。

4. 流量控制技巧

流量控制是收益管理的重要一环。只有控制好流量，酒店收益最大化才有可能实现。这对于国内经济型酒店的管理者来说是一个极大的挑战。出租率达到或接近 100%的酒店一定要安排经验丰富的专人控制流量，每天要进行多次实时流量计算，及时调整房态。第一次流量计算可安排在早晨 9 点。这时，一天中第一次退房高峰刚过，数字可能有调整。第二次流量计算可安排在中午 12 点，这是一天中第二次退房的高峰。此时想在当日离店的客人（优惠延长至下午 2 点的除外）基本会退房，因此一定要做一次新的流量计算。如果预订形势很好，要考虑关闭房价最低的渠道（如旅行社），然后关闭房价较低的渠道，以此类推。如果预计形势十分看好，前一夜就可以考虑做这件事。第三次流量计算可放在下午 3—4 点，要给预订的客人打电话，以便把做了预订但因改变主意、行程而决定不来的预订全部清理，防止 NOSHOW。第四次流量计算应该在晚上 6 点。按照国际惯例，如果客人没有付定金，酒店就有权取消预订。当然，为了不得罪客人，前台可与客人再次确认，对晚上 6 点钟后应到未到且电话也联系不上的客人，酒店有权取消预订。因为即使酒店生意十分火爆，但到晚上 10 点后预订的客人应到未到时，酒店就有可能蒙受房间不能出售的风险。而且生意越好的酒店，晚上 10 点后房间越不容易售出。道理很简单：客人知道酒店生意好，不提早预订就不会有房间，已经是晚上 10 点钟了，会认为该酒店肯定不会有房间了。

5. 最少入住天数和最多入住天数的限制

例如：成都市有每年一度的全国糖酒商品交易会，通常是在每年 3 月 17 日开幕，21

日闭幕。每年3月16日是成都全城酒店入住率最高的一天，一直延续到3月20日，3月20日后开始下降。根据这一情况，可以实行最少入住天数的策略，即只接受3月16日起一直住到3月20日甚至21日的客人。

对3月16日以前入住的客人要实行限制入住天数策略，即必须在16日以前退房，除非他（她）也要住到20日或以后。

6. 庇护和屏障

庇护和屏障，又称出价、屏障性定价或库存客房保护性定价。假设某酒店目前正处于每年商业用房的高峰期，并且已将房价为170元的客房全部售出（星期一），但与此同时，酒店仍然出售折扣价客房和牌价客房。如果酒店拒绝商务客人预订170元客房的要求，而同时接受其他客人预订120元折扣房价客房的要求，这样的做法毫无道理。但在没有实行收益管理的酒店里，这种情况非常有可能发生。库存客房保护性定价的作用就在这里，通过加入一系列的保护性规定，酒店就能确保在提供低价客房的同时也不停止对外销售高价客房。

酒店要每天制定最低限价或屏障价。超过屏障价的预订就接受，低于屏障价的预订就拒绝。在例6-4中，如果屏障价定为120元或低于120元，酒店可为客人提供所有的客房类型。如果屏障价升至150元，酒店则不再为客人提供打折客房，而只提供商务价格客房和牌价客房。

保护性概念是在酒店总体客房需求量的基础上出售客房，而不是根据无限制的市场划分的客房分配来出售客房。需求量小时，屏障价则低；需求量大时，屏障价则高。本质上讲，屏障价格代表了当日要售出的最后一间客房的理论价格。如果酒店即将客满，屏障价格可能被定为全额牌价。只愿意出低于屏障价来订房的客人是不值得酒店挽留的，酒店更应关注最后一间客房的未来价值，所以，可以拒绝这样的预订。

7. 景观房

酒店中有不少房间窗外景色优美，可以做成景观房，以稍高价出售。例如：锦江之星（重庆鹅岭公园店）有56间江景房，面向长江，因为不是沿马路，白天非常安静，晚上可以夜眺美丽的山城夜景。每个来住店的客人都会选择江景房，而不愿住价格一样、声音嘈杂的沿马路的房间。酒店可以通过调节房价的方法来解决这个问题，即把江景房的价格提高10～20元。

8. 坏房和未清扫房

不少经济型酒店缺乏有效的控制，坏房由基层的管理人员控制，有时明明是可以出售的房间也被当作坏房处理。酒店必须对坏房进行控制：第一，建立书面标准，符合标准的才可以列入坏房。由客房服务员填表上报客房主管，再由客房主管报店长，并由店长签字后方可列入坏房。这对店长也同样有约束作用，防止店长等管理人员利用职权把好房做成坏房，安排给亲朋好友免费入住。坏房（除非有危险）也可以以折扣的形式出售，只是在出售前要把实情告诉客人，客人愿意就行。

很多经济型酒店由于开支有限并未聘请驻店经理，因此常有失控现象出现。例如：对晚上6点提前退房的客房或晚上6点后退房的客房，即使在客满的情况下，也不及时打扫清理，造成有房不能售。

目前，由于经济型酒店缺乏收益管理意识，且因为人手较少，管理不善，延长客房数、提前客房数、预订未到数、取消客房数常常无人统计，这将会给酒店造成不小的损失。

（二）客房价格策略

某经济型酒店4月22日正式开业，开业初期门市价为159元，“五一”小长假期间（3天）平均房价为150.45元，出租率为96.89%，总营收为16.59万元。9月10日，该酒店将门市价从原来的159元上涨到179元。元旦小长假期间（3天），门店又将门市价上涨到189元。元旦小长假3天平均出租率为91.15%，比“五一”下降了5.74%，但是由于房价上涨，平均房价为179.47元，比“五一”高出了29.02元，总营收为20.07万元，比“五一”多收入20.07－16.59＝3.48万元。

（三）调整客源结构增加收益，会展和商业活动的收益管理

1. 调整客源结构增加收益

例如：某酒店原协议客户比例高达60%，因为协议价比门市价低40元，所以居高不下的协议客户严重影响了收益，而比例较低的上门散客也在一定程度上影响了酒店的收益。于是酒店进行了一次调整：协议客户由原来的60%减少到43%，上门散客由原来的15%增加到23%，中央预订由原来的5%调整到9%，会员客人由原来的20%调整到25%。调整后一年多增加收益25.22万元。

2. 会展和商业活动的收益管理

大型会展期间客房需求变化特别大，常常一房难求。酒店可以根据供需变化及时调整价格，以求收益最大化。有人担心这样会影响品牌形象，其实不会。可口可乐公司曾进行过根据季节温度变化而调整自动售货机内可乐价格的收益管理，并取得了巨大成效。

2016年中国进出口商品交易会（广交会）于当年4月15日在广州举办，为期12天。某酒店根据供求变化及时调整了价格，10天两家店总计增加收入115万元。众所周知，广交会每年两期，如此，115×2＝230万元，每年可增加收入230万元。

四、酒店收益管理的四个层次及常犯错误

（一）酒店收益管理的四个层次

酒店收益管理基本分为四个层次：无控制、使用者控制、经验控制、收益管理系统控制。

【例6-6】某酒店老店长被撤职，新店长原在某三星级酒店任房务总监，对RevPAR一窍不通，更不用说收益管理了。收益管理这一任务就落到了使用者（总台服务员）身上，而总台服务员在老店长被解除职务后纷纷离去。现在的总台服务员全都是新手，尚在业务熟悉阶段，于是下面的故事发生了：星期天上午10点多，预订电话来了，一位客人要求预订三间当天的标间。新来的总台服务员在电脑里查看了一下标间的住店客，再加上当日标间的预订客后，就匆忙地告诉客人已经没有房间了。这是一个非常低级的错误。他显然没有减去当日即将离店的客人。这样的悲剧一直延续到10点半，区域市场经理到酒店后发现了这个问题，再一查，其他问题也很多：

（1）部分预订未留联系人电话，但保留时间又较晚，到晚上10点以后；如果给客人预留，万一客人NOSHOW，房间就有可能无法售出；如果不给客人预留，来了怎么办？

（2）下星期二本地区将有大型展会，但因中介提早抢先预订，占用了大量的房间，自星期四就开始拒绝散客和协议客户预订星期一和星期二的房间，影响了平均房价。

（3）房间如此紧张，居然还有三间坏房已经七天未被使用了，原因是空调坏了。而过去的一周天气预报最高气温是29℃，况且当地的天气有一个特点，就是白天热而早晚凉爽，不但不用空调，而且要盖被子。完全可以把这些客房售给较晚到达的客人（当然必须向客人说明实情，得到客人的认可，给予一定的折扣）。

经济型酒店实行收益管理势在必行，但也面临一系列严峻挑战：

（1）不实行会员卡怕留不住客人，实行了就要给客人打折，会员卡不仅要有折扣，还要有积分；

（2）基本没有会议室，无力接洽会议客人；

（3）只有小餐厅或没有餐厅，无法考虑接待有餐饮消费的客人以增加营收；

（4）普遍房间面积较小，无法加床；

（5）不懂或很少有人懂收益管理；

（6）房型单一，无法搞升级活动；

（7）客房数量有限；

（8）供大于求时竞争对手、高星级酒店杀价，有时只能跟进；

（9）第三方网站增加，价格越来越透明；

（10）客人住宿天数无法掌握；

（11）旺季无法临时增加产量，淡季又不能减产；

（12）淡季无法降低固定成本；

（13）中介回佣越来越高；

（14）大多数是单体酒店，无力购买收益管理软件，买了恐也无人会用。

（二）酒店收益管理常犯的错误

酒店收益管理常犯的错误如下：

（1）认为酒店收益管理只是酒店总台工作人员的事，从而使这项重要工作处于无人管理的状态，导致有房有需求，但是没有卖出去、爆满后却继续接受预订。

（2）由于服务质量或硬件质量的问题，酒店自身无力大量开发客源市场，大量的客源靠中介支持。允许网上预订折扣公司以折扣价出售房间，然后酒店又会抱怨这些中介吃掉了酒店的收入。

（3）推行收益最大化战略，提出要推行与竞争对手不同的为客人提供最佳服务的战略，于是便推出优惠折扣价、全套服务价、积分卡计划和赠品，从而导致经营成本大幅度提高。

（4）认为周日和周末是一回事，面对低迷的周日和周一束手无策，认为这是正常现象，而不采取任何积极的措施。

（5）认为加盟品牌就可以获得丰厚的收益，自己不需要做什么事。

（6）认为所有的营业收入都是一样的，而不去研究其来源和渠道，岂不知客源结构的合理配置将有效地提高酒店的收益。

（7）总是把短期目标看得比长期目标更重要。

（8）面对激烈竞争的市场，认为打折是一种有效的增加收入的方法。

（9）收益管理的预算完全建立在历史数据的基础上，而没有考虑今后的变化。

（10）认为房价建立在成本和期望的收益率的基础上，完全没有考虑现实的情况。

技能训练

一、实训教学目的

通过本次实践教学，使学生加深对酒店收入管理及成本控制的理解，掌握影响收入产生的因素，掌握成本控制的方法，能运用实际报表对问题进行分析与评价。

二、实训教学形式

1. 通过网络预先收集一份上市酒店的当年或当季度的资产负债表及利润表。
2. 分组讨论报表中影响收入与成本的科目。
3. 分析酒店营业收入主要与哪些科目相关。
4. 分析酒店营业成本主要与哪些科目相关。
5. 分析酒店利润主要与哪些科目相关。
6. 通过所收集的报表数据，尝试解释与评析这家上市酒店当年或当季度的收入与成本控制、盈利状况。

三、实训教学设计

1. 教师分配任务，学生分组，预先收集报表。
2. 小组组长分配任务，进行汇总、分析。
3. 小组撰写分析报告。
4. 制作汇报文件 PPT。

5. 小组汇报、讨论、交流。

6. 同学提问、教师点评。

四、实训教学考核

1. 过程考核：实践活动执行过程。

2. 结果考核：小组分析报告和PPT汇报。

思享园地

深圳某酒店偷税漏税　被追缴处罚309万元

2021年4月9日，深圳市地税局第四稽查局依法对深圳市某酒店作出追缴税款、罚款、滞纳金共计309万元的处理决定。

该酒店成立于1993年，注册资本人民币1 000万元，主要经营住宿业、中西餐、卡拉OK、歌舞厅及桑拿水疗。电脑系统显示该公司年度纳税额越来越少，2020年下半年仅申报缴纳少量娱乐业增值税。由于该酒店没有任何账册，稽查人员便从相关数据入手，通过俱乐部财务收入日报表与前台收银月报表是否相符、与业务部门业绩统计表是否一致这一线索，基本确认了俱乐部的收入情况。然而，酒店法人十分不配合，手机始终打不通，偶尔打通了，却总是推脱在出差。一个多月过去了，酒店始终不与稽查人员联系，也不认可检查结果。对此，税务人员依法发出了《税务事项通知书》和《询问通知书》，但酒店法人仍然不当一回事。无奈之下，稽查人员通过酒店房东，在当地村委的帮助下，几经周折终于联系上了酒店法人，但该法人匆匆露了个面之后，直到案件结案，再也联系不上。为了突破法人的“零口供”，稽查人员对俱乐部负责人、俱乐部财务人员和酒店会计分别做了询问笔录。稽查人员对以个人名义的刷卡账户进行了调查，发现银行账户与前台刷卡记录相符。各方调查情况证实：调账取得的统计表是俱乐部的真实收入状况。在强大的事实面前及当地村委的帮助下，该酒店法人最终在《核对意见书》上签名。

模块七 酒店固定资产管理

学习目标

知识目标

- 熟悉酒店固定资产种类及日常管理程序与标准。
- 熟悉酒店固定资产报废与更新程序与标准。
- 掌握酒店固定资产折旧管理方法。

能力目标

- 能运用多种方法计算固定资产折旧。
- 能够掌握与运用固定资产的日常管理方法及措施。

模块导入

酒店投资增长对固定资产管理的要求

中国饭店协会《2020 中国酒店业发展报告》显示，截至 2021 年 1 月 1 日，全国酒店业设施［15 间（含）以上规模］为 33.8 万家，客房总数 1 762 万间，其中经济型酒店 28.74 万家，客房总数 1 149万间，占比较大。从全国酒店档次分析，低端设施占比较大，整体仍呈现金字塔形结构：经济型（二星级及以下）、中档（三星级）、高档（四星级）、豪华（五星级）酒店数分别为 28.8 万家、3.1 万家、1.5 万家、0.4 万家，占比分别为 85%、9%、5%、1%，酒店客房数约为 1 149.6 万间、281 万间、220.7 万间、110.6 万间，占比分别为 65%、16%、13%、6%。旅游消费升级，促进中、高端连锁酒店发展。

受新型冠状病毒肺炎疫情影响，2020 年中国酒店业进入低谷。《全国星级酒店统计公报》显示，全国 1.85 万家星级酒店平均出租率为 42%，同比降低 26. %。酒店业的投资速度放缓。雅高、洲际、希尔顿等国际酒店集团，以及万达、首旅等本土酒店品牌更多的投资集中于精品、高端酒店，酒店固定资产比例加大，着重表现在智能化设备设施、新型环保能源设备等方面，因而对酒店固定资产的科学、有序管理提出了更高的要求。

思考：请结合本模块内容分析酒店固定资产管理对目前精品、高端酒店运营管理有什么作用或影响。

项目一 酒店固定资产种类及日常管理程序与标准

案例分析

多出来的设备

某四星级酒店因经营不善，在重新装修改造时面临资金短缺，业主方只能选择将酒店转让，以避免损失扩大。在办理酒店资产交接时，业主方意外发现酒店洗衣房有两台100千克的水洗机设备几乎是全新状态，三台清洁保养设备有尚未拆封的配件还在仓库。另外，仓库内还有一些在账面上未记录的固定资产设备呈全新状态。

思考： 该酒店在固定资产管理方面存在哪些漏洞？如果你是该酒店的经营管理者，将如何做？

一、酒店固定资产概述

固定资产是保持良好的酒店经营运转、提升酒店服务质量必不可少的物质基础。做好酒店固定资产管理工作，保护酒店财产的完整无缺，提高固定资产的使用效率，充分挖掘现有固定资产的潜力，正确计算现有固定资产的损耗，对酒店的经营管理具有重要的意义。近年来，酒店固定资产的投资越来越大，投资回收经过长期的经营活动才能实现，管好用好固定资产对于投资者来说极其重要。

（一）酒店固定资产的含义与特点

1. 酒店固定资产的含义

根据规定，酒店固定资产是指使用年限在一年以上的房屋、建筑物、机器、机械、运输工具和其他与生产经营活动有关的设备、器具、工具等；不属于生产经营主要设备的物品，单位价值在2 000元以上，并且使用年限超过两年的，也应当视为固定资产。

2. 酒店固定资产的特点

酒店固定资产的投资是为了满足酒店在较长时期内业务经营的需要，它在周转使用过程中具有以下特点：

（1）一次性投资大，使用期限长。

（2）在较长的使用期限中不会明显改变原来的实物形态。

（3）价值以双重形式存在，一部分随实物磨损程度，以折旧形式逐步、部分地计入费用或成本，并从营业收入中得到补偿，另一部分仍留存在实物形态上，直至报废。

（4）投资的集中性和回收的分散性。固定资产的价值补偿和实物更新在时间上是分别进行的，酒店购置固定资产是一次全部垫支资金，即体现投资的集中性；但由于其价值是逐渐转移的，因此，固定资产的收回是分次逐步实现的。

酒店部分设备既是固定资产，也是直接为宾客服务的产品。酒店反复经销同种产品，宾客只得到某一阶段、某一时间的住宿权利，实物资产并没有发生转移，宾客对所购买产品质量的评价与一般产品评价不同，同时宾客频繁更换、需求差异等形成了酒店固定资产的特点。这种特点体现了酒店设备无形损耗大、更新周期短、维修费用大，酒店必须做好日常维修工作，保持设备的全新状态，或在一定时期内进行更新改造。

（二）酒店固定资产的分类

1. 按经济用途分类

酒店固定资产按经济用途分类，可以分为经营用固定资产和非经营用固定资产两大类。

（1）经营用固定资产，是指直接参与酒店经营过程或服务于酒店经营过程的固定资产，如房屋、建筑物、机器设备、交通运输工具等。

（2）非经营用固定资产，是指不直接参与或服务于酒店经营过程，而是为了满足员工物质文化需要的固定资产，如员工餐厅、浴室、医务室等使用的房屋、设备等。

按经济用途对固定资产进行分类，可以考核、分析酒店固定资产的配置是否合理。

2. 按使用情况分类

酒店固定资产按使用情况分类，可以分为在用固定资产、未使用的固定资产和不需用的固定资产三大类。

（1）在用固定资产，是指正在使用的固定资产，包括由于季节性和大修理等原因暂停使用以及存放在使用部门以备替换使用的机器设备。

（2）未使用的固定资产，是指酒店购入而尚未使用、尚待安装及进行改（扩）建的固定资产和经批准停止使用的固定资产。

（3）不需用的固定资产，是指酒店不需用而准备处理的固定资产。

按照使用情况对固定资产进行分类，可以促使酒店合理地使用固定资产，同时这一分类也便于正确计提固定资产折旧。

3. 按实物形态分类

按固定资产的实物形态将固定资产分为房屋及建筑物、机器设备、电器设备、交通运输工具、家具和其他设备，这样可以反映酒店固定资产的不同类别，为确定固定资产折旧年限奠定了基础。

（1）房屋及建筑物，指酒店所有的营业用房和其他建筑物。

（2）机器设备，包括供电系统、供热系统、中央空调系统、电子系统、厨房机具、电梯、通信设备、大型洗涤设备、维修器械及其他机械设备等。

（3）电器设备，包括电脑网络系统、复印打字设备、闭路电视播放设备、音响设备、电视机、电冰箱、空调机及其他电器设备。

（4）交通运输工具，包括客车、货车、行李车等。

（5）家具，包括酒店各部门使用的家具、办公用家具设备、灯具、地毯及工艺摆设等。

（6）其他设备，包括消防监控设备、贵重器皿、健身房设备等不在上述分类的固定资产。

二、酒店固定资产日常管理程序与标准

（一）建立健全酒店固定资产管理责任制

固定资产管理责任制，就是根据管用结合的原则，把管理权限和责任下放到各使用部门并落实到班组和个人，纳入岗位责任制，使各部门使用的固定资产都由专人负责管理。

在固定资产管理责任制中，要明确酒店各部门的职责，包括工程技术部门、使用保管部门和财务部门。财务部门对管理固定资产承担总体及主要责任，其主要职责是全面掌握固定资产的增减变动情况，保证酒店财产不受损失，定期组织财产清查，正确计提折旧，对固定资产利用情况进行分析，协助各有关部门建立健全固定资产管理的各项制度。

为进一步落实固定资产管理责任制，必须完善固定资产日常管理的一些基础性工作，如按照固定资产类别编制固定资产目录，通过建立固定资产总账及明细分类账、部门保管账和保管卡来完善固定资产账目体系。

（二）建立定期盘点清查制度

酒店应成立由相关部门责任人参加的盘点小组，通过定期盘点清查，及时发现问题，查明原因，保证账账相符、账卡相符、账物相符。盘点方法有以账面数字核对实物和以盘点数字核对账存两种。

对盘点清查出的盘盈、盘亏及毁损，要查明原因并及时处理。盘盈的固定资产，按其原价减去估计折旧的差额计入营业外收入；盘亏及毁损的固定资产按照原价扣除累计折旧、过失人及保险公司赔款后的差额计入营业外支出；酒店在工程施工中发生的固定资产清理净损失，计入有关工程成本；筹建期间发生的与工程不直接有关的固定资产盘盈、盘亏和清理净损益，以及由于非常原因而造成的固定资产清理净损失，计入开办费。

酒店对于出售或清理报废固定资产所获得的变价净收入（变价收入、残料价值减去清理费用后的净额）与固定资产净值（固定资产原值减去累计折旧）的差额，计入营业外收入或营业外支出。

对盘点中需清理的固定资产应按照规定的审批程序和手续，先由工程部提出，进行认真的技术鉴定，经财务部审查，报总经理审批。

（三）做好固定资产的维修保养，提高固定资产的完好率和使用率

酒店的固定资产品种多、分布广泛，其完好程度直接影响酒店产品的质量，尤其是宾客直接使用的一些设施设备，更应注意保持清洁、安全、整齐等。为此，必须建立健全必要的维修保养秩序和管理的责任制度，如计划内维修制度、计划外维修制度、设备维修保养分工制度、设备维修保养评价制度（设备完好率、设备维修费用率）等。通过

多重质量控制体系，从专业部门到工程部门，从上岗、使用到保养、自检、维修，多方面做好质量控制工作，确保设施设备时刻处于完好状态。

延伸阅读

酒店固定资产具体管理制度实际案例

1. 固定资产管理实行分级管理、部门负责的原则，把属于酒店的固定资产落实到部门和个人，执行岗位经济责任制，做到“物物有人管，人人有专职”。

2. 固定资产的账务管理归口财务部，每年由财务部负责牵头，组织有关部门人员进行清查盘点，使之账实相符；固定资产的实物管理方面，酒店机器设备、仪表仪器等设备归口工程部管理；其他资产由所在部门负责管理。

3. 酒店各部门主要负责人为该部门资产责任人，部门资产责任人对部门所辖范围内的资产负责，并委托专人（部门资产管理员）进行部门内各项资产的账卡管理和盘点工作。

4. 各部门要做好固定资产的维护保养工作，严格执行技术操作规程，遵守操作管理制度，确保设备性能和工作量负荷，减轻磨损，未经批准，不得擅自拆卸改装设备。

5. 财务部对固定资产建立分类明细账，实行金额控制，负责监督和控制固定资产的购置、调入、调出、出售、报废等正常业务，定期检查账目，随时掌握固定资产的变动情况。

6. 工程部负责固定资产的维护保养和技术管理工作，对设备的拆卸、安装等技术项目负责施工及质量验收、保证设备安全、降低消耗，保证各种设备始终处于良好状态。

7. 各部门资产管理员负责管理本部门所使用的固定资产，部门资产责任人应根据部门资产的使用情况，建立部门内部的资产管理程序和资产管理制度，并设立基层管理组织，以共同做好资产管理工作。

8. 各部门资产责任人和资产管理员必须全面掌握所在部门固定资产的分布使用情况。

9. 部门资产管理员在部门资产责任人的直接领导下，主要从事如下工作：

（1）检查本部门资产的使用情况。

（2）管理部门的各种账、卡，保证账卡相符。

（3）参与资产的清查盘点工作。

（4）对资产的内部转移，填写资产内部转移通知单，经部门负责人、总经理签批后，报财务部进行账务调整及卡片调整。

（5）对固定资产的清理报废，由资产管理员填制固定资产报废清单，经由工程技术人员鉴定，报部门负责人、财务总监、总经理批准后方能进行报废处理，并注销该卡片。

10. 固定资产的添置，应根据经营需要在年度或季度资本性支出预算中列明，添置固定资产时，由使用部门提交申请报告、可行性报告和采购申请单，同时得到部门资产管理员的认可，报部门负责人，经财务部审核，报总经理批准后方可采购。预算外的采购需提交详细的说明。

11. 自制的固定资产完工后，必须办理验收手续，填制验收启用报告书，连同材料费、安装费等附件，经工程部、使用部门和财务部验收签字后，报总经理批准并办理报账手续，登记固定资产账目和卡片。

12. 直接购买的固定资产到货后，先办理验收手续，填制验收启用报告书，部门资产管理员签字后，连同转运费、安装费等附件，经工程部、财务部、使用部门负责人签字后，办理报账手续，登记固定资产账目和卡片。

13. 对固定资产的更新改造，首先由部门提交更新改造申请报告及可行性经济效益报告，报总经理批准后方能进行。竣工后，根据施工部门编制的更新改造交接造册，会同工程部、财务部、使用部门进行验收，办理交接手续，填制验收启用报告书，连同更新改造竣工决算书等附件，经总经理批准后入账，登记固定资产账目和卡片。

14. 固定资产内部转移时提交申请报告，经转入和转出部门负责人签字，由财务核批，报总经理批准后才能进行，然后由资产管理员填制资产内部转移通知单，转入、转出部门办理移交和验收手续并签字后报财务部进行账务卡片调整。

15. 固定资产由于长时间使用发生磨损，不能继续使用或由于其他原因而进行清理报废时，由使用部门资产管理员填制固定资产报废清理单，经工程技术人员审查鉴定，报部门负责人、财务总监、总经理批准后，转财务处理，财务凭有关单据调整固定资产账户并将清理情况记入固定资产卡片内，注销固定资产卡片，另行归档保管。

16. 在清查财产中发现的盘盈、盘亏及损失，应查明原因、做出报告、填写盘存表（见表7-1），按以下审批权限报批后处理。

（1）盘盈的固定资产，经总经理批准后，按盘盈的重置完全价值入账。

（2）盘亏和损失的固定资产，由部门总监/经理审批，报财务总监、总经理批准。

17. 各部门严格执行本管理制度，若因工作不落实、管理不善导致部门使用的资产出现人为损坏、流失、账务不符等情况，将追究部门资产责任人和资产管理员的责任。

18. 资产管理员如有变动，应事先办理书面的移交手续，并得到财务部门的认可后方可办理调动手续。

表 7-1 酒店固定资产盘存表

类别：　　　　　　　　　　　　　　部门：　　　　　　　　　　　　　　年　　月　　日

编号	品　名	规格	单位	单价	账面数		库存数		盈亏数（±）	
					数量	金额	数量	金额	数量	金额
	合　计									

审核：　　　　　　　　　　　　　　　　　　　　　　　　制表：

项目二 酒店固定资产报废与更新程序及标准

案例分析

“借用”一下电脑

某酒店前厅部王总监在工作期间发现电脑忽然失灵了，于是向技术部报修。经检查后，需要更换主板，而此时技术部没有备件及备用电脑。王总监无奈之下，将商务中心一台供客人使用的电脑暂时搬至办公室使用。

晚上，正在酒店举办某品牌招商会的三位会务组人员到商务中心借用电脑处理文件，发现只有一台电脑可供使用，于是对酒店服务与设施表示不太满意。此事正巧让当晚值班经理看到了。于是第二日早会，值班经理将客人的意见在会议上提出。

思考：请你结合课程内容，分析案例并思考该酒店在固定资产管理方面是否存在问题并说明原因。

一、酒店固定资产报废

固定资产报废是指固定资产由于长期使用中的有形磨损，或达到规定使用年限，不能修复继续使用，或者由于技术改进的无形磨损，必须以新的、更先进的固定资产替换等原因造成的，对原有固定资产按照有关规定进行产权注销的行为。

（一）固定资产报废申请条件

符合下列条件之一的酒店固定资产可申请报废：

（1）使用年限过长，功能丧失，完全失去使用价值，或不能使用且无修复价值的。

（2）产品技术落后，质量差，耗能高，效率低，已属淘汰且不适于继续使用，或技术指标已达不到使用要求的。

（3）严重损坏，无法修复的或虽能修复，但累计修理费已接近或超过市场价值的。

（4）主要附件损坏，无法修复，而主体尚可使用的，可作部分报废。

（5）免税进口的仪器设备应当在监管期满，向海关申请解除监管，在获得批准之后才能提出报废申请。

（二）固定资产报废损失认定

对报废、毁损的固定资产，其账面净值扣除残值、保险赔偿和责任人赔偿后的余额部分，依据下列证据认定损失：

（1）酒店内部有关部门出具的鉴定证明。

（2）单项或批量金额较大的固定资产报废、毁损，酒店应逐项作出专项说明，并委托有技术鉴定资格的机构进行鉴定，出具鉴定证明。

（3）不可抗力（自然灾害、意外事故、战争等）造成固定资产毁损、报废的，应当有相关职能部门出具的鉴定报告，如消防部门出具的受灾证明，公安部门出具的事故现场处理报告、车辆报损证明，房管部门出具的房屋拆除证明，锅炉、电梯等安检部门出具的检验报告等。

（4）酒店固定资产报废、毁损情况说明及内部核批文件。

（5）涉及保险索赔的，应当有保险公司理赔情况说明。

（三）固定资产报废处理方法

固定资产报废有两种情况：一是由于磨损或陈旧，使用期满不能继续使用；二是由于技术进步，必须由先进设备替代。固定资产报废，一方面由于固定资产退出酒店引起酒店固定资产的减少，另一方面在清理过程中还会发生一些清理费用，同时还可能取得一定的变价收入。因此，固定资产报废的核算应按以下程序进行：

（1）注销报废固定资产的原值和已提折旧额。按固定资产的净值，借记“固定资产清理”账户；按已提折旧额，借记“累计折旧”账户；按固定资产原值，贷记“固定资产”账户。

（2）结转残料价值和变价收入。按收回的残料价值和变价收入，借记“银行存款”“原材料”等账户，贷记“固定资产清理”账户。

（3）支付清理费用。按发生的清理费用，借记“固定资产清理”账户，贷记“银行存款”等账户。

(4) 结转清理后的净损益。固定资产清理后的净收益，借记“固定资产清理”账户，贷记“营业外收入——处理固定资产收益”账户；固定资产清理后的净损失，借记“营业外支出——处理固定资产损失”账户，贷记“固定资产清理”账户。

(四) 固定资产报废程序

(1) 固定资产报废由使用部门或保管部门填写固定资产报废审批单，列明固定资产的报废原因及固定资产的原值、净值等基本情况。

(2) 工程部经理或有关技术人员签署意见。

(3) 总经理签署审批意见。

(4) 经批准报废的固定资产，有残余价值的，一律转入废料仓库进行实物管理。

(5) 财务部门将批准报废的固定资产净值转入“固定资产清理”科目核算。财务部门、使用部门的固定资产职能管理部门同时在有关账表上减少固定资产数量。

二、酒店固定资产更新

酒店各部门对固定资产的管理及使用，除建立起必要、完整的登记外，还应妥善保管和正确使用，延长其使用价值。如有任何方面的维修需求，应通知酒店工程部，由工程部出具此设备不能再修复的相关书面证明，经工程部经理签字确认后才能申请添置。使用部门根据维修结果，填写设备报损单，经财务部经理、总经理批准后，再申请购置新的固定资产设备。

项目三 酒店固定资产折旧管理

案例分析

“一样”与“不一样”

甲、乙两家酒店的基本信息，如客房数、餐位数、营业面积、员工数、开业时间等十分相似，营业收入、成本费用也极其相近，可是两家酒店开业后第一年的财务报表上显示的净利润却有很大的差异。

思考： 为何甲、乙两家酒店在基本条件一致的情况下，财务报表中净利润却有很大差异？可能是什么原因引起的？

一、酒店固定资产的计价

折旧的核算是一个成本分摊的过程，其目的是将固定资产成本按合理而系统的方式，在估计的有效使用期内进行摊销。采用不同折旧方法会使每期摊销额不同，从而影响酒店的应税所得。为了正确地反映和监督固定资产的增减变动情况和实际成本，正确计算固定资产折旧，必须按一定的标准对固定资产进行计价，这是做好固定资产综合核算的必要条件。

（一）固定资产原始价值

固定资产原始价值，又称固定资产原价、固定资产原值，是在购置、建造某项固定资产时支付的货币总额，即固定资产的账面原价。酒店计提固定资产折旧时，以月初应计提折旧的固定资产账面原值为依据，本月增加的固定资产当月不提折旧，本月减少的固定资产当月照提折旧。由于固定资产的来源不同，其原始价值的确定方法也有所不同，酒店应按照下列规定确定固定资产的原始价值。

（1）投资者投入的固定资产，按评估确认的价值或合同、协议约定的价格计价。

（2）自行建造的固定资产，按在建造过程中实际发生的全部支出计价。

（3）新购置的固定资产，以购入价或售出单位的账面原价加运费、途中保险费、包装费、安装费为原价。进口设备的原价还应包括进口税金。

（4）在原有固定资产上改建、扩建或技术改造完工的固定资产，按原有固定资产原值减去改（扩）建中发生的变价收入，加改（扩）建或技术改造所发生的全部支出计价。

（5）盘盈的固定资产按照同类固定资产的重置完全价值计价。

（6）接受捐赠的固定资产，按受赠固定资产的市场价格计价，或根据捐赠者提供的有关凭证和酒店负担的运输费、保险费、安装调试费等计价。

（7）融资租入的固定资产，按租赁协议或合同确定的价款，加上发生的运输费、途中保险费、安装调试费等计价。

（二）固定资产重置完全价值

固定资产重置完全价值，又称“重置价值”，是估计在某一日期重新建造或购置安装同样的全新固定资产所需的全部支出。当酒店取得无法确定原价的固定资产或发现账外固定资产时，可按照重置价值计价入账。

（三）固定资产净值

固定资产净值，又称固定资产折余价值、固定资产净残值，是固定资产报废时预计可收回的残余价值扣除预计清理费用后的余额，即固定资产原值或重置完全价值减去累计折旧后的净值，反映固定资产的现有价值。预计净残值的多少同样会影响折旧额的计提。现行制度规定各类资产净残值的比例为固定资产原值的3%～5%，由酒店自行确定，并报主管税务机关备案。

以上三种计价标准，对固定资产的管理与核算有着不同的作用。采用原始价值和重置价值计算，可以使固定资产在统一计价的基础上，如实反映酒店固定资产的原始投资并可用来计算折旧；采用折余价值，可以反映酒店当前实际占用在固定资产上的资金，通过折余价值和原始价值的对比，还可以大致了解固定资产的新旧程度。

固定资产的价值一经确定并登记入账后，除因登记错误需要改正以及因酒店改组、解散等情况外，一般不应重新调整原价。

二、酒店固定资产折旧概述

（一）固定资产折旧的含义

固定资产折旧是指固定资产在使用过程中，由于损耗而转移到费用中去的那部分价值。这部分价值通过提供服务，从取得的营业收入中得到补偿，为未来固定资产的更新筹集资金。

固定资产的损耗按形成的原因不同可以分为有形损耗和无形损耗两种。有形损耗是指由于使用或自然力的作用而逐渐丧失其使用价值；无形损耗是指由于劳动生产率提高或技术进步而引起的价值损耗。由于劳动生产率提高，耗费在产品中的社会必要劳动时间减少，原有固定资产的价值降低了，由此会形成一种无形损耗；或者是由于技术进步使设备在性能上发生明显差异，继续使用在经济上不合算，只好提前报废，由此也会形成一种无形损耗。分析有形损耗和无形损耗是为了使酒店在确定固定资产折旧时，既考虑有形损耗所决定的自然使用年限，又考虑到无形损耗所决定的经济使用年限，这样才能使固定资产的所有损耗都能得到适当的补偿。

（二）酒店固定资产折旧的计提范围

1. 计提折旧的固定资产

（1）房屋及建筑物。

（2）在用的机器设备、仪器仪表、运输车辆。

（3）季节性停用、修理停用的设备。

（4）融资租入的设备。

（5）以经营租赁方式租出的固定资产。

2. 不计提折旧的固定资产

（1）房屋、建筑物以外的未使用、不需用的机器设备。

（2）以经营租赁方式租入的固定资产。

（3）已提足折旧继续使用的固定资产，未提足折旧提前报废的固定资产。

（4）国家规定不提折旧的其他固定资产。

固定资产折旧按月初固定资产的账面数额提取，也就是说凡在月中使用的固定资产当月不提折旧，从下月起计提折旧；月中停止使用的固定资产当月仍计提折旧，从下月起停提折旧。酒店所提的固定资产折旧应计入成本费用，不得冲减资本金。

（三）酒店固定资产分类折旧的年限

固定资产预计使用年限的确定，直接关系到各期应计提的折旧额。因此在确定使用年限时，不仅要考虑固定资产有形损耗，而且要考虑固定资产无形损耗及其他因素。国家对各类固定资产的使用年限已作了明确规定，酒店必须依照国家规定的折旧年限计提折旧，如：

1. 房屋、建筑物

（1）房屋：营业用房，20～40年；非营业用房，35～45年；简易房，5～10年。

（2）建筑物，10～25年。

2. 机器设备

（1）供电系统设备，15～20年。

（2）供热系统设备，11～18年。

（3）中央空调设备，10～20年。

（4）通信设备，8～10年。

（5）洗涤设备，5～10年。

（6）维修设备，10年。

（7）厨房用具设备，5～10年。

（8）电子计算机系统设备，6～10年。

（9）电梯，10年。

（10）相片冲印设备，8～10年。

（11）复印、打字设备，3～8年。

（12）其他机器设备，10年。

3. 交通运输工具

（1）客车：大型客车（33座以上），30万千米，8～10年；中型客车（32座以下），30万千米，8～10年；小轿车，20万千米，5～7年。

（2）行李车，30万千米，7～8年。

（3）货车，50万千米，12年。

（4）摩托车，15万千米，5年。

4. 家具设备及地毯

（1）家具设备：营业用家具设备，5～8年；办公用设备，10～20年。

（2）地毯：纯毛地毯，5～10年；混织地毯，3～5年；化纤地毯，3年。

5. 电器及影视设备

（1）闭路电视播放设备，10年。

（2）音响设备，5年。

（3）电视机，5年。

（4）电冰箱，5年。

（5）空调，5年。

（6）电影放映机及幻灯机，10年。

（7）照相机，10年。

（8）其他电器设备，5年。

6. 文体娱乐设备

（1）高级乐器，10年。

（2）游乐场设备，5～10年。

（3）健身房设备，5～10年。

7. 其他设备

（1）工艺摆设，10年。

（2）消防设备，6年。

三、酒店固定资产折旧的计算

折旧是固定资产在使用过程中，通过逐渐损耗（包括有形损耗和无形损耗）而转移到产品成本或商品流通费用中的那部分价值。折旧的核算是一个成本分摊的过程，即将固定资产取得成本按合理且系统的方式，在它的估计有效使用期限内进行摊配。这不仅是为了收回投资，使酒店在将来有能力重置固定资产，而且是为了把资产的成本分配于各个受益期，实现期间收入与费用的正确配比。影响酒店年折旧费大小的因素主要有固定资产原值、固定资产预计使用年限、固定资产报废时的净残值以及所采用的折旧方法。从计算固定资产折旧的方法来看，目前酒店主要使用直线法，如使用年限法、工作量法、工作小时法等；还有少数酒店使用加速折旧法，允许采用的有年数总和法、双倍余额递减法。

（一）直线法

1. 使用年限法

使用年限法是根据固定资产的原始价值扣除预计残值，按预计使用年限平均计提折旧的一种方法。使用年限法，又称平均年限法，它将折旧均衡分配于使用期内的各个期间。因此，用这种方法所计算的折旧额，在各个使用年份或月份中都是相等的。其计算公式为：

固定资产年折旧额＝(原始价值＋预计清理费用－预计残值)÷预计使用年限

一定期间的固定资产应计提折旧额与固定资产原值的比率称为固定资产折旧率。它反映一定期间固定资产价值的损耗程度，其计算公式如下：

固定资产年折旧率＝固定资产年折旧额÷固定资产原值×100%

固定资产年折旧率＝(1－净残值率)÷折旧年限×100%

使用年限法的特点是每年的折旧额相同，缺点是随着固定资产的使用，修理费越来越多，到资产的使用后期，修理费和折旧额会大大高于固定资产购入的前几年，从而影响企业的所得税税额和利润。

【例 7－1】 某酒店有一辆价值 500 000 元的货车，残值按原值的 4%估算，估计使用年限为 8 年。请按使用年限法计提折旧额。

解：

500 000×（1－4%）÷8＝60 000（元）

使用年限法是在使用期限内平均分摊折旧的方法，凡是在一年中均衡使用或者说基本上均衡使用，各期磨损程度相似的固定资产都可以采用这种方法。

2. 工作量法

工作量法，又称产量法，是假定固定资产的服务潜力会随着使用程度而减退，因此，将使用年限法中固定资产的有效使用年限改为使用这项资产所能生产的产品或劳务数量。其计算公式为：

$$\text{单位产品的折旧费用}=\left(\text{固定资产原始价值}+\text{预计清理费用}-\text{预计残值}\right)\div\text{应计提折旧资产的估计总产量}$$

固定资产年折旧额＝当年产量×单位产品的折旧费用

工作量法可以比较客观地反映固定资产使用期间的折旧和费用的配比情况。

【例 7－2】 某酒店拥有小型运输车一部，原值为 10 万元，预计总行驶里程为 50 万千米，净残值 2 万元。请计算该车行驶了 20 万千米时的计提折旧额。

解：

单位折旧额＝(100 000－20 000)÷50＝1 600（元）

行驶 20 万千米应提折旧＝20×1 600＝32 000（元）

3. 工作小时法

工作小时法与工作量法类似，只是将生产产品或劳务数量改为工作小时数，其计算公式为：

$$\text{使用每小时的折旧费用}=\left(\text{固定资产原始价值}+\text{预计清理费用}-\text{预计残值}\right)\div\text{应计提折旧资产的估计耐用总小时数}$$

$$\text{固定资产年折旧额}=\text{固定资产当年工作小时数}\times\text{使用每小时的折旧费用}$$

【例 7－3】 某酒店拥有清洁保养设备，原值为 5 万元，预计总使用时间为 5 000 小时，无残值。请计算该设备使用了 1 000 小时的计提折旧额。

解：

每小时折旧额＝50 000÷5 000＝10（元）

使用 1 000 小时应提折旧＝10×1 000＝10 000（元）

工作小时法同工作量法一样，可以比较客观地反映固定资产使用期间的折旧和费用的配比情况。

（二）加速折旧法

加速折旧法，又称递减折旧费用法，指固定资产每期计提的折旧费用，在使用早期计提得多，在后期计提得少，从而相对加快了折旧的速度。加速折旧有多种方法，主要有年数总和法和双倍余额递减法。

1. 年数总和法

年数总和法，又称合计年限法，是将固定资产原值减去预计净残值后的净额以一个逐年递减的分数计算每年的折旧额。这个递减分数，分子代表固定资产尚可使用的年数，分母代表使用年数的数字总和。其计算公式为：

$$年折旧率=\frac{折旧年限-已使用年限}{折旧年限\times（折旧年限+1）\div 2}\times 100\%$$

年折旧额＝(固定资产原值－预计净残值)×年折旧率

【例 7－4】 某酒店机器设备使用年限为 5 年，原值 8 万元，预计净残值 2 000 元，则该设备各年折旧额分别为多少？

解：

年数总和＝［5×（5＋1)］÷2＝15（年）

各年折旧额如表 7－2 所示：

表 7－2　某酒店机器设备折旧情况　　金额单位：元

年份	原值－预计净残值	尚可使用年数	折旧率	折旧额	累计折旧	账面价值
1	78 000	5	5/15	26 000	26 000	54 000
2	78 000	4	4/15	20 800	46 800	33 200
3	78 000	3	3/15	15 600	62 400	17 600
4	78 000	2	2/15	10 400	72 800	7 200
5	78 000	1	1/15	5 200	78 000	2 000
……						
15						

2. 双倍余额递减法

双倍余额递减法是在不考虑固定资产残值的情况下，根据每期期初固定资产账面余额和双倍直线折旧率计算固定资产折旧的一种方法。其计算公式为：

年折旧率＝2÷折旧年限×100%

月折旧率＝年折旧率÷12

年折旧额＝固定资产账面价值×年折旧率

实行双倍余额递减法计提折旧的固定资产，应当在其固定资产折旧年限以前两年内，将固定资产净值平均摊销。

【例7-5】 某酒店一台设备原值为8万元，预计净残值为2 000元，预计使用年限为5年，则年折旧率为多少？

解：

年折旧率＝2÷5×100%＝40%

第一年的年折旧额＝80 000×40%＝32 000（元）

采用加速折旧法，可使固定资产成本在使用期限中加快得到补偿，但这并不是指固定资产提前报废或多提折旧。因为不论采用何种方法计提折旧，从固定资产全部使用期间来看，折旧总额不变，所以，对酒店的净收益总额并无影响。但从各个具体年份来看，由于采用加速折旧法，使应计提折旧额在固定资产使用前期计提较多而后期计提较少，必然使酒店净利润前期相对较少而后期较多。无论是采用直线法折旧，还是采用加速折旧法折旧，在固定资产有效使用年限内计提的折旧总额都是一样的。采用加速折旧法由于在前期计提较多的折旧费，可以使大部分投资尽早收回，减少投资风险，满足货币时间价值的要求。

技能训练

一、实训教学目的

通过本次实践教学，使学生加深对酒店固定资产种类及日常管理程序与标准的认识，掌握固定资产折旧计算，熟悉固定资产报废与更新程序，能运用实际报表对固定资产管理状况进行分析与评价。

二、实训教学形式

1. 对以下假定的情境进行计算与分析。

（1）甲酒店固定资产的原值为240 000元，预计净残值为24 000元，预计使用期限为6年。

（2）乙酒店一台清洁保养机器设备原值为680 000元，预计可使用20 000小时，预计净残值率为3%，2020年3月该设备使用了240小时。

2. 分组对以上两个情境分别用多种折旧方法进行计算。

3. 分析不同折旧方法对财务报表产生的影响。

4. 根据以上情境，尝试解释与评析不同折旧方法的适用情境。

三、实训教学设计

1. 教师分配任务，学生分组，预先了解假定情境。

2. 小组组长分配任务，进行汇总、分析。

3. 小组计算，并总结讨论结果。

4. 制作汇报文件PPT。

5. 小组汇报、讨论、交流。

6. 同学提问、教师点评。

四、实训教学考核

1. 过程考核：实践活动执行过程。

2. 结果考核：折旧计算方法使用、折旧计算结果和PPT汇报情况。

思享园地

如何防范固定资产流失

随着企业的经营与发展，企业固定资产数量将会越来越多，管理的难度也随之增加。而由于人工管理上的弊端，导致越来越多的固定资产被重复购置或丢失的状态，不仅增加了企业成本开销，而且影响企业日常运营。

在这样的情况下，引入一套固定资产管理系统就显得很有必要了。该系统借助二维码和RFID技术，将每个固定资产绑定一个对应的标签，实现固定资产从采购、入库、领用、维保、变更、报废整个生命周期的管理；实现资产责任到人，将固定资产分到每个员工名下；数据集中式管理，解决资产闲置浪费、重复购买、去向不明、账实不一致等一系列问题；条码扫描式和RFID读取式盘点，可以快速、准确地盘点所有资产，并生成盘点报告，提升资产整体管理水平。

1. 主要亮点

(1) 精细化管理。统一资产编码，实现通用编号规则的各组织分离设置，让资产台账更清晰；细化资产类别，实现资产分类、分级权限管控；统一存放地点管理，可实现资产存放与各组织的对应；支持多组织权限，方便资产统一维护管理及满足后续多组织的扩展需求；统一资产卡片管理，批量导入资产数据，快速生成企业资产管理台账，让集团总部及其下属分子公司的资产管理更规范、精细化。

(2) 全周期管理。支持各类资产从采购、入库、领用、归还、调拨、维修、变更、处置、借用等全周期在线管理，确保资产日常使用与保管。

(3) 简化和规范资产领用流程。日常的资产领用、调拨、借用、规划、维修等申请，员工可以直接在系统上进行申请，并生成一个操作记录，方便追溯。系统会自动提醒资产管理员处理员工申请操作，通过后可以进行签字发放，同时系统会自动更新资产的使用人、使用部门和使用状态，无须人工更新，落实资产责任。

(4) 实时资产报废，保证收益。每当资产到了报废时间后，会自动提醒资产管理人员处理，实现报废资产的规范化处理，确保资产处置所得收益入账。

(5) 异地盘点，数据实时上传。支持异地盘点功能，异地盘点数据实时上传，可以实时了解各地的资产情况。

(6) 支持条码扫描式和RFID读取式盘点。条码扫描式：员工利用PDA扫描资产条码后，自动采集盘点数据，并在任务结束后，自动将盘点数据同步到系统上，生成盘点报告。RFID读取式盘点：员工利用RFID读取器，自动读取5～6米内带有RFID标签的资产，效率更高。并在任务结束后，自动将盘点数据同步到系统上，生成盘点报告。

（7）对接财务系统，财实一体、助力成本管理。强大集成平台，可与SAP、金蝶国际（00268）、招采、K2等对接，通过调用财务系统接口，资产与费用映射，资产管理系统中卡片信息及费用科目同步到财务系统，实现企业资产账实一致。

2. 主要收益

（1）统一资产台账、统一资产规则、统一编码、统一流程规范，规范资产管理，提升资产管理精细化水平；

（2）一物一人一码，操作留痕，实时记录，有效追溯，责任到人，资产零流失；

（3）利用条码技术移动盘点，扫码秒盘，报告准确，异地盘点无偏差，提高盘点效率和准确度；

（4）对接财务系统，财务账、实物账一一对应，实现企业资产账实一致；

（5）准确资产库存数据，为企业资产评估、决策提供更为可靠的依据，闲置资产有效调配，提高资产利用效率。

模块八 酒店财务预算管理

学习目标

知识目标

- 熟悉酒店预算的组织与编制程序。
- 掌握酒店预算编制的方法。
- 熟悉预算管理的执行与控制。

能力目标

- 能够运用酒店财务预算编制方法与程序，正确编制酒店财务预算。
- 能够对财务预算指标与实际指标的差异进行分析。

模块导入

锦江之星的预算管理发展

“凡事豫则立，不豫则废”的理念，在酒店实践中体现为预算管理的重要性。从传统的 Excel 手工预算到集成的全面预算管理平台，预算管理的演变伴随着酒店规模的不断扩张，也日益成为提升酒店管理能力的重要工具。

上海锦江国际酒店（集团）股份有限公司是中国主要酒店服务供应商之一，主要从事星级酒店营运与管理、经济型酒店营运与特许经营以及餐厅营运等业务。Excel 手工预算已经在锦江之星沿用多年，其公式计算、数据分析等功能也与财务管理的要求基本契合。但是，自 2010 年开始，锦江之星进入了每月至少新设一家经济型酒店的扩张通道，这种速度令锦江之星的财务人员感到，Excel 手工预算编制和分析已无法实现对企业的管控，他们根本不清楚自身还有多少资源来支撑锦江之星的扩张规模与速度，无法预知扩张过程中的风险与效率。Excel 手工预算作为 IT 应用工具的数据无法集中管理的缺陷凸显出来。

锦江之星的预算管理体系变革就此开始。2012 年，锦江之星开始实施 Hyperion（海博龙）的全面预算管理体系，将各部门不同年度的预算数据和实际数据进行集中统一管理，启动全面预算管理，搭建一个全面预算管理体系。

思考：对于锦江之星来说，预算管理在酒店连锁化发展中能够发挥哪些积极的作用？

项目一 酒店预算的组织与编制程序

案例分析

为何实施“全面预算”效果仍不理想？

某五星级酒店李总认为全面预算管理十分重要，他的主要竞争对手实现了全面预算管理之后，有效地降低了成本，当年的收益有明显的提升。于是李总外聘了财务管理专家协助酒店一起完成酒店全面预算管理体系建设。

但外聘的财务管理专家发现经过共同努力完成的全面预算管理体系受到一线业务部门的反对与抵制，整个体系的实施仅仅流于形式，并没有得到认真的制定、落实与执行，对实施的过程、结果也缺乏有力的组织和监管。换言之，全面预算管理并没有发挥其应有的作用。

思考：通过课程学习，你认为该酒店应如何建立强而有效的全面预算管理体系？

一、酒店预算的组织

预算是酒店经营者为了实现未来一定时间的经营目标，以货币为计量单位，对酒店所拥有的各种资源事先进行科学合理的规划、测算和分配，以约束指导酒店的经营活动，保证经营目标顺利完成的一系列具体规划，它是一定的时期内（一般为一年或一个既定的期间内）经营、财务、投资等价值流相关的总体计划，是酒店整体战略发展目标和年度计划的细化，它包括业务方面的预算（如收入预算、采购预算、费用预算等）和财务方面的预算（如资金预算、利润预算、现金流量表预算、资产负债表预算等）。

在酒店管理中，预算来自酒店的战略计划。在编制预算之前，酒店应对内部、外部环境进行科学的分析和预测，并制定战略计划。战略计划在实施之前，必须以数量化的形式加以反映，以便为战略实施过程中各种资源的有效配置和使用提供依据。也就是说，预算就是用货币形式反映酒店在一定时期内生产经营活动的总目标和各项具体的数量说明。预算一般以年为时间单位，将战略计划具体分解为各种数量指标。因而，预算连接了战略计划与经营控制，是酒店管理中必不可少的工具，完整的预算过程包括预算编制、预算控制和预算分析三个环节。

预算编制是预算管理的首要职能，是实施预算控制的基础，需要最高管理部门的支持和组织内部各部门通力协作。酒店需要有确定的组织机构来编制和管理预算，一般包括以下机构：

（一）法定代表人

法定代表人应当对酒店财务预算的管理工作负总责任。董事会或者经理办公会可以根据情况设立财务预算委员会或指定财务管理部门负责财务预算管理事宜。

（二）预算委员会

预算委员会由高级管理人员，如CEO、主要经营者和财务主管组成，也可以由酒店财务管理部门执行该项职能。预算委员会拟订预算的目标、政策，制定预算管理的具体措施和办法，提出酒店一定期间的总体经营目标，指导各部门形成自己的工作目标，审查协调各部门编制的预算。

（三）财务管理部门

酒店财务管理部门具体负责组织酒店财务预算的编制、审查、汇总、上报、下达、报告等具体工作，跟踪监督财务预算的执行情况，分析财务预算与实际执行的差异及原因，提出改进管理的措施和建议。

（四）内部各职能部门

酒店内部的各职能部门配合财务预算委员会做好总预算的综合平衡、协调、分析、控制、考核等工作。

（五）酒店基层单位

酒店所属的基层单位在财务管理部门的指导下，负责本单位现金流量、经营成果和各项成本费用预算的编制、控制、分析工作，接受上级的检查、考核。

延伸阅读

某酒店集团设立的预算管理组织

（一）董事会

1. 人员构成：董事。

2. 主要职责及工作内容。

（1）决定集团长期发展战略和经营目标。

（2）审批决定各公司下一年度《年度经营目标》和《年度财务指标预算目标》。

（3）审议批准预算管理制度、预算编制方法及流程、预算编制工作完成期限、预算考核标准文件及其修订案。

（4）审批预算委员会上报的公司年度预算方案并下达。

（5）审批年度财务预算、决算报告。

（6）预算管理工作中分歧和冲突的最终裁决。

（7）按照预算制度权限审批预算外事项申请。

（8）按照预算制度权限审批超预算事项申请。

（9）其他预算管理重大事宜的决策。

（二）预算管理委员会

1. 人员构成：集团总裁、财务中心总监、发展中心总监、人事行政中心总监、各部门经理。

2. 主要职责及工作内容：

（1）拟订各公司下一年度《年度经营目标》和《年度财务指标预算目标》，报董事会审批。

（2）审议由财务中心提交的预算管理制度、预算编制方法及流程、预算编制工作完成期限和预算编制模版的制定或修改提案，审议由人力资源部提交的预算考核标准文件，报董事会审批。

（3）向各分（子）公司下达年度经营目标。

（4）向各分（子）公司下达预算相关制度政策及预算编制工作完成期限。

（5）审议各分（子）公司年度业务计划及年度预算分解方案。

（6）召开年度预算评审会，综合平衡年度经营目标和各公司年度业务计划、年度预算分解方案。

（7）将审核通过的预算方案报董事会审批，确定公司年度预算方案。

（8）下达各分（子）公司年度业务计划和预算指标。

（9）与各公司签订总经理预算责任书、部门预算责任书。

（10）听取各公司预算执行领导小组（总经理）对上年度预算执行情况的总结。

（11）审议年度财务决算报表并报董事会审批。

（12）配合预算监督机构（审计部）实施年度预算审计。

（13）根据审计报告做出相应的整改。

（14）审核年度预算考评意见。

（15）根据公司预算授权审批制度，对预算执行过程中预算内、超预算、预算外事项进行审批或审核控制。

（16）审核批准各分（子）公司季度滚动分解方案。

（17）协调平衡有关预算冲突。

（18）组织召开预算执行分析会，听取各分（子）公司上月执行情况报告。

（19）听取各分（子）公司拟订的改善方案与行动计划，协调下一步行动计划。

（20）评议批准各分（子）公司预算总目标内指标间调整及同一指标不同期间调整申请。

（三）预算监控机构

1. 人员构成：集团财务中心、各分（子）公司财务部及董事会领导下的审计部。

2. 主要职责及工作内容：

（1）监督战略规划过程是否按照规定的议事制度和表决规程执行。

（2）监督年度目标制定过程是否按照规定的议事制度和表决规程执行。

（3）监督预算编制过程是否按照规定的议事制度和表决规程执行。

（4）对决算结果的真实性、完整性、合法性进行审计。

（5）财务部对预算执行过程进行事中审批控制、事后执行分析通报预警控制。

（6）审计部对预算制度执行情况的合法性进行不定期检查监督。

（7）不定期检查预算分析的真实性。

（四）预算组织机构

1. 部门构成：财务中心及下属各公司财务部为主要组织协调部门，是在预算管理委员会授权下处理全面预算管理的组织实施工作的机构。

2. 主要职责及工作内容：

(1) 提交本年度预算执行情况和分析建议报告。

(2) 制定或修订预算管理制度，设计预算期的预算编审方法和程序，设置预算编制工作完成期限，设计预算编制模板，报预算管理委员会审核。

(3) 填列预算编制模板中的历史数据，并下发预算编制模板指导各预算单位编制。

(4) 组织指导各级预算单位开展预算编制工作。

(5) 汇总平衡各部门的经营预算、资本预算，编制财务预算。

(6) 各分（子）公司财务部汇总各预算草案，报总经理审阅。

(7) 下发部门年度业务目标与业务计划。

(8) 下发年度预算给各公司。

(9) 要求各公司、部门签字确认年度预算责任书。

(10) 准备公司年度预算执行情况总结。

(11) 各公司财务部准备年度财务决算报表。

(12) 配合审计部实施年度预算审计。

(13) 根据审计报告作出相应的整改。

(14) 各财务部按照费用预算管理制度规定及年度预算标准审核控制费用支出。

(15) 各财务部及时准确确认计量各预算单位执行情况。

(16) 各公司财务部编制并向总经理、各预算责任单位、财务中心分别报送预算执行情况分析报告。

(17) 各公司财务部对执行情况不佳的预算单位及时进行通报预警，并协助其进行分析改进。

(五) 预算编制执行机构

1. 部门构成：各公司作为一级预算编制执行机构，其各级经营部门及职能部门分别作为分级预算责任单位。

2. 主要职责及工作内容：

(1) 对下一年度市场环境分析预测，上报预算管理委员会审议。

(2) 根据集团年度经营目标，召开预算编制执行领导小组会议，组织制定公司年度业务计划和预算目标分解方案。

(3) 各预算单位分别编制本部门直接管控预算项目（收入、成本、费用），并按管理流程中的时限要求将相关预算资料送交财务部门。

(4) 各预算单位填报本部门的人力资源需求报人事部，填报本部门一次性固定资产购置需求，报资产管理部。

(5) 人事部按制度评审后填列人事工资福利预算表报财务部，资产管理部按制度评审后填列固定资产购置预算，报财务部。

（6）财务部编制本部门费用预算、非经营预算、财务预算，并将汇总预算报表提交总经理评审。

（7）总经理召开预算编制执行领导小组协调会进行调整平衡预算。

（8）总经理将公司内部评审后的预算草案上报预算管理委员会审议。

（9）组织召开年度预算执行情况分析会，出具报告，上报预算管理委员会。

（10）配合审计部实施年度预算审计，根据审计报告作出相应的整改。

（11）严格执行并控制经批准签署的年度预算指标。

（12）根据审批权限设置和流程要求，对预算内、超预算、预算外申请事项执行申请、审核、审批控制。

（13）每季度第三个月做下季度的预算分解审批。

（14）定期召开公司预算执行领导小组会议，组织分析预算执行情况，并编制业务分析报告。

（15）总经理每月向预算管理委员会通报预算执行情况分析。

（16）配合审计部年中进行的不定期专项审计业务工作。

（17）其他由上级下达的预算相关任务。

（六）预算考核机构

1. 部门构成：集团人事中心、各公司人事部为主要考核政策标准制定机构，财务中心及各公司财务部门为辅助考核机构。

2. 主要职责及工作内容：

（1）集团人事中心主导，财务中心辅助，各酒店公司人事部参与意见，根据全面预算管理制度的原则和精神，制定或修订适应酒店各级预算责任单位激励与约束相结合的预算考核指标体系，报预算管理委员会评审。

（2）预算管理委员会评审通过后，报董事会审批。

（3）下达经董事会批准的预算考核指标体系。

（4）根据董事会确定的预算考核指标体系要求，由预算管理委员会与各酒店总经理、人事部共同协商预算考核奖罚具体办法，并由集团人事中心支持编写预算考核奖惩办法，与年度计划和预算指标同时报董事会审批确认。

（5）经董事会审批确认的预算考核奖惩办法与年度计划和预算指标同时下达至各酒店公司。

（6）由酒店总经理代表酒店一级预算单位（利润中心）签订酒店预算考核责任书，由各二级、三级预算单位签订部门、班组预算考核责任书。

（7）由各酒店公司财务部提交年度预决算报告，经集团财务中心审核、集团审计部审计后确认年度预决算报告。

（8）由集团人事中心结合预决算报告内容及其他预算考核辅助指标结果主持编写各酒店年度预算考核报告书报预算管理委员会评审。

（9）预算管理委员会评审通过后报董事会审批通过执行。

（10）每月、每季，由各酒店公司财务部按照各预算单位预算执行情况表及预算辅助指标，编制预算执行业绩奖惩报告，交由人事部审核。

（11）人事部审核无误后，报总经理审批。

（12）总经理审批通过，交财务部执行，同时报集团预算管理委员会备案。

二、酒店预算编制程序

酒店预算编制按照“由上而下、上下结合、分级编制、逐级汇总、综合平衡”的程序进行，并按照年度编制，季度、月度分解落实。凡是直接或间接占用资产和发生财务收支并能独立承担一定经济责任的部门、班组等均需编制预算。对于酒店集团而言，由各分（子）公司财务部根据集团的总体要求分别汇总编制本单位的年度预算方案，集团预算管理委员会各成员根据各自专业技术职能对本系统业务范围内的各分（子）公司预算事项进行审查，并提出审核意见。酒店预算编制应按照先业务预算、资本预算，后财务预算的流程进行。

以上文某酒店集团为例，其预算编制程序如下：

（一）经营目标确定

预算管理委员会根据酒店发展战略、历年目标实际完成情况和预算期经济形势的初步预测，在初步决策的基础上，于每年10月底前提出下一年度公司年度经营目标、年度财务指标预算目标。其中，年度财务指标预算目标包括业务销售目标、成本费用目标、利润目标和现金流量目标，并确定年度预算编制的政策。

（二）预算编制上报

酒店总经理召集各预算责任单位负责人举行预算执行委员会议，按照预算管理委员会下达的预算目标和政策，结合实际以及预算的执行条件，组织统筹各责任单位制定预算年度业务计划，并提出各单位详细的预算分解落实方案，经财务部汇总平衡编制财务预算后报总经理审议通过，再报集团预算管理委员会。

（三）审查平衡

审查平衡包括各分（子）公司在编制预算方案过程中的自行审查平衡以及集团预算管理委员会在评审各分（子）公司年度预算方案时的审查平衡。

集团预算管理委员会对各预算执行单位上报的预算方案进行审查，提出综合平衡的建议。在审查平衡过程中，集团财务部作为预算管理组织机构应当进行充分协调，对发现的问题提出初步调整的意见，并反馈给有关预算执行单位予以修正。对于不符合集团发展战略或者集团预算目标的事项，集团预算管理委员会应当责成有关预算执行单位进一步修订、调整。

（四）审议批准和下达

集团预算管理委员会在充分审查平衡的基础上，出具评审意见，提交董事会审批。经董事会审批通过的预算方案，以正式文件下发各分（子）公司执行。集团与各分（子）公司总经理签订经营业绩责任书，以明确预算目标权责，各分（子）公司总经理与各预算责任单位签订预算责任书。

项目二　酒店预算编制

案例分析

希尔顿酒店集团在中国发展的思考

2020年10月，希尔顿在深圳举行富有当地传统特色的庆典仪式，庆祝该集团大中华区南部地区总部喜迁新址。这一举措意味着希尔顿在后疫情时期保持稳健发展步伐，加强战略布局，进一步开拓和耕耘中国南部市场，稳步向其2025年开店千家的目标迈进。希尔顿大中华区及蒙古南区营运副总裁表示："中国南部各省市地区一直是希尔顿重点发展的业务地区之一，我们在这里管理运营着落地中国的9大品牌。中国南方拥有极为丰富的旅游资源，旅游目的地众多，同时，中国南方经济活跃，经济实力全球注目，商旅需求极为旺盛；粤港澳大湾区在国家经济发展和对外开放中起到支撑引领作用，经济发展潜力无限。迁址后，希尔顿的南部地区总部的各项功能将进一步强化，为实现2025年千店目标创造有利条件。"在南部地区总部喜迁新址仪式上，希尔顿大中华区及蒙古精选服务型酒店品牌副总裁李先峰表示："希尔顿花园酒店大中华区总部将同时入驻南部地区总部新址。随着经济逐步复苏和商务旅行的恢复，希尔顿花园酒店这样能够满足消费者不断升级的消费需求、有极强抗风险能力的酒店品牌，获得了业主和宾客的青睐。截至2020年第三季度，希尔顿花园酒店在大中华区已开业22家酒店，签约超过70个项目，进入2020年后，以平均每月4个核心优质项目的速度增长。迁入新址将帮助我们更加贴近潜力无限的广阔市场，持续发展。"深圳地处粤港澳大湾区核心地带，拥有航空、高铁、水路和地铁等各种交通方式，旅客往来极为便利。作为第一家在深圳设立地区总部的国际酒店管理集团，希尔顿看重深圳优越的地理位置、便利的交通条件、充满活力的经济以及海内外的强大辐射能力。深圳新南部中心的落成以及希尔顿花园酒店品牌总部的迁入，让希尔顿进一步贴近市场，贴近业主和潜在业主，把握市场脉搏；同时便于管理辖区内的酒店业务，提高效率，促进业务增长。

新南部地区总部位于深圳市南山区，负责运营南部约50家酒店，华尔道夫、康莱德酒店及度假村、希尔顿酒店及度假村、希尔顿逸林酒店及度假村、希尔顿格芮精选酒店、Tapestry Collection by Hilton、希尔顿花园酒店、希尔顿惠庭酒店及希尔顿欢朋酒店品牌在目前和不远的将来都将落地南方，预计到年底将有超过13家新酒店落成，其中两家是全新版花园酒店。

2017年，希尔顿宣布了在华发展的战略，计划到2025年在大中华区开设1 000家酒店。2020年虽然受到新型冠状病毒肺炎疫情的影响，但是它以扎实的步伐恢复业务开拓发展。今年6月，希尔顿与碧桂园的核心联盟企业——凤悦酒店及度假村签订独家管理许可协议。凤悦酒店及度假村成为希尔顿惠庭酒店品牌在中国区的独家战略合作，在中国内地开设1 000家希尔顿惠庭酒店。这是酒店行业少见的空前合作规模，里程碑式协议将为行业回归增长铺平道路。

思考：希尔顿酒店集团在投资管理的预算过程中，除了分析传统的内部财务数据之外，还有哪些方面值得我们借鉴？

酒店财务预算是以货币形式对某个时期全部经济活动计划进行的量化反映，也是对酒店未来某个时期财务报表所列项目计划的一种数量反映。它具有预见性、适用性和波动性的特点。酒店财务预算可以明确酒店的经营目标、协调各部门的工作，可以作为控制酒店财务活动的依据和工作业绩的考核标准。

一、酒店预算编制的基本方法

一般来说，酒店预算编制的基本方法有传统预算法、弹性预算法、零基预算法与滚动预算法。

（一）传统预算法

传统预算法往往采用固定预算加增（减）量调整预算。固定预算，又称静态预算，是指以预算期某一固定业务量水平为基础所编制的预算；增（减）量调整预算则是在上期实际的基础上，结合预算期的可能变化，增加或减少某些金额后调整编制而成的预算。显然，传统预算法具有简便易行的优点，多数酒店均采用这种方法编制预算。但是，传统预算法存在诸多不足，其主要表现如下：

（1）由于传统预算法采用固定预算的方式，因而不能实时反映市场状况变化对预算执行的影响，按固定预算方法编制预算，会使预算变得呆板僵化，不能适应管理的需要。

（2）采用传统预算法，上下级之间往往处于对立面。上有政策，下有对策，为了应付上级，下级往往在上报预算时留有余地，高估预算，使预算的客观性、准确性越来越差。

（3）由于传统预算法的定期性特征，容易导致预算执行中的突击行为，即在临近预算期末时，将尚未消化的预算额度，无论需要与否，尽可能花光耗尽，以防上期预算被砍，同时也为下期留有余地做准备，其结果则可能是资源的浪费。

（二）弹性预算法

弹性预算法是在固定预算模式的基础上发展起来的一种预算编制方法，预见多种不同的业务量水平，分别计算其相应的预算额，以反映在不同业务量水平下所发生的费用和收入水平。由于弹性预算随业务量的变动而作相应调整，考虑了计划期内业务量可能发生的多种变化，故又称变动预算。

1. 弹性预算的特性

（1）弹性预算仅以某个“相关范围”为编制基础，而不是以某个单一业务水准为编制基础。

（2）弹性预算的性质是“动态”的。弹性预算的编制可适应任何业务要求，甚至在期间结束后也可使用。

2. 弹性预算的编制

编制原理是以成本分析为基础，将成本区分为固定成本和变动成本两部分，某一项目的预算数按以下公式计算：

弹性预算数＝单位变动成本×业务量水平＋固定成本预算数

编制程序：

（1）确定某一范围，预期在未来期间内业务活动水平将在这一相关范围内变动。

（2）选择经营活动水平的计量标准，如产量单位、直接人工小时、机器小时等。

（3）根据成本与计量标准之间的依存关系将酒店的成本分为固定成本、变动成本、混合成本三大类。

（4）按成本函数（$y=a+bx$）将混合成本分解为固定成本和变动成本。

（5）确定预算期内各业务活动水平。

（6）可利用多栏式的表格分别编制对应于不同经营活动水平的预算。

预算控制的关键在于能频繁地向管理人员提供反馈信息，使得他们能有效地将组织的计划付诸实施并进行控制。理论上说，弹性预算的适应性更强，所有预算都可采用弹性预算法，但在实际工作中，弹性预算法多用于成本、费用、利润预算的编制，其工作量也较大。

弹性预算法的主要优点是可以反映一定范围内各业务量水平下的预算，为实际结果与预算的比较提供一个动态的基础，从而能更好地履行其在控制依据和评价标准两方面的职能。

（三）零基预算法

零基预算法是以零为基础编制预算的方法，即一切从零开始，对所有业务都重新进行详尽的审查、分析、考核，从而据以编制预算。

1. 零基预算法的编制原理

在编制预算时，对任何一种费用项目开支不是以现有费用项目开支为依据，而是一切以零为起点，从根本上考虑每一项费用是否有开支的必要以及支出数额的大小，经过反复认真的平衡后再行确定。

零基预算法采用的是一种较典型的上下结合式预算编制方式，充分体现了群策群力的精神，便于预算的贯彻、实施。这种方法能促使人们充分发挥积极性、创造性，将有限的资源运用到最需要的地方，从而提高全部资源的使用效率。

2. 零基预算法的具体步骤

（1）各部门根据酒店在计划期内的战略目标和本部门分担的具体任务，逐项提出需要列支费用的理由及其数额。

（2）对提出的每一项进行成本与效益的分析，将其耗费与所得进行对比分析并作出评价，对各项费用开支方案在权衡得失的基础上按轻重缓急排列。

（3）结合计划期内可运用的资源和可分配资金，确定预算项目及其数额。

尽管零基预算法优点明显，但不足之处是工作量较大，且对各费用项目的成本效益率的计算缺乏依据，比较粗略。零基预算法的方案评价和资源分配具有较大的主观性，容易引起部门之间的矛盾，容易使人们注重短期利益而忽视酒店的长期利益，容易使业绩差的经理人对零基预算法产生抵触心理。因此，酒店一般是每隔几年进行一次零基预算，间隔的年份只作一些调整。

（四）滚动预算法

滚动预算法，又称连续预算法或永续预算法，是指将预算期始终保持在一个固定期间，连续进行预算编制的方法。滚动预算法的预算期通常以 1 年为固定长度，每过去 1 个月或 1 个季度，便补充 1 个月或 1 个季度，永续向前滚动。

滚动预算法的优点在于遵循生产经营活动的变动规律，保证了预算的连续性和完整性。长计划、短安排的具体做法，使预算能实时反映实际经营状况，从而增强了预算的指导作用。当然，采用滚动预算法编制预算，也会加大预算的工作量。

酒店应不断完善预算编制方法，改原有年度固定预算为滚动预算，可根据需要按月或按季度滚动预算。按月滚动预算是指预算执行一个月后，即根据前一个月的经营成果分析比较产生差异的原因，结合执行中发生的新情况及时地调整以后的预算，对剩余的 11 个月的预算加以修订，并自动后续一个月，重新编制一年的预算，用连续不断的预算形式规划未来的经营活动。按季滚动预算，其方法与按月滚动预算类似。

二、酒店预算编制的内容

（一）酒店总体预算的编制

1. 部门营业收入的预算

虽然部门利润表可以按年编制，但是编制预算时更需要的是月度利润表。在预测月营业收入时要考虑下列因素：以往的实际营业收入数及趋势、现在期望的趋势、经济因素、竞争因素、限制因素等。

2. 各部门经营费用的预算

各项费用所占营业收入的百分比是在较小范围内变化的，用合适的费用与营业收入的百分比乘以预算的营业收入便可以得出相应的费用数额。但在某些情况下，营业收入和其费用之间的联系并不总是那么直接的，如固定费用并不随着销售量的增减而增减。

3. 未分摊费用的预算

未分摊费用是指由于分摊比较难以确定而尚未分摊到各部门的费用，这些费用主要是管理费用和财务费用，具体包括各种行政管理费、市场营销费、财产管理及维护维修费、能源费，以及列入管理费用的各种税金、租金、保险费、利息、折旧、所得税等。

（二）客房部预算的编制

1. 客房部营业收入预算的编制

客房部的营业收入一般要结合酒店可供出租的客房数、预计出租率、预计名义房价、预计折扣率和预算期营业天数等因素进行综合考虑。其计算公式为：

$$\text{客房部某类客房预算营业收入}=\text{该类客房可供出租的客房数}\times\text{预计出租率}\times\text{预计名义房价}\times\text{预计折扣率}\times\text{预算期营业天数}$$

2. 客房部营业成本与费用预算的编制

（1）客房部营业成本与费用预算的编制应划分为固定费用和变动费用，分别计算预计发生额，汇总后即为客房部营业成本与费用预算。客房部的固定费用是指不随客房出租量的变化而变化的费用，如工资及福利费、折旧费、服装费和保险费等。变动费用是指随客房出租量的变化而变化的费用，如燃料费、洗涤费、水电费、物料用品消耗、修理费和其他费用。其计算公式如下：

客房部预算变动费用＝间天变动费用消耗额×客房数×出租率×天数

（2）对于那些无法明确归属到具体部门的费用，如燃料费、水电费等，需要选择一定的标准分摊到各个部门中，如根据各部门营业收入占酒店总收入的比重进行分摊。具体分摊方法如下：

该部门本期应分摊的费用＝该项费用总额×（该部门的营业收入÷酒店总收入）

（三）餐饮部预算的编制

1. 餐饮部营业收入预算的编制

编制餐饮部营业收入的预算时应结合就餐人数、人均消费额和各种促销手段综合来考虑。由于各时段就餐人数和消费不同，应汇总就餐各时段的预算。计算公式如下：

某一餐厅的预算营业收入＝餐厅座位数×座位周转率×人均消费额×预算期营业天数

宴会厅收入＝宴会厅数量×预算期营业天数×宴会厅利用率×平均就餐人数×人均就餐标准

零点收入＝零点餐位×预算期营业天数×平均就餐人数×人均消费额

2. 餐饮部营业成本与费用预算的编制

餐饮部营业成本与费用预算包括营业成本预算与营业费用预算。

（1）营业成本预算的编制。营业成本，又称直接成本，随接待数量及客人的消费水平的不同而变化，可以通过毛利率来预算成本支出额，计算公式如下：

餐饮预算直接成本＝餐饮预算营业收入×（1－预算餐饮毛利率）

不同餐厅和地点销售的饮料毛利率是不同的，可以分别计算汇总。

（2）营业费用预算的编制。餐饮部营业费用预算分为固定费用和变动费用，固定费用的预算与客房部相同，变动费用（燃料费、低值易耗品、水电费、物料消耗等）应和餐饮成本一起编制弹性预算。

（四）管理费用预算的编制

管理费用的预算可采用零基预算法，并结合预算期费用节约潜力和影响因素对不同的项目分别进行财务预算的编制。

（五）现金预算的编制

现金预算编制的方法有两种，即现金收入和支出法、净收益调整法。选择哪种方法主要取决于编制现金预算期的长短。

（1）现金收入和支出法，又称直接法，是直接逐项预测预算期酒店各项现金的收支数额，以此来平衡财务收支的一种方法，一般按季、按月甚至按周或按日编制现金预算。

（2）净收益调整法。净收益调整法主要适用于较长时间编制现金预算，反映较长时间管理部门的评价和估计的现金金额，主要相对于资金的外部来源与内部来源而言。

净收益调整法是编制现金预算的间接方法，用这一方法编制的现金预算主要由现金来源和现金使用两部分组成。现金来源部分包括内部来源，来自营业的主要净收益加所得税费用、折旧以及类似的费用所反映的现金；资金的某些其他来源包括银行贷款、固定资产销售和其他来源。现金的使用是指应收账款增加、固定资产购买、原材料及其他存货的购买等。

（六）利润预算的编制

1. 酒店利润预算的直接计算法

直接计算法是指根据预算收入、预算成本和预算税金直接计算出利润额的一种方法，需要计算不同营业项目的预算利润然后再汇总。计算公式如下：

预算利润＝预算收入－预算成本费用－预算税金

2. 酒店利润预算的指标计算法

指标计算法是指利用相关指标来预测利润的一种方法，如利用营业收入利润率、费用率等来预算利润。

（七）酒店资产负债表预算的编制

资产负债表预算，又称预计资产负债表，是按照资产负债表的内容和格式编制的，综合反映预算执行单位期末财务状况的预算报表。一般根据预算期期初实际的资产负债表和销售或营业预算、生产预算、采购预算、资本预算、筹资预算等有关数据分析编制。

预计资产负债表是反映酒店预算期期末财务状况的总括性预算，表中除上年期末数已知外，其余项目均应在前述各项预算的基础上分析填列。它总括地列示计划期期末的资金相对静止状态。编制依据是报告期期末资产负债表以及预算期内各种业务预算、现金预算及资本预算的有关数据。预计资产负债表是在预计利润表、预计现金流量表的基础上编制的。

预计资产负债表的货币资金期初数＝预计现金流量表的现金期初数

预计资产负债表的货币资金期末数＝预计现金流量表的现金期末数

$$\begin{matrix}\text{预计资产负债表的}\\\text{期末未分配利润数}\end{matrix}=\begin{matrix}\text{预计资产负债表的}\\\text{期初未分配利润数}\end{matrix}+\begin{matrix}\text{预计利润表的}\\\text{本期利润数}\end{matrix}$$

酒店财务预算并不是一经制定就固定不变的，财务预算编制是建立在一系列假设和估计的基础上的，因此预算具有一定的局限性。在推行预算的过程中如果出现较大的差异，就应对财务预算作适当的修正，以提高财务预算在酒店经营管理中的作用。

项目三　酒店预算管理的执行与控制

案例分析

新的营销预算

某酒店2019年年底制定了营销预算，并会同其他部门最终形成了酒店整体预算方案。在2020年实施过程中，由于政策、经济环境影响，上半年的实际数据与预算数据出现了较大的偏差。2020年7月份酒店高层管理者认为要保证数据的合理性，要求营销部会同财务及其他相关部门对营销预算进行调整、修订，形成新的营销预算。

思考：该酒店的做法是否妥当？为什么？

一、酒店预算管理的执行

（一）树立预算管理的新理念

预算管理是酒店对未来整体经营规划的总体安排，目的是对酒店未来的内部生产经营活动进行规划、控制与协调，帮助管理者进行计划、协调、控制和业绩评价。预算本身属于计划的范畴，但预算管理不等于计划管理，也不是单纯财务、会计或某个特定职能部门的管理。

1. 确立“以酒店战略为基础实施预算管理”的新理念

确立“以酒店战略为基础实施预算管理”的新理念，使日常的预算管理成为酒店实现长期发展战略的基石。预算管理是对计划的数字化反映，是落实酒店发展战略的有效手段。因此，酒店在实施预算管理之前，应认真地进行市场调研和酒店资源的分析，明确自己的长期发展目标，以此为基础编制各期的预算，使酒店各期的预算前后衔接起来，避免预算工作的盲目性。

2. 确立“面向市场做预算”的新理念

确立“面向市场做预算”的新理念，使预算指标经得起市场的检验。酒店总预算的基础是营业收入预算，只有预计营业收入确定了，一定时期的营业成本预算、间接费用预算、期间费用预算、预算资产负债表、预算利润表和预算现金流量表等才能最终确定下来。营业收入预算又是由预计的销售额和销售单价决定的，可见整个酒店预算体系的基础是对市场情况的预测与分析。

3. 确立“基于酒店价值链分析做预算”的新理念

确立“基于酒店价值链分析做预算”的新理念，使预算管理进一步成为协调酒店内部各部门之间经济活动和利益冲突的有效手段。价值链是能够创造和交付给宾客有价值的产品或劳务的一整套不可缺少的资源，各部门应通力合作，努力为宾客提供更多的价值，部门之间发生利益冲突时应以宾客利益为最高准绳协调矛盾和安排活动，确保酒店在市场中的竞争力，制定预算的过程成为酒店各部门之间的利益调整和分享过程。

4. 确立“以人为本，关注预算道德”的新理念

确立“以人为本，关注预算道德”的新理念，全面提高预算工作的效率和效果。人

是预算的制定者、预算资讯的利用者、预算的执行者，也是预算制度的被考核者。人是预算工作的主体，是预算工作效果好坏的决定性因素。由于预算影响很多人的经济利益，预算管理不可避免地涉及道德问题。例如：不少部门为了小团体的利益，在制定预算时经常表现出本位主义的思想，做出较为宽松的预算，即有意低估收入、高估成本。这违背了预算指标应该尽量客观、公正、可靠的要求，缺乏道德意识的预算管理必然影响预算工作的质量。

（二）酒店预算管理的实施

1. 预算编制宜采用自上而下、自下而上、上下结合的编制方法

预算编制整个过程由高层管理者提出酒店总目标和部门分目标，各基层单位据以制定本单位预算方案，呈报分部门，分部门据以制定本部门的预算草案，呈报预算委员会。预算委员会审查分部预算草案，进行沟通和综合平衡，拟订整个组织的预算方案，并再反馈回各部门征求意见。经过自下而上、自上而下的多次反复，形成最终预算，经酒店最高决策层审批后成为正式预算，逐级下达各部门执行。

预算是建立在一定假设基础上的，而酒店的实际业务情况不一定能在假设范围内，因此各部门有时需要根据业务发展态势调整本月预算。当出现这种情况时，需要追加用款的部门应填写月度用款追加计划申请表，说明申请追加用款的理由及金额，总经理审批通过后，方可加入预算范围。

2. 预算内容以营业收入、成本费用、现金流量为重点

营业收入预算是全面预算管理的中枢环节，它上承市场调查与预测，下启酒店在整个预算期的经营活动计划。营业收入预算是否得当，关系到整个预算的合理性和可行性。成本费用预算是预算支出的重点，在收入一定的情况下，成本费用是决定酒店经济效益高低的关键因素。现金流量预算则是酒店在预算期内全部经营活动和谐运行的保证。在酒店预算管理中，特别是对资本性支出项目的预算管理，要坚决贯彻“量入为出，量力而行”的原则，这里的“入”一方面要从过去自有资金的狭义范围拓宽到举债经营，另一方面又要考虑酒店的偿债能力，杜绝没有资金来源或负债风险过大的资本预算。

3. 预算管理工作要建立主要负责人责任制

开展预算管理是酒店强化经营管理、增强竞争力、提高经济效益的一项长期任务。预算管理作为加强内部基础管理的首要工作内容，酒店应成立预算管理组织机构，确定预算管理的第一责任人为各单位、部门的行政主要负责人，切实加强领导，明确责任，落实措施。

4. 推行预算管理必须切实抓好“四个结合”

（1）要与实行现金收支两条线管理相结合。预算控制以成本控制为基础，以现金流量控制为核心。通过控制现金流量才能确保酒店收入资金的及时回笼及各项费用的合理

支出。只有严格实行现金收支两条线管理，充分发挥酒店内部财务结算中心的功能，才能确保资金运用权力的高度集中，形成资金合力，降低财务风险，保证酒店经营、建设投资等资金的合理需求，提高资金使用效率。

（2）要与深化目标成本管理相结合。全面预算管理中心目标是：进一步深化目标成本管理，从实际情况出发，找准影响酒店经济效益的关键问题，制定降低成本、扭亏增效的规划、目标和措施，积极依靠全员降成本，依靠科技降成本，加强成本、费用指标的控制，以确保酒店利润目标的完成。

（3）要与落实管理制度、提高预算的控制力和约束力相结合。酒店要实现预算管理，应根据酒店现阶段的发展水平和管理需求选择预算管理模式。市场相对稳定，酒店稳定发展，当采用扩大销售的方法提高酒店利润未达到预期时，提高酒店利润的重心应放在加强成本费用管理上，进行预算管理时，应采用以成本费用为中心的预算管理模式，对酒店的成本费用进行事前、事中和事后管理。

预算管理的本质要求一切经济活动都围绕酒店目标的实现而开展，预算一经确定，在酒店内部即具有“法律效力”，各部门须切实围绕预算开展经济活动。酒店的执行机构按照预算的具体要求，按“以月保季，以季保年”的原则，编制季、月滚动预算，建立每周资金调度会、每月预算执行情况分析会等例会制度。按照预算方案跟踪实施预算控制管理，严格执行预算政策，及时反映和监督预算执行情况，适时实施制约手段，形成全员、全方位预算管理。

（4）要与酒店经营者和职员的经济利益相结合。预算管理是一项全员参与、全面覆盖和全程跟踪、控制的系统工程。为了确保预算各项主要指标的全面完成，必须制定严格的预算考核办法，依据各责任部门对预算的执行结果，实施绩效考核。如实行月度预考核、季度兑现、年度清算的办法，做到清算结果奖惩坚决到位，把预算执行情况与经营者、职员的经济利益挂钩，奖惩分明，从而使经营者、职员与酒店形成责、权、利相统一的责任共同体，最大限度地调动经营者和职员的积极性和创造性。

二、酒店预算管理的控制

酒店编制预算的目的是科学、有效地控制，预算控制过程在于认识和分析在预算数据和实际经营结果之间存在的巨大差异、产生差异的原因，并寻找解决办法。具体包括以下几个步骤：确定差异、确定巨大差异、分析巨大差异、确定原因并采取措施解决问题。

（一）确定差异

为了确定差异，酒店必须编制实际数值与预算数值的比较分析报告，即预算报告。预算报告既要揭示月度的差异，也要揭示年度的差异。但是，因为年度差异必定是月度差异的累计，所以在进行差异分析时主要关心的是月度差异。

预算报告中显示的差异包括金额和百分数两种，金额差异是从预算数字中减去实际而得，而金额差异除以预算金额就得到百分比差异。表明差异的方法有：对有利差异标上“+”，不利差异则标上“-”，或者将不利差异用圆括号表示，对有利差异则简单地不加括号以示区别，有些酒店则简单地对不利差异加上星号。

（二）确定巨大差异

任何预算编制过程都不可能做到完美，所以预算报告上所有预算的收入和费用项目都很难和实际金额相同（固定费用可能除外）。仅仅存在差异并不意味着管理部门必须分析差异并随后采取适当的纠正措施，只有巨大差异才需要管理部门采用这种分析和行动。

确定巨大差异的标准，在各酒店中是不同的，酒店的总经理和财务总监应该制定一个适合本酒店的确认标准，以便管理人员据此确认哪些是巨大差异。金额差异标准和百分数差额标准分开使用都有缺陷，所以，在确定巨大差异的标准时，两者应该同时使用，即巨大差异应同时以金额和百分数表示。

（三）分析巨大差异

差异分析是一个过程，在过程中主要确定造成差异的全部原因。例如：收入差异的分析能揭示实际收入和预算收入产生差异的原因是单价和销售量发生了变化，却不能揭示单价和销售量为何发生变化；可变的人力费用分析能揭示费用实际和预算产生差异的原因是工资率、效率和数量发生了变化，但是不能揭示工资率、效率和数量为何发生变化。对差异原因的分析则需要管理部门另行调查研究以确定差异产生的确切原因，如不利的人工效率差异可能是由于人事问题或超额的加班费用，或这两者的结合所造成的。

（四）确定原因并采取措施解决问题

分析巨大差异后由管理部门进行调查研究以确定发生差异的确切原因。例如：客房服务员的人工费用差异分析可能会揭示一项不利差异的重大部分来自工资率，即实际人工费用高于预算人工费用的主要原因是实际工资率高于预算工资率。管理部门必须进一步进行调查研究，分析为什么实际工资率高于预算工资率，可能是因为安排了比原计划薪酬更高的客房服务员，或者客房服务员超额加班工作，或是其他原因。每一项巨大差异都要求管理部门进行调查研究，以找出其原因。

确定巨大差异产生的原因，酒店管理层便可以有针对性地采取措施解决问题，从而使未来的预算得到控制，但并不是所有的巨大差异都需要采取措施解决，如营业收入增加、成本费用降低而形成的巨大差异。

技能训练

一、实训教学目的

通过本次实践教学，使学生加深对酒店预算的组织与编制程序的理解，掌握酒店预算编制的方法，熟悉预算管理的执行与控制，能结合酒店资料编制初步的预算报表。

二、实训教学形式

1. 通过网络预先收集上市酒店连续三年的资产负债表及利润表。
2. 分成两组，成立预算委员会。
3. 分析收集的酒店财务报表。
4. 根据教师给定的情景与要求，如控制成本2%等条件，进行分析与讨论。
5. 编制初步的预算报表。
6. 通过所收集的报表数据，尝试解释编制的报表。

三、实训教学设计

1. 教师分配任务，学生分为两组，提前收集报表。
2. 小组组长分配任务，进行汇总、分析。
3. 小组预算报表编制。
4. 制作汇报文件PPT。
5. 小组汇报、讨论、交流。
6. 同学提问、教师点评。

四、实训教学考核

1. 过程考核：实践活动执行过程。
2. 结果考核：预算报表编制和PPT汇报情况。

思享园地

上海锦江国际酒店（集团）股份有限公司预算管理嬗变

1. 快速扩张的呼唤

上海锦江国际酒店（集团）股份有限公司（以下简称“锦江酒店”或“集团”）是一家在A股、B股、H股三个市场上市的公司，其业务板块也由三部分组成：星级酒店、经济型酒店锦江之星、酒店管理。

Excel手工预算已经在锦江酒店沿用多年，但是，自2010年开始，锦江之星进入了快速扩张通道。Excel与高速扩张的不适应症状，还有更多的表现形式：首先，Excel手工方式无法与ERP系统自动对接完成数据采集的工作，编制预算工作量大、所需时间长，难以满足快速编制预算的需要。其次，预算指标与其他财务指标之间缺少勾稽关联，资产负债表和现金流量表的预算指标的数据形成规则逻辑上缺乏严密性，预算资产负债表、预算现金流量表数据与损益预算数据之间没有建立应有的逻辑关联，难以避免在预算编制中存在较为“随意”的现象，影响了预算作为实际业务的“标杆”和控制尺度的严肃性，也影响了业绩考评的完整、严谨和公允性。再次，数据管理分散，酒店集团的各预算汇总数和明细数据分别存储在不同的Excel表中，数据之间是割裂的，不能实现穿透式查询，汇总和查询的效率很低，且容易出错，难以既兼容不同业务板块的预算差异，又实现集团层面的统一。此外，对不同用户数据访问权限控制不足，原有预算系统对用户的访问权限控制不足，无法保证预算编制严谨性和机密性。最后，预算分析准确性差、周期长，Excel无法自动获取实际数据，导致预算执行分析的工作量很大，无法满足为集团决策层及时提供分析报告的要求，难以多角度灵活、立体、动态地反映财务状况。

锦江酒店的预算管理体系变革就此开始。2012年，在景华天创（北京）咨询有限责任公司的协助下，锦江酒店开始实施Hyperion（海博龙）的全面预算管理体系，将各部门不同年度的预算数据和实际数据进行集中统一管理。

2. 启动全面预算管理

搭建一个全面预算管理体系，需要解决三个关键因素：一是组织架构，二是预算科目，三是计划周期。在这三个支点上再形成一套预算流程，预算系统的框架就大功告成了。

全面预算管理体系是运用多维度数据的模型结构，其组织架构是横向与纵向交错的矩阵体（见图8-1）。根据锦江酒店的业务分类，实线架构的预算体系包含三个部分：锦江之星板块、AB股板块（即星级酒店业务）与酒店管理板块。而在每一个板块之下，又从不同角度进行了细分，譬如在锦江之星板块下，合并报表口径分类是从法定股权关系下的财务报表合并方式差异进行的区分。按区域分类，分为华东地区、华中地区、华南

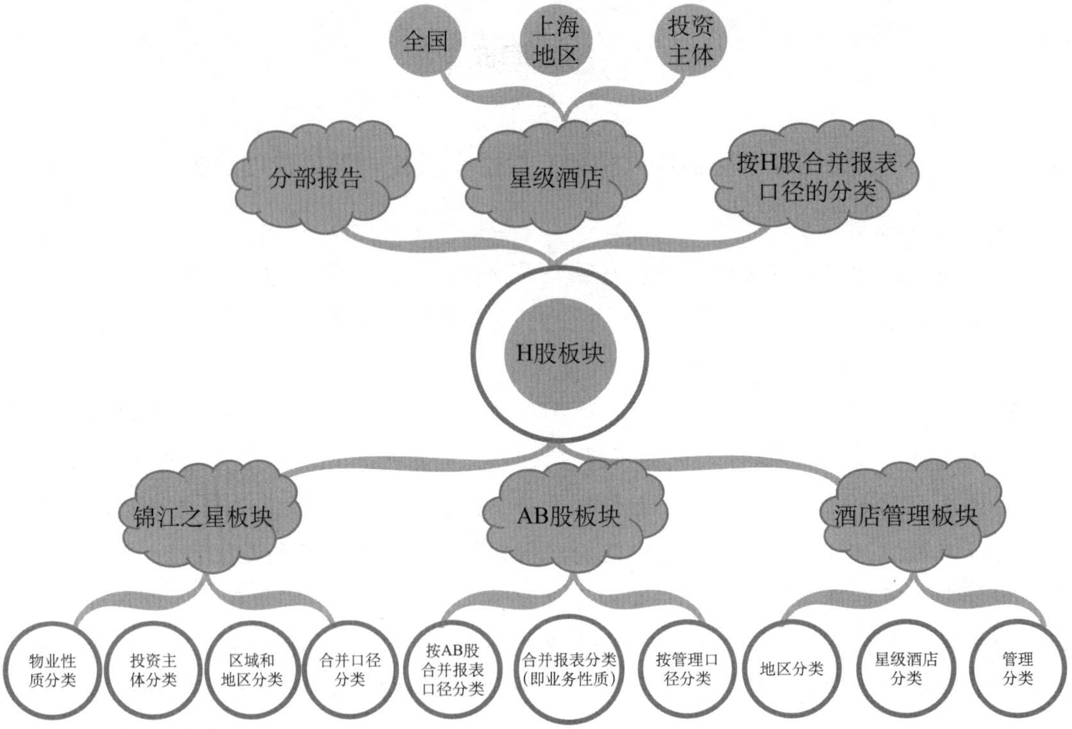

图8-1 锦江集团预算组织结构的设计

地区、北方区四个部分；按投资主体分类，有的子公司是由锦江之星控股公司投资的，有的子公司的投资主体是集团总部但由锦江之星控股公司进行管理；从物业性质看，有的酒店是具有产权的，有的是租赁地产形式的；等等。与业务板块细分相交叉的，还有责任主体的细分，这就体现为利润中心（如餐厅、商场、客房管理部门）与成本中心（后勤部门）的差异。

预算科目与指标的设计，主要是设定预算体系需要计算的会计指标及其形成规则。例如：在Excel预算体系中，对不同板块应收账款的计算可能有三种方式：一是假设期末应收账款的预算金额等于期初的实际金额；二是假设应收账款的预算金额为营业收入的一定百分比；三是按照应收账款的周转天数计算预计余额。而在搭建新的预算体系过程中，考虑到三个业务板块在应收账款形成上的差异不明显，将应收账款的计算规则统一为按照账期的历史数据进行计算。再如：从理论角度看，预算科目指标应建立在责任会计核算系统的基础上，但在实践中，多数企业都是建立在财务会计核算系统之上，而与责任会计核算系统缺乏关联性，这是由于在实践中同时维护两套账簿的成本较高。为了解决这一矛盾，锦江酒店在预算体系的设计中，在财务会计核算科目和预算系统科目之间建立了对应和调整关系。

预算周期在预算系统中是非常重要的，锦江酒店从每年第四季度开始编写或滚动调整下三年的中期规划，甚至下五年的长期规划，并形成下一年分解到月份的计划预算，而对其后几年精确到年度的预算。同时，锦江酒店每月都要做预算执行年度剩余月份的滚动预算。这种周而复始的阶段，就是全面预算的计划周期。

与组织架构、预算科目、预算周期相协调的预算流程，同步完成了优化统一的过程。首先是三大业务板块下的各分子公司，在每年国庆节假期之后，就开始报送和调整预算假设（或者预算关键参数），包括酒店的客房出租率、客房价格，酒店管理中餐饮的上座率、平均消费水平等指标。然后分子公司将修订后的预算表报送到三大业务板块，三大业务板块的相关部门各自审核、汇总，他们认为修订后的预算报表可行之后，报送锦江酒店总部。报送过程中，按照上市公司的规范，还要征得预算管理委员会的认可，才能形成预算终稿，如果被预算委员会否定则要重新报送。预算终稿的形成要经历几上几下的调整过程，并在执行过程中不断调整滚动预测的参数。预算终稿形成后，总部将预算指标分解下达，一直向下到最底层的分子公司，分子公司据此编制下一年度分解到月度的预算指标。执行过程中预算指标与实际指标的差异，就成为业绩评价的重要依据，同时，不断更新的实际数也成为编制下一周期预算的依据。

通过设置多维数据的预算体系，锦江酒店可以实现的预算维度也丰富起来，既有包括会计科目、报表项目和各类预算指标的预算科目（指标）维度，也有包含集团成员公司的不同管理组织结构的预算主体维度，更有分别细化为预算年度与预算月份的会计年度维度和会计期间维度，以及更为个性化的会计准则维度、版本维度、货币维度等内容。

全面预算管理的实施，支持了锦江酒店的经济型酒店高速扩张中的资源配置，将集团管控方向聚焦在成本管控；实现了集团财务会计报告平台和责任会计报告平台的一体化应用；实现了预算管理与核算系统实现自动化集成，及时跟踪分析预算的执行情况；规范和固化了预算编制和分析的规则和流程，并兼容了责任主体在预算管理中的差异；实现了预算编制、滚动预测、调整和执行动态分析的整体应用；借助IT技术得以实现可控制的战略扩张，降低了战略执行过程的风险。

全面预算平台为锦江酒店提供了强大的预算管理协同工作平台，使集团各预算单位能够在该平台上共同参与全面预算管理。通过全面预算管理，锦江酒店能更加清晰地了解企业的运营状况，全面提升了集团管理的决策支持能力，并能精确地预测各项活动对集团运营所产生的影响，同时对市场的变化做出及时的反应，发现和推进潜在的利润增长点，保持集团的竞争优势。

模块九 酒店财务分析

学习目标

知识目标

- 了解酒店经营安全程度评价。
- 掌握酒店财务分析指标及其计算。
- 熟悉酒店财务综合分析方法及其优缺点。

能力目标

- 能够运用不同方法正确分析财务报表数据。
- 能够正确计算财务比率并进行分析。

模块导入

酒店财务数据分析

某酒店2020年12月管理费用构成如表9-1所示：

表9-1　某酒店2020年12月管理费用构成　金额单位：万元

项目	本期累计	预算	完成进度	上年同期	增减幅度
1. 公司经费	308.01	277.62	110.95%	231.13	33.26%
其中：工资及福利	75.47	52.94	142.55%	46.42	62.58%
折旧	22.49	24.14	93.15%	21.88	2.79%
修理费					
2. 劳动保险费	74.23	65.06	114.1%	61.08	21.53%
3. 各类摊销	30.12	45.12	66.76%	23.45	28.44%
4. 住房类补贴	45.77	45.77	100%	45.77	0%
5. 税金					
6. 业务招待费					
7. 坏账准备					
8. 其他	147.68	120.89	122.16%	115.59	27.76%
合计	605.81	554.46	109.26	477.02	27.00

思考：请根据以上数据分析该酒店的管理费用状况。

项目一　酒店经营安全程度评价

案例分析

某酒店安全边际案例

某酒店六种经营方案如表9-2所示：

表9-2　某酒店经营方案比较　金额单位：元

经营方案 项目	一	二	三	四	五	六
客房数	200	200	200	200	200	200
月可出租客房间天数	6 000	6 000	6 000	6 000	6 000	6 000
房价	400	400	400	400	500	600
单位变动成本	50	50	50	40	50	50
单位边际贡献	350	350	350	360	450	550

续表

项目 \ 经营方案	一	二	三	四	五	六
边际贡献率	87.50%	87.50%	87.50%	90.00%	90.00%	91.67%
营业收入	600 000	960 000	760 000	583 333	816 667	801 818
变动成本	75 000	120 000	95 000	58 333	81 667	66 818
边际贡献	525 000	840 000	665 000	525 000	735 000	735 000
月固定成本	525 000	840 000	525 000	525 000	525 000	525 000
利润	0	0	140 000	0	210 000	210 000
出租间天数	1 500	2 400	1 900	1 458	1 633	1 336
客房出租率	25%	40%	32%	24%	27%	22.27%

思考：通过安全边际方法，结合以上数据分析该酒店经营状况。

一、安全边际、安全边际率及保本作业率的计算

（一）安全边际

安全边际是酒店实际或预计销售业务量超过保本点业务量的差额。安全边际有两种表现形式：一种用实物量表示，称为安全边际销售额；另一种用货币金额表示，称为安全边际额。计算公式为：

安全边际量＝实际或预计销售量－保本销售量

安全边际额＝实际或预计销售额－保本销售额

安全边际可以表明酒店实际或预计销售额与保本销售额之间的差距，说明酒店达不到预计销售目标而又不至于亏损的范围有多大。这个范围越大，酒店亏损的可能性就越小，经营的安全程度就越高。只有安全边际内的销售（额）才能给酒店提供利润，因为固定成本总额已被保本点弥补，所以安全边际内的销售额减去其变动成本后即为酒店的利润。也就是说，安全边际范围内的边际贡献就是酒店的盈利，即：

利润＝安全边际量×单位边际贡献

或：

利润＝安全边际额×边际贡献率

（二）安全边际率

安全边际率是安全边际量（额）与实际或预计销售量（额）的比率，安全边际率是以相对数的形式表现酒店的经营安全与否的一项重要指标。安全边际量或安全边际额反映酒店经营的安全程度，安全边际量越大，酒店的经营安全程度就越高，发生亏损的可能性就越小；反之，酒店经营的安全程度就越低，发生亏损的可能性就越大。同样，安全边际率越高，酒店经营的安全程度就越高，发生亏损的可能性就越小；反之，酒店经

营的安全程度就越低，发生亏损的可能性就越大。安全边际率的计算公式为：

安全边际率＝安全边际量÷实际或预计销售量

或：

安全边际率＝安全边际额÷实际或预计销售额

根据安全边际与利润之间的关系可得：

利润率＝安全边际率×边际贡献率

国际上评价酒店经营安全程度的一般标准如表 9－3 所示：

表 9－3 酒店安全边际率标准

安全边际率	安全程度
10%以下	危险
10%～20%（不含 20%）	值得注意
20%～30%（不含 30%）	较安全
30%～40%（不含 40%）	安全
40%以上	很安全

（三）保本作业率

保本作业率是保本销售量（额）与实际或预计销售量（额）之比，计算公式为：

保本作业率＝保本销售量（额）÷预计销售量（额）

保本作业率是说明酒店经营安全程度的反指标，指标数越小，说明酒店经营的安全程度越高，酒店生产经营的潜力越大，获得能力越强；反之，则越差。

安全边际率与保本作业率的关系如下：

安全边际率＋保本作业率＝1

二、经营杠杆和经营杠杆系数

（一）经营杠杆和经营杠杆系数的概念

1. 经营杠杆的概念

经营杠杆是在酒店生产经营中由于存在固定成本而使利润变动率大于销量变动率的规律，是销售量变动对利润产生的作用。销量在一定范围内增加不会影响固定成本总额，但会使单位产品固定成本降低，从而提高单位产品利润，并使利润增长率大于销量增长率；反之，销量减少，会使单位产品固定成本升高，从而降低单位产品利润，并使利润下降率大于销量的下降率。因此，没有固定成本的条件时，贡献毛利等于经营利润，利润变动率与销量变动率同步增减，但这种情况在现实中是不存在的。由于存在固定成本而使利润变动率大于销量变动率的规律，在酒店财务管理中就常根据计划期销量变动率来预测计划期的经营利润。

2. 经营杠杆系数的概念

为了对经营杠杆进行量化，在酒店财务管理中把利润变动率相当于销量（或销售收入）变动率的倍数称为经营杠杆系数，又称经营杠杆率，并用公式表示为：

经营杠杆系数＝利润变动率÷销售变动率

经营杠杆对经营风险具有综合影响，常常被用来衡量经营风险的大小，经营杠杆的大小用经营杠杆系数表示。

（1）经营杠杆系数体现了利润变动和销量变动之间的变化关系。

（2）经营杠杆系数越大，经营杠杆作用和经营风险越大。

（3）固定成本不变，销售额越大，经营杠杆系数越小，经营风险越小。

（4）当销售额达到盈亏临界点时，经营杠杆系数趋近于无穷大。

酒店可以通过增加销售额、降低单位变动成本和固定成本等措施来降低经营杠杆和经营风险。

（二）经营杠杆和经营杠杆系数对酒店收益的影响

酒店的成本按其特征可分为变动成本与固定成本两部分。在一定范围内，酒店销量的变动不会改变其固定成本总额，但会使酒店单位产品所分摊的固定成本发生变化，从而提高或降低酒店的收益。

一般而言，酒店经营杠杆率随着销量的增加和收益的增加而逐渐降低，越接近于盈亏均衡点，经营杠杆系数越高。当酒店收益趋于零时，经营杠杆系数表现为无穷大。经营杠杆的影响是双向的，若酒店的销量下降，其收益也是以销量下降的若干倍数降低的。根据经营杠杆的特点，酒店可以充分利用它来控制、调节经营活动。

由经营杠杆系数的上述公式可进一步推导出：

经营杠杆系数＝（税前收益＋固定成本总额）÷税前收益

＝1＋固定成本总额÷税前收益

从该公式计算的结果可知，酒店只要存在固定成本，经营杠杆系数总是大于1，并且经营杠杆系数随着固定成本总额的变动呈同方向变动，即在酒店收益一定的情况下，固定成本的比重越大，经营杠杆系数越高；反之，经营杠杆系数越低。若酒店在生产经营过程中能对固定成本支出加以合理控制，不仅能提供等额的收益，而且可以降低酒店的经营风险。

另外，还可将经营杠杆系数公式作如下调整：

经营杠杆系数＝边际贡献总额÷税前收益

＝单位边际贡献×销量÷（单位边际贡献×销量－固定成本总额）

经营杠杆系数随着产品销量的变动而一旦反方向变动，即销量上升，经营杠杆系数会降低，酒店经营风险也降低；反之，销量下降，会导致经营杠杆系数上升，从而增大酒店经营风险。所以，酒店应充分利用其现有生产能力扩大销售，这样既可以增加酒店收益，又可以降低酒店经营风险。

项目二 酒店财务分析指标及其计算

案例分析

不同酒店财务指标比较

某城市有两家规模、档次相似的国际品牌酒店A、B，其财务指标如表9-4所示：

表9-4 某市两家酒店财务指标

指标项目	酒店A	酒店B
流动比率	1.5	2.2
速动比率	1.2	1.1
经营现金流与流动负债的比率	1.8	1.3
存货周转率	15.6	12.3
负债比率	0.48	0.29
利息偿付比率	4.3	2.5
边际利润率	11.2%	12.3%
营业效率	25.4%	20.3%
自有资本收益率	14.3%	10.2%
每日平均房价	$50.5	$58.4
每间平均实际营收	$40.4	$37.9

思考：结合以上数据资料，比较两者在流动性和偿付能力方面的财务状况，以及两者在盈利和客房营运效率方面的财务表现。

一、酒店财务分析概述

酒店财务分析是以酒店基本活动为对象、以财务报表为主要信息来源、以综合分析为主要方法的系统认识酒店的过程，其目的是了解过去、评价现在和预测未来，以帮助报表使用人改善决策。酒店财务分析不同于酒店分析、经营分析和经济活动分析等概念。

（一）酒店财务分析的主体

财务报表的使用人有多种，包括债权人、投资人、经理人员、政府机构和其他与酒店有利益关系的人士。他们出于不同目的使用财务报表，需要不同的信息，采用不同的分析程序。

1. 债权人

债权人是指借款给酒店并得到酒店还款承诺的人，债权人关心酒店是否具有偿还债务的能力。债权人可以分为短期债权人和长期债权人，债权人的主要角色是决定是否给酒店提供信用，以及是否需要提前收回债权。

2. 投资人

投资人是指公司的权益投资人即普通股东。普通股东投资于公司的目的是增加自己的财富，他们所关心的包括偿债能力、收益能力以及风险等。

3. 经理人员

经理人员是指被所有者聘用的、对公司资产和负债进行管理的个人组成的团体，有时称之为“管理当局”。经理人员关心公司的财务状况、盈利能力和持续发展的能力，可以获取外部使用人无法得到的内部信息。

4. 政府机构

政府机构也是公司财务报表的使用人，包括税务部门、国有酒店的管理部门、证券管理机构、会计监管机构和社会保障部门等。

（二）酒店财务分析的原则

酒店财务分析的原则是指各类报表使用人在进行财务分析时应遵循的一般规范，概括为目的明确原则、实事求是原则、全面分析原则、系统分析原则、动态分析原则、定量分析与定性分析结合原则、成本效益原则。

（三）酒店财务分析的意义

酒店财务分析是以酒店财务核算资料（主要是财务报表）为主要依据，运用特定的分析方法，对酒店财务状况和经营成果进行的一种计量分析。财务分析是酒店财务管理的重要组成部分。在财务管理循环中，财务分析既是一个循环的终点，又是下一个循环的起点，对于提高酒店的经营效率及成果，正确处理与各利益相关者的财务关系，促进决策的科学性具有重要的意义。

（四）酒店财务分析的种类

1. 按照财务分析的人员的关系划分

按照财务分析的人员的关系，酒店财务分析可分为外部分析和内部分析。

（1）外部分析。外部分析是与酒店有关的外部利害关系者为获取判断该酒店的资料而对酒店的财务报表进行的分析和比较，如金融机关、债权人在向酒店提供融资时所进行的信用分析，投资者、股东为是否投资所进行的分析，税务部门为合理征税而进行的税务分析，审计部门为判断报表的合法性而进行的审计分析等。

（2）内部分析。内部分析，又称诊断分析是酒店内部管理者为判断本酒店财务状况和经营成果而进行的分析。

2. 按照财务分析的时期划分

按照财务分析的时期，酒店财务分析可分为定期分析和不定期分析。

（1）定期分析。定期分析是按照国家或酒店规定正常提供的定期分析报告，如每月的月度财务分析、中期财务分析和年度财务分析等。

（2）不定期分析。不定期分析是没有固定限制，按当时的具体需要而进行的财务分析，如经营出现大的波动或有大项目要做时进行的财务分析等。

3. 按照财务分析的具体内容和目的划分

按照财务分析的具体内容和目的，酒店财务分析可分为全面分析、简要分析和专题分析。

（1）全面分析。全面分析是对酒店财务情况进行比较全面、系统的分析。当然，全面分析也必须有重点，一般来说全面分析要定期进行，如每半年一次或每一年一次。

（2）简要分析。简要分析是对财务情况的几个主要问题或财务指标所进行的分析，目的在于揭示经营管理中存在的主要问题，以便加以纠正。一般来说，每个月份进行的财务分析可以说是简要分析。

（3）专题分析。一般是不定期举行的，主要是指在对酒店经营管理中存在的问题有必要作专题研究时才进行的一种分析，如对某项经济政策、管理措施的执行，或对某些经营项目进行专项的深入分析，以解决存在的问题。

（五）酒店财务分析的条件

酒店财务分析要有充足的资料，资料是分析的依据，正确的资料是进行正确分析的基础。这些资料主要反映在酒店的各类财务报表上，最基本的财务报表便是资产负债表（见表 9－5）和利润表（见表 9－6）。为了更好地进行分析，需要对这两个报表有一个基本的了解。

资产负债表，又称财务状况表，是反映酒店一定时点的财务状况（即资产、负债和所有者权益情况）的一种静态报表，是按照“资产＝负债＋所有者权益”的会计平衡公式编制的。资产又可分为流动资产、固定资产、无形资产等，以表示酒店资产的结构。负债又可分为短期负债和长期负债。负债加所有者权益表现了酒店的权益结构。

进行财务分析除了依据以上介绍的基本财务报表外，还要通过健全统一的制度，收集和整理一些日常经营活动中的数据，包括历年的历史数据、现实数据和同行业的一些数据等。为了保证报表数据的准确性、可比性，必须有健全的会计制度和方法，前后各期要有统一的会计标准和会计处理方法，一般不允许有变动，如有必要变动，必须予以说明，以便在作分析时对有关资料进行必要的调整，使分析的结果更符合实际。

表9-5　某酒店2020年度资产负债表

单位：元

项目	年初	年末	项目	年初	年末
货币资金	459 854	47 075	短期借款	455 000	565 000
应收票据		1 600	应付票据		
应收账款	54 888	64 662	应付账款	327 509	914 359
预付款项	48 307	143 717	预收款项	98 428	97 500
其他应收款	72 341	67 031	应交税费	77 084	79 217
应收利息			应付利息	9 597	4 704
存货	643 323	779 661	其他应付款		
一年内到期的非流动资产			一年内到期的非流动负债	330 410	339 560
其他流动资产	3 300	5 733	其他流动负债		
流动资产合计	1 282 013	1 109 479	流动负债合计	1 298 028	2 000 340
固定资产	2 187 137	3 076 760	长期借款	1 397 490	1 642 930
在建工程	167 385	145 688	长期应付款		
无形资产	199 826	411 340	其他非流动负债		
长期待摊费用	370 294	456 434	非流动负债合计	1 397 490	1 642 930
其他非流动资产			负债合计	2 695 518	3 643 270
非流动资产合计	2 924 642	4 090 222	实收资本（或股本）	718 926	718 926
			资本公积	196 572	116 701
			盈余公积	34 129	34 387
			未分配利润	561 510	686 417
			所有者权益（股东权益）合计	1 511 137	1 556 431
资产（股东权益）总计	4 206 655	5 199 701	负债和所有者权益（股东权益）总计	4 206 655	5 199 701

表9-6　某酒店2020年度利润表

单位：元

项目	金额	项目	金额
一、营业收入	1 645 126	二、营业利润	114 771
减：营业成本	662 926	加：营业外收入	61 725
税金及附加	92 546	减：营业外支出	1 927
销售费用	33 701	三、利润总额	174 569
管理费用	620 038	减：所得税	58 143
财务费用	111 688	四、净利润	116 426
资产减值损失	9 825		
投资收益	369		

（六）酒店财务分析的目的

在市场经济的经营环境中，与酒店利益相关的主体主要有投资者、内部经营管理人员、债权人、员工、政府管理部门、供应商、宾客及竞争者等，其财务分析的目的各不相同。

1. 投资者财务分析的目的

投资者在追求个体财富最大化的利益驱使下，向酒店提供资本金，是酒店利益与风险的最终承担者。从理论上看，投资者关心酒店的全部财务信息，但在资本交易越来越便捷的今天，酒店投资者的退出门槛已经降低，表现为投资者常常变换。投资者经常面临保持、增加或减少投资的决策，财务分析目的集中于酒店获利能力分析。

2. 内部经营管理人员财务分析的目的

酒店内部经营管理人员接受投资者的委托负责处理酒店日常经营事务，其受托责任是实现投资者财富不断增长，即酒店价值最大化。酒店内部经营管理人员既要重视当前的财务状况以保持一定的偿债能力，又要关注未来的经营成果以增强酒店的获利能力。酒店的偿债能力与盈利能力都源于资产的运用，所以酒店内部经营管理人员财务分析的目的主要是了解酒店资产营运能力，以便充分利用酒店有限的财务资源，最大限度地创造利润。

3. 债权人财务分析的目的

债权人为酒店提供债务资金，并享有到期收取利息收益和收回本金的权利，债权人财务分析的重点是了解酒店的偿债能力。酒店的偿债能力越强，债权人承担的风险越小，收益越有保障，借助于酒店偿债能力的分析，债权人可以做出最有利的信用决策。

4. 其他与酒店有利益关系单位财务分析的目的

员工是酒店的劳动者，他们最关心的是能否获取公平工资，劳动所得是否与酒店收益一同成长；税务等政府管理部门关注酒店的纳税状况和酒店为社会提供的就业机会；供应商为酒店提供原材料，其财务分析的目的是了解酒店偿付货款的能力及采购能力，考虑如何向酒店提供赊销、折扣等商业信用；宾客为酒店提供订单，其财务分析的目的是了解酒店的营业状况、成长状况，以确定双方的合作关系；竞争者是目标市场与本酒店相同的酒店，他们关心酒店的成本状况、盈利状况，并以此观察酒店的市场份额，以作出最有利的竞争决策。

（七）酒店财务分析工作的组织

酒店财务分析是酒店管理的一项综合性工作，贯穿于整个经营过程，涉及管理的各个方面，因此要在总经理、总会计师的领导下，根据经营管理的需要，确定分析的对象、内容、目的、要求、形式与时间，科学地加以组织。酒店财务部门是总经理领导下的一个职能部门，是总经理进行管理和制定决策方案的“参谋部”。因而，酒店财务分析应由财务部门对酒店各个部门的财务活动进行全面的综合分析，通过系统总结酒店各方面的经验，揭露存在的问题，特别要从酒店全局出发，在对各部门工作以及它们之间的相互联系和相互对比中发现问题，指挥全局。酒店内部各部门应根据酒店财务分析的要求，组织部门分析，调动各部门职员参与酒店民主管理，提高他们当家理财的积极性，发挥群众监督的作用。

（八）酒店财务分析工作的程序

酒店财务分析形式多种多样，因而分析工作的程序也就有所不同。一般来说，酒店财务分析工作包括以下步骤：

1. 明确目的，制定计划

在进行财务分析前，要针对酒店在经营管理中存在的问题和出现的情况，明确分析的目的。根据不同的分析形式，编制财务分析工作计划，确定分析的范围、目的、要求，确定分析工作的组织与分工、日程安排等，以便有目的、有步骤地开展分析工作。

2. 掌握情况，占有资料

财务分析的广度、质量在很大程度上取决于是否全面掌握情况，占有充分资料。财务分析的主要依据，是财务预算和反映实际财务状况的会计报表及其日常核算资料。每个独立核算的酒店都应完整具备这些资料。财务分析是综合分析，综合研究酒店管理中的问题，还需要掌握各项经营预算的执行情况、旅游业发展和市场变化情况、国家经济政策的变化及推行的重大经济措施等。

3. 整理数据，比较差异

在掌握情况、占有资料的基础上，按照分析的目的和要求整理数据，比较差异，用数字说明分析对象的现状和存在的问题。首先，按照预算体系归类、整理反映实际情况的数据，剔除不可比的因素；其次，将需要分析的总体指标，利用分组法作必要的分组归类，便于分析总体内部结构变动情况；最后，以本期完成预算的实际数据为基础，利用比较法与预算数对比或进行动态对比，或进行结构对比，确定各个指标的差异，然后编制各种分析表、图等，做好准备工作。

4. 综合评价，写出报告

在对各种数据整理、归类、比较之后，便要着手每项指标的分析。在分析酒店的财务状况时，要考察酒店完成各项基本指标的总体情况，以便对酒店的各项工作有个基本的了解，再分析各项预算的完成情况。在分析各项预算完成情况时，要了解该项预算总的完成情况，再研究该项预算的哪些部分（部门）完成或超额完成了，哪些部分（部门）没有完成，进一步查明完成或未完成的原因，对酒店财务状况作出中肯的综合评价。

二、酒店财务分析的方法

（一）比较分析法

比较分析法的理论基础是客观事物的发展变化是统一性与多样性的辩证结合，共同性使它们具有可比的基础，差异性使它们具有不同的特征。在实际分析时，这两方面的比较往往结合使用。

1. 按比较的参照标准分类

（1）趋势分析。趋势分析就是分析期与前期或连续数期项目金额的对比，这种对财务报表项目纵向比较分析的方法是一种动态的分析。通过分析期与前期（上月、上季、上年同期）财务报表中有关项目金额的对比，可以从差异中及时发现问题，查找原因，改进工作。连续数期的财务报表项目的比较，能够反映出酒店的发展动态，以揭示当期财务状况和营业情况增减变化，判断引起变动的主要项目是什么，这种变化的性质是有利还是不利，发现问题并评价酒店财务管理水平，同时也可以预测酒店未来的发展趋势。

（2）同业分析。将酒店的主要财务指标与同行业的平均指标或同行业中先进酒店指标对比，可以全面评价酒店的经营成绩。与行业平均指标的对比，可以分析判断该酒店在同行业中所处的位置；与先进酒店的指标对比，有利于吸收先进经验，克服本酒店的缺点。

（3）预算差异分析。将分析期的预算数额作为比较的标准，实际数与预算数的差距就能反映完成预算的程度，可以给进一步分析和寻找酒店潜力提供方向。

比较分析法的主要作用在于揭示客观存在的差距以及形成这种差距的原因，帮助人们发现问题、挖掘潜力、改进工作。比较分析法是各种分析方法的基础，不仅报表中的绝对数要通过比较才能说明问题，计算出来的财务比率和结构百分数也都要与有关资料（比较标准）进行对比，才能得出有意义的结论。

2. 按比较的指标分类

（1）总量指标。总量是指财务报表某个项目的金额总量，如净利润、应收账款、存货等。由于不同酒店的会计报表项目的金额之间不具有可比性，因此总量比较主要用于历史和预算比较，有时候总量指标也用于不同酒店的比较。

（2）财务比率。财务比率是用倍数或比例表示的分数式，它反映各会计要素的相互关系和内在联系，代表了酒店某一方面的特征、属性或能力。财务比率的比较是最重要的比较，它们是相对数，排除了规模的影响，使不同比较对象建立起可比性，因此广泛用于历史比较、同业比较和预算比较。

（3）结构百分比。结构百分比是用百分率表示某一报表项目的内部结构，反映该项目内各组成部分的比例关系，代表了酒店某一方面的特征、属性或能力。结构百分比实际上是一种特殊形式的财务比率，同样排除了规模的影响，使不同比较对象建立起可比性，可以用于本酒店历史比较、与其他酒店比较以及与预算比较。

（二）因素分析法

因素分析法也是财务报表分析常用的一种技术方法，它是指把整体分解为若干个局部的分析方法，包括财务比率因素分解法和差异因素分解法。

1. 财务比率因素分解法

财务比率因素分解法，是指把一个财务比率分解为若干个影响因素的方法。例如：资产收益率可以分解为资产周转率和销售利润率两个比率的乘积。财务比率因素分解法是财务报表分析所特有的方法。

在实际的分析中，分解法和比较法是结合使用的。比较之后需要分解，以深入了解差异的原因；分解之后还需要比较，以进一步认识其特征。不断地比较和分解，构成了财务报表分析的主要过程。

2. 差异因素分解法

为了解释比较分析中形成差异的原因，需要使用差异因素分解法。如产品材料成本差异可以分解为价格差异和数量差异。差异因素分解法分为定基替代法和连环替代法两种。

（1）定基替代法。定基替代法是测定比较差异成因的一种定量方法。按照这种方法，需要分别用标准值（历史的、同业酒店的或预算的标准）替代实际值，以测定各因素对财务指标的影响。

（2）连环替代法。连环替代法是另一种测定比较差异成因的定量分析方法。按照这种方法，需要依次用标准值替代实际值，以测定各因素对财务指标的影响。

在财务报表分析中，除了普遍、大量地使用比较分析法和因素分析法之外，有时还使用回归分析、模拟模型等技术方法。

三、酒店财务比率分析

比率分析法是财务分析的重要方法，它确立的一些经济指标在经济生活中得到了广泛应用。财务报表中有大量的数据，可以计算出很多有意义的财务比率，这些比率涉及酒店经营管理的各方面。

（一）反映变现能力的比率

变现能力是酒店产生现金的能力，往往取决于流动资产在短期内转变成现金的能力，由于到期流动负债会减少现金，因此考察变现能力时应扣除流动负债。反映酒店变现能力的财务比率通常有流动比率、速动比率和保守速动比率。

1. 流动比率

流动比率是某一时点上流动资产与流动负债之比，它反映酒店的短期偿债能力。流动比率的计算公式为：

流动比率＝流动资产÷流动负债

一般情况下，酒店的流动比率越高，短期还款能力越强；流动比率越低，无法偿还到期债务的可能性越大。经验数据表明生产型企业合理的最低流动比率是2，酒店是1.5；酒店要求的流动比率低于生产型企业，主要是由于酒店的存货周转率高，库存量较低，此外影响流动比率的主要因素还有营业周期、流动资产中的应收账款数额等。

2. 速动比率

酒店流动资产的内部结构也影响其变现能力。所以人们（尤其是短期债权人）希望获得能比流动比率更进一步地反映酒店短期偿债能力的财务比率，速动比率能满足这一要求。速动比率是流动资产易变现资产（又称速动资产）与流动负债的比值，其计算公式如下：

速动比率=(流动资产—存货)÷流动负债

计算速动比率时要将存货从流动资产中剔除，主要原因是：

（1）流动资产中存货的变现速度最慢。

（2）由于某种原因，部分存货可能已过时、毁损还未作报废处理。

（3）部分存货已抵押给债权人。

（4）存货估价上存在成本与合理市价相差悬殊的问题，而且债权人不希望酒店用变卖存货的办法还债。

为避免种种误解，从流动资产总额中扣除存货计算所得的速动比率更可信。通常情况下，酒店的速动比率为 1 被认为是较正常的。影响速动比率可信度的主要因素是应收账款的变现能力，因为账面上的应收账款不一定都能变成现金。

3. 保守速动比率

保守速动比率，又称超速动比率，能够比速动比率更进一步地反映酒店的短期偿债能力。保守速动比率是将速动资产中的待摊费用等一些与当期现金流量无关的项目扣除后的易变现流动资产与流动负债之比，计算公式为：

保守速动比率=(货币资金+短期投资+应收账款净额)÷流动负债

4. 影响变现能力的其他因素

变现能力财务比率是根据财务报表数据计算得来的，还有一些表外信息也会影响酒店的变现能力，包括增加酒店变现能力因素和减少变现能力因素两方面。前者主要有可以运用的银行贷款指标、近期内将变现的长期资产和良好的偿债声誉；后者则主要是酒店的或有负债。

（二）反映长期偿债能力的比率

酒店的长期偿债能力影响其长期资金的筹措，对酒店发展有重大影响。观察酒店的长期偿债能力主要从两方面进行：一是资本结构，二是盈利能力。反映长期偿债能力的财务比率有资产负债率、产权比率和已获利息倍数等。

1. 资产负债率

资产负债率的计算公式为：

资产负债率=(负债总额÷资产总额)×100%

资产负债率可以衡量酒店利用债权人提供资金进行经营活动的能力，反映了酒店全部资产中有多少是通过借债而得到的，所以又叫举债经营比率。

对于债权人来说，资产负债率越低越好，因为债权人最关心的是能否按期收回本息。酒店的资产负债率越高，则债权人承担的风险越大，到期收回本息的可能性就越小。对于所有者来说，当全部资本利润率高于借款利息率时，资产负债率越高越好；反之，希望资产负债率越低越好。只有当全部资本利润率大于借款利息率时，股东财富才会增大，否则股东财富将被债权人吞噬一部分。对于经营者来说，资产负债率过高，经营风险很大；资产负债率太低，无法获得财务杠杆利益，酒店显得缺乏活力。所以，经营者在进行借入资本决策时，必须充分估计预期的利润和风险的大小，在两者之间权衡利害得失，做出正确决策。

2. 产权比率

产权比率是负债总额与所有者权益总额之比，也叫债务股权比率，其计算公式为：

产权比率＝(负债总额÷所有者权益总额)×100％

产权比率反映酒店债权人提供的资本与所有者提供的资本之间的比例关系。一般来说，所有者提供的资金大于债权人提供的资金较好，但也不能绝对化。产权比率高的酒店风险高，要求的报酬也较高；产权比率低的酒店风险低，要求的报酬也低。产权比率也反映债权人资金受所有者权益的保障程度。

3. 已获利息倍数

已获利息倍数是息税前盈余与利息费用之比，可以从偿付债务利息能力角度测试酒店的长期偿债能力，其计算公式如下：

已获利息倍数＝息税前盈余÷利息费用

或：

已获利息倍数＝(利息费用＋所得税＋净利润)÷利息费用

公式中的息税前盈余是指利润表中未扣除所得税和利息费用的利润，可以用“净利润＋所得税＋利息费用”来计算。公式中的利息费用不仅包括当期费用利息，也包括资本化利息。目前我国利润表未单列“利息费用”，而是将利息费用包含于“财务费用”之中，外部报表使用者通常用“财务费用”取代“利息费用”来估算。

已获利息倍数着重反映酒店偿还利息的能力，若没有足够的息税前利润，利息支付就会发生困难，债权人、所有者和经营者都认为已获利息倍数越大越好。

以上三个指标是通过资产负债表、利润表有关项目计算的反映酒店长期偿债能力的比率。此外，担保责任、或有项目、经营租赁也会影响酒店的长期偿债能力，分析时应尽可能地了解这些表外事项，以便全面评价酒店的长期偿债能力。

（三）资产管理比率

资产管理比率，又称运营效率比率，是用来衡量酒店在资产管理方面的效率的财务比率，主要包括应收账款周转率、存货周转率、营业周期、总资产周转率、客房出租率、餐椅利用率和翻台率等指标。

1. 应收账款周转率

应收账款在酒店流动资产中占有重要地位。应收账款周转率是年度内应收账款转为现金的平均次数，它说明应收账款流动的速度。用时间表示的周转速度是应收账款周转天数，其计算公式为：

应收账款周转率＝营业收入÷平均应收账款占用额

应收账款周转天数＝365÷应收账款周转率

一般情况下，应收账款周转天数越短，说明应收账款的回收速度越快，被他人占用的资金越少。但平均收款期如果太短，也说明酒店可能奉行较紧的信用政策，因此削减了一定的营业额，降低了酒店利润。

2. 存货周转率

存货周转率是衡量和评价酒店购入存货、投入生产、销售收回等各环节管理状况的综合性指标，是酒店在一定时期内的销售成本与存货平均余额的比率。用时间表示的存货周转率是存货周转天数。它们的计算公式分别为：

存货周转率＝营业成本÷平均存货

平均存货＝(期初存货＋期末存货)÷2

存货周转天数＝365÷存货周转率

式中的营业成本数据来自利润表，存货数据来自资产负债表。但在酒店会计核算中，并非所有存货的消耗成本都记入利润表中的营业项目，因此不能只根据利润表中的营业成本与资产负债表中的期初期末存货的库存水平计算整个酒店的存货周转率，应分部门按照相应的成本与存货资料计算本部门的存货周转率及周转天数，以考察其存货的管理状况。

存货周转率越高，存货的周转速度越快，存货占用水平越低，流动性越强，存货管理的效率越高；存货的周转速度越慢，则存货变现能力越差。但经营管理者不可因此片面追求过高的存货周转率，因为过高的存货周转率可能是存货水平太低或库存经常中断的结果，这将给酒店带来停工待料的损失。

3. 营业周期

营业周期是指从取得存货开始到销售存货并收回现金为止的那段时间，营业周期的长短取决于存货周转天数和应收账款周转天数。营业周期的计算公式如下：

营业周期＝存货周转天数＋应收账款周转天数

营业周期反映期末存货需要经过多长时间才能转变为现金，营业周期短，说明资金周转速度快；营业周期长，说明资金周转速度慢。具体分析时，只有结合酒店业特点，与酒店业平均数及历史水平相比较，才能较公正、客观地作出评价。

4. 总资产周转率

总资产周转率是营业收入与平均总资产占用额之比。该指标用以衡量酒店一定时间内总资产周转速度。总资产周转率的计算公式为：

总资产周转率＝营业收入÷平均总资产占用额

平均总资产占用额＝(期初资产总额＋期末资产总额)÷2

总资产周转率表明酒店资产总额的周转速度，周转越快，资产在总体上的利用效率越高。

5. 客房出租率

客房出租率是已出租客房与可供出租客房之比，它用来衡量酒店住宿设施的使用情况，说明酒店的营运能力。其计算公式为：

$$客房出租率=\left(\frac{计算期实际出租}{客房间天数}\div\frac{计算期实有}{客房数}\times\frac{计算期}{日历天数}\right)\times100\%$$

6. 餐椅利用率和翻台率

餐椅利用率和翻台率是反映酒店餐厅经营成果和资产利用效率的两个比率。

餐椅利用率是实际就餐人次数与可供用餐人次数之比，其计算公式为：

$$餐椅利用率=\left[\frac{计算期实际}{就餐人次数}\div\left(餐椅数量\times\frac{每日供餐}{次数}\times\frac{计算期}{日历天数}\right)\right]\times100\%$$

餐椅利用率越高，表明餐厅经营成果和资产使用状况越好。

在实际工作中不统一付费的宾客通常不在同一餐桌用餐，当宾客用餐结束后，必须把用过的台布翻过来或撤下去，以便接待多轮宾客。为了更好地说明餐椅利用率，应计算翻台率，即实际翻台次数与台位总数之比。餐厅翻台率越高，餐椅利用率越高。翻台率的计算公式为：

$$翻台率=(翻台次数\div台位总数)\times100\%$$

（四）反映盈利能力的比率

酒店经营的核心目的是盈利，盈利能力即酒店赚取利润的能力。不论投资人、债权人，还是经营管理者，都极为重视和关心酒店的盈利能力。对于投资人来说，分得的利润是从酒店盈利中支付的，股份制酒店盈利还能使其股票价格上升，使股东获得股利收益；对于债权人来说，盈利能力是偿债能力的重要保障；对于经营管理者来说，盈利水平是考核其管理业绩的重要指标。酒店没有利润，就不可能吸引投资者追加投资，或从债权人那里获得资金，甚至会终止经营。

1. 营业净利率

营业净利率是净利润与营业收入净额的比率，计算公式为：

$$营业净利率=(净利润\div营业收入净额)\times100\%$$

营业净利率体现了营业收入的收益水平，这一指标越高，说明酒店盈利能力越强。影响营业净利率的因素很多，如销售收入水平、成本水平、期间费用水平及税负程度等。

2. 成本费用净利率

成本费用净利率是酒店净利润与成本费用总额的比率，计算公式为：

$$成本费用净利率=(净利润\div成本费用总额)\times100\%$$

其中，成本费用总额包括利润表中的营业成本、营业费用、税金及附加、管理费用、财务费用及所得税 6 个项目，反映酒店生产经营过程中的投入产出水平。

一般来说，成本费用水平低，则酒店盈利水平高；成本费用水平高，则酒店盈利水平低。

3. 资产净利率

资产净利率，又称投资报酬率，是酒店净利润与平均总资产占用额的比率，计算公式为：

资产净利率=(净利润÷平均总资产占用额)×100%

利润来自资产的运用，资产净利率反映酒店投入的全部资金的盈利能力，是财务管理的重要指标。该指标越高，说明资产的利用效率越高，效果越好。影响资产净利率高低的因素主要有单价、单位成本、接待数量、资金占用水平等。

4. 所有者权益报酬率

所有者权益报酬率，又称自有资金报酬率、净资产收益率、股东权益报酬率或权益资本报酬率，是酒店净利润与平均所有者权益占用额的比率。计算公式为：

所有者权益报酬率=(净利润÷平均所有者权益占用额)×100%

平均所有者权益占用额=(期初所有者权益+期末所有者权益)÷2

所有者权益报酬率反映股东财富增长速度，是酒店投资者极为关注的一项指标。

5. 资本保值增值率

资本保值增值率是期末所有者权益总额与期初所有者权益总额之比，计算公式如下：

资本保值增值率=期末所有者权益总额÷期初所有者权益总额

上式中的期末所有者权益中不包括当期所有者追加投入的注册资本。

一般来说，资本保值增值率小于 1 时，说明酒店所有者资本发生减值，对所有者不利；资本保值增值率等于 1 时，说明酒店的所有者资本没有减少也没有增加，只是做到了保值；若资本保值增值率大于 1，则说明所有者资本实现了增值，是投资者所希望的结果。

6. 客房租金收入率

客房租金收入是反映客房经营成果绝对水平的指标，而客房租金收入率是反映客房经营成果相对水平的指标。其计算公式为：

客房租金收入率=(计算期客房租金实际收入÷计算期应收客房租金收入)×100%

计算期应收客房租金收入$=\sum$(某类客房数量×某类客房日租金×报告期天数)

如果客房租金收入率超过 100%，则表示酒店客房不仅出租率高，而且现金折扣少，甚至没有折扣，或出于退房时间原因，使一天房租收入超过一天应收取的标准。如果客房租金收入率小于 100%，则说明客房出租率低，或是客房出租率不低但折扣太多，致使收入降低。

（五）营业比率

营业收入是酒店最基本的财务指标，其水平高低直接决定酒店利润的大小。所以对酒店营业收入状况分析是酒店财务分析的重要内容。这方面的财务比率主要包括：

1. 销售的混合构成

由于绝大多数酒店同时经营多种业务，使得营业收入总额由各种业务收入共同组成。分析各种业务收入占酒店总收入的比重，可以发现酒店的利润源，并据此进行资源优化配置，提高酒店资源的利用资源。

某种业务收入占总收入的比重＝(该种业务收入总额÷各种业务收入总额)×100%

2. 平均房价

价格是影响收入的重要因素，平均房价反映酒店客房产品平均价格水平，计算公式为：

平均房价＝各种客房实际租金收入÷（计划期天数×酒店可出租房间数）

3. 食客平均消费额

酒店餐饮收入受食客平均消费水平影响，衡量食客平均消费水平的食客平均消费额可依下式计算：

食客平均消费额＝餐饮营业收入÷就餐人次数

4. 食品成本率

食品成本率是食品成本总额占餐饮收入总额的比重，计算公式为：

食品成本率＝(食品成本总额÷餐饮收入总额)×100%

食品成本是餐饮成本的重要组成部分，食品成本率的高低直接影响餐饮产品的价格和利润。

（六）市场价值比率

市场价值比率是反映上市公司财务状况、股票价格和盈利能力的重要指标。上市公司是股票经过批准已公开挂牌上市交易的股份有限公司，上市公司公开披露的财务信息很多，主要包括：招股说明书、上市公告、定期报告和临时报告。这些报告信息大部分是财务性质的或与财务有关的，投资人要想在众多的上市公司中做出正确的选择，就必须充分利用市场价值比率。市场价值比率主要包括每股收益、市盈率、每股股利、股利支付率、每股净资产、市净率等。

1. 每股收益

每股收益是本年净利润与年末普通股份总数的比值。计算公式为：

每股收益＝净利润÷年末普通股份总数

每股收益反映普通股的收益状况。如果公司发行了优先股，计算时要扣除优先股股数及优先股股利。公式中“年末普通股份总数”主要针对本年普通股股份数未发生变化的情况，如果年度内普通股股份数发生了增减变化，则分母应调整为“加权平均发行在外普通股股数”：

$$\text{加权平均发行在外普通股股数}=\sum\frac{\text{发行在外普通股股数}\times\text{发行在外月份数}}{12}$$

2. 市盈率

市盈率是指普通股每股市价与普通股每股收益的比值，计算公式为：

市盈率＝每股市价÷每股收益

市盈率反映投资人对每元净利所愿支付的价格。市盈率越高，表明市场对公司的未来越有信心，在市价确定的情况下，每股收益越高，市盈率越低，投资风险越小。我国新股上市定价时，要求市盈率不超过 20 倍。

3. 每股股利

每股股利是股利总额与年末普通股份总数之比。计算公式为：

每股股利＝股利总额÷年末普通股份总数

上式中股利体现公司的股利分配政策及盈利能力，分析时应结合其他比率，与历史数据相比较，才能衡量出股票的投资价值。

4. 股利支付率

股利支付率是指净收益中股利所占的比重，计算公式为：

股利支付率＝(每股股利÷每股收益)×100%

5. 每股净资产

每股净资产，又称每股账面价值或每股权益，是年末净资产与年末普通股份总数的比值。计算公式为：

每股净资产＝年末净资产÷年末普通股份总数

每股净资产反映每一普通股所隐含的账面净资产，从理论上提供了股票的最低价值。如果公司的股票价格低于每股净资产，而每股净资产又接近变现价值，则说明公司已无存在价值。

6. 市净率

市净率是每股股价与每股净资产之比，反映市场对上市公司资产质量的评价，其计算公式如下：

市净率＝每股股价÷每股净资产

市净率可以用于投资分析，当每股市价高于每股净资产时，表示市场对公司资产的质量看好，认为公司有发展潜力；反之则不看好公司资产的质量，认为公司没有发展前途。

（七）反映酒店对国家和社会所作贡献的财务比率

反映酒店对国家和社会所作贡献的财务比率主要有社会贡献率和社会积累率。

1. 社会贡献率

社会贡献率是酒店对社会所作贡献总额与平均总资产占用额之比，计算公式如下：

社会贡献率＝社会贡献总额÷平均总资产占用额

式中的社会贡献总额包括工资等劳动报酬、劳保退休统筹及其他社会福利支出、利息支出、各种应交税金和应付利润。

社会贡献率越高，表明酒店的经济效益和社会效益越好。

2. 社会积累率

社会积累率是上交国家财政总额与社会贡献总额之比，计算公式为：

社会积累率＝上交国家财政总额÷社会贡献总额

式中的上交国家财政总额，包括应交增值税、应交所得税、应交消费税和应交税金及附加等应上交国家财政的各种税款。

社会积累率越高，说明酒店为国家财政所作的贡献越大。

（八）比率分析的总结

由于财务报表本身具有局限性，据此计算的财务比率也有某些局限性，因此使用财务比率时，要注意以下问题：

1. 计算财务比率所使用的财务数据不一定反映真实情况

财务报表是按会计准则编制的，它们合乎规范，但不一定反映该酒店的客观实际。例如：

（1）报表数据未按通货膨胀率或物价水平调整。

（2）非流动资产的余额是按历史成本减折旧或摊销计算的，不代表现行成本或变现价值。

（3）有许多项目，如科研开发和广告支出，从理论上看是资本性支出，但发生时已列作了当期费用。

（4）有些项目是估计的，如无形资产摊销和开办费摊销，这种估计未必正确。

（5）发生了非常或偶然的事项，如财产盘盈或坏账损失，可能歪曲本期的净收益，使之不反映盈利的正常水平。

2. 不同酒店可能选择不同的会计程序，使它们的财务比率失去可比性

（1）存货成本和销货成本的计价，可以使用先进先出法、后进先出法、加权平均法、个别计价法等方法中的一种。

（2）折旧的提取可以使用直接线或各种加速折旧法。

（3）对外投资的收益，可以使用成本法或权益法。

（4）所得税费用的确认，可以使用应付税款法或所得税影响法。

由于以上原因，人们只能在限定的意义上使用财务比率，不可将其绝对化。

项目三 酒店财务综合分析法及其局限性

案例分析

白云酒店该如何做？

白云酒店商品部旅游纪念品2020年预计销售量可达20万个，平均售价为80元，全年可实现收入1 600万元，其单位产品平均变动成本为每个40元，固定成本为200万元，营业和管理费用预计为300万元。由于竞争激烈，预计实现的目标利润受到影响，该商品价格降到60元。为挽回降价造成的损失，酒店拟采取有关措施。

思考：如果你是白云酒店商品部主要管理者，你会从哪些方面采取措施以挽回因降价而产生的损失？

一、财务综合分析法

财务综合分析法就是将营运能力、偿债能力、盈利能力和发展能力等诸方面的分析纳入一个有机的整体之中，全面对酒店经营状况、财务状况进行揭示与披露，从而对酒店经济效益的优劣作出准确的评价与判断。财务综合分析的方法很多，其中应用比较广泛的有杜邦体系分析法和沃尔比重评分法。

（一）杜邦体系分析法

杜邦体系分析法是利用各财务指标间的内在关系，对酒店综合经营及经济效益进行系统分析评价的方法。该体系以净资产收益率为核心，将其分解为若干财务指标，通过分析各分解指标的变动对净资产收益率的影响来揭示酒店获利能力及其变动原因。

杜邦体系各主要指标之间的关系如下：

净资产收益率＝总资产净利率×权益乘数

＝营业净利率×总资产周转率×权益乘数

其中：

权益乘数＝资产总额÷所有者权益总额

＝1÷（1－资产负债率）

净资产收益率是一个综合性最强的财务比率，是杜邦体系的核心。其他各项指标都围绕这一核心，通过研究相互依存关系来揭示酒店获利能力及其前因后果。财务管理的目标是使所有者财富最大化。净资产收益率反映所有者投入资金的获利能力，反映酒店筹资、投资、资金营运活动的效率。提高净资产收益率是实现财务管理目标的基本特征，该指标的高低取决于营业净利率、总资产周转率和权益乘数。

（1）营业净利率反映酒店净利润和营业收入的关系，提高营业净利率是提高酒店盈利的关键，主要有两个途径：扩大营业收入和降低成本费用。

（2）总资产周转率反映酒店资产总额实现营业收入的综合能力。对总资产周转率的分析，需对影响总资产周转的各因素进行分析。除了对资产的各构成部分从占用量上是否合理进行分析外，还可以通过对流动资产周转率、存货周转率、应收账款周转率等有关各资产组成部分使用效率的分析，判断影响资金周转的主要问题。

（3）权益乘数反映所有者权益与总资产的关系。权益乘数越大，说明酒店负债程度越高，能给酒店带来较大的财务杠杆利益，但同时也会给酒店带来较大的风险。

（二）沃尔比重评分法

在进行财务分析时，人们遇到的一个主要困难就是计算出财务比率之后，无法判断它是偏高还是偏低。为了弥补这种缺陷，沃尔提出了信用能力指数的概念，把流动比率、产权比率、固定资产比率、存货周转率、应收账款周转率、固定资产周转率、自有资金周转率七项财务比率用线性关系结合起来，并分别给定其在总评价中占的比重，然后确定标准比率，并与实际比率相比较，评出每项指标的得分，最后求出总评分，以此评价酒店的信用水平。

原始的沃尔比重评分法有两个缺陷：一是未能证明为什么要选择这七个指标，而不是更多或更少些，或者选择别的财务比率，也未能证明每个指标所占比重的合理性；二是当某一个指标严重异常时，会对总评分产生不合逻辑的重大影响。

现代社会已有很大变化，沃尔最初提出的七项指标已难以完全适用当前酒店评价的需要，目前在选择指标时，偿债能力、运营能力、盈利能力及发展能力指标均应当选取，除此之外，还应当适当选取一些非财务指标作为参考。

二、财务分析的局限性

（一）当前酒店财务报表分析存在的问题

1. 财务报表本身的局限性

（1）数据的滞后性。财务报告数据相对于它所反映的经营决策和经营活动具有一定的滞后性，过去的状况并不能代表酒店的未来。以反映酒店过去情况为主的财务报表数据为基础计算出来的各项指标，对酒店作出决策只有参考价值，并不绝对合理。

（2）统计数据时计量方式的局限性。财务报表中的数据都是能运用货币计量的。货币计量是建立在货币单位价值不变的基础上的，但在现实中，货币的单位价值不可能长期不变。通货膨胀会使报表的数字与市场价值产生很大的差异，这有可能会使报表使用者产生误解。

（3）一些重要的非货币化决策信息未在报表中反映。目前有不少难以用货币计量但对决策很有用的信息被排除在财务报表甚至财务报告之外。例如：知识产权是酒店的巨大财富，但由于计量方面的原因，其真正价值也难以在无形资产中客观地显示出来，但这些内容对决策都具有重大的参考价值。

2. 财务分析方法的局限性

从目前来看，进行财务报表分析时所使用的最主要的方法是趋势分析法和比率分析法。

（1）趋势分析法及其局限性。趋势分析法是指将两个或两个以上会计期间的财务报表中的相同项目进行比较分析，分析其变动原因和变动方向，以揭示财务状况和经营成果的变动趋势。其重点在于比较不同期间同一项目的变动情况。但其存在的主要问题是：如果当年的经营出现拐点，将造成不同时期的财务报表可能不具有可比性。

（2）比率分析法及其局限性。比率分析法是指将财务报表相关项目的金额进行对比，得出一系列具有一定意义和逻辑关系的财务比率，以此来揭示酒店的财务状况、经营成果、现金流量情况的一种分析技巧。具体而言，比率分析法有反映酒店偿债能力的比率、盈利能力的比率及营运能力的比率等。但比率分析法的局限性主要在于：

1）财务比率体系结构并不严密。财务比率分析以单个比率为单位，每一比率只能反映酒店的财务状况或经营状况的某一方面，如流动比率反映偿债能力，资产周转率反映资产管理效率，营业利润率反映盈利能力等。正因为比率分析是以单个比率为中心，每一类比率都过分强调本身所反映的方面，所以导致整个指标体系结构不严密。

2）酒店所属行业的特点、酒店的经营方针和发展阶段等方面的独特性会使不同档次的酒店、不同发展阶段的酒店之间的同一比率指标缺乏可比性。不同酒店或同一酒店不同时期选用互不相同的财务政策和会计方法也会使它们之间的比率指标丧失可比性。

3）现行分析比率的比较标准难以确定。现行酒店能力分析，其比较标准主要是按照国际惯例制定的。但国内外市场存在巨大差异，且多元化经营的现象大量存在，使比较标准难以合理确定。

3. 酒店财务分析及报表附注分析存在的问题

（1）财务分析缺少信息使用者需要的背景信息。有效的财务报表分析不能仅仅就财务报表数据分析而分析，应从酒店背景、酒店的竞争策略等方面来解释报表数据，这样才能更好地了解酒店的价值，解读会计数据。缺少对酒店背景信息、酒店竞争策略的分析，信息使用者就很难透彻理解财务分析指标的实质内容。

（2）财务分析中的会计报表附注分析不到位。因大量的重要信息无法量化处理，故附注的研究可以帮助报表使用者深入理解酒店的经营状况，但因种种原因目前的附注分析发展并不能令人满意。

（二）财务报表分析存在问题的对策分析

对于现行财务报表分析存在的局限性，可以采用以下方法、措施降低其局限性，从而提高财务报表分析的质量，为报表使用者提供更有价值的决策信息。

1. 对财务报表的完善

对于财务报表的滞后性，首先，财务分析人员应充分利用现代信息技术提供的便利，及时将相关信息提供给酒店的有关决策者，从而在一定程度上弥补滞后性，同时将各种分析方法结合起来，提高决策的科学性。其次，我们还需要将为投资者提供决策的有用信息摆在核心和重要的位置上，相应地改变会计信息重可靠性轻相关性的现状，提高会计信息披露的真实性、充分性和及时性，更好地为会计信息使用者服务。最后，既要考虑货币计量因素，又要考虑非货币计量因素，在现有条件下尝试多种方式对非货币计量的因素进行披露。

2. 财务分析方法的完善

（1）建立科学的财务报表分析方法体系。建立科学的财务报表分析方法体系是财务分析的重要内容，在定量分析和定性分析的基础上，使用定性分析法和定量分析法相结合的财务报表分析方法体系就是一套比较完整的、系统的、科学的财务分析方法体系。必须把定量分析与定性分析结合起来，把定量分析的结果与一些不可计量的因素综合起来考虑，综合判断，修正误差，使定量分析的结果趋于实际。财务分析者可根据各自的要求，为实现各自的财务分析目标选择有关定量分析方法和定性分析方法，并有机地结合、灵活地运用。如比率分析法与趋势分析法可以结合使用，这两种方法是相互联系、相互补充的关系。

（2）对比率分析存在问题的完善。包括：

1）将各种比率有机联系起来进行全面分析，可采用因子分析和回归分析等数理统计方法进行分析，找出各指标之间的关联性，抓住重点，避免多重线性相关。

2）做好比率分析的基础工作。尽可能多地掌握一些被分析酒店非财务性质的背景资料，争取在进行财务比率分析之前对被分析酒店有总体了解，以减少和控制财务比率分析中的误判行为。具体来说，财务分析人员应先明确分析目标，评价酒店经营者的诚信度及其综合素质，了解酒店人力资源的状况及酒店的文化理念，评估酒店的经营环境和资源状况，弄清酒店的发展阶段，收集和阅读酒店的发展战略，熟悉酒店的管理制度和执行情况等，为全面实施财务报表的比率分析做好充分准备。

3）对现行分析比率的比较标准的完善。关于比率的比较标准，可采用情景相同或相似的先进酒店作为标杆管理的参数选择。

3. 行业背景分析及财务报表附注分析的完善

（1）加强对背景信息的了解。通过对酒店所处环境及酒店竞争优势分析，借鉴战略管理中的SWOT分析、波士顿矩阵和波特五力模型进行战略分析。

（2）加强酒店经营策略分析。经营策略分析是为了评估酒店所拥有的获利潜力和经营绩效的持久性，并对其未来绩效做出较为实际的预测而进行的分析，是对酒店的经济面，即经营策略进行实质性的分析了解，以使未来的财务分析能够建立在酒店运营的实际状况上。进行经营策略分析要首先找出酒店采取的是成本领导策略还是差异化策略。成本领导策略占据成本优势，如果酒店可以达成成本领导，只要制定和竞争者一样的价格，就能赚取平均水平以上的获利；或者利用成本领导优势迫使竞争者降价，使其接受较低的报酬，甚至退出产业。差异化策略是指找出宾客真正重视的特性需要，并能以宾客所能支付的价格水准以下的成本满足其需要。两种策略都可以使酒店建立持久的竞争优势。

（3）完善财务报表附注分析。财务报表附注是对财务报表本身无法或难以充分表达的内容和项目所作的补充说明与详细解释，简单的财务指标有时候可能造成误解，必须结合会计报表附注进行解释。在对酒店财务进行分析时，应充分利用财务报表及报表附注的信息，联系其他信息，仔细深入地分析、研究，才能提高对酒店整体情况的理解，更准确地评价酒店的财务状况和经营业绩。通过对重大事项、主要的收入和利润来源、关联方交易等事项的披露把握附注分析的重点和要点。

技能训练

一、实训教学目的

通过本次实践教学，使学生加深对财务分析的理解，能够了解酒店经营安全程度评价，掌握酒店财务分析指标及其计算，能通过对实际报表进行财务指标计算，形成财务分析报告。

二、实训教学形式

1. 通过互联网预先收集一份上市酒店的当年或当季度的资产负债表及利润表。
2. 分组对财务指标进行计算。
3. 通过财务指标分析酒店经营管理状况及改进措施。
4. 评析这家上市酒店当年或当季度的经营，形成财务分析报告。

三、实训教学设计

1. 教师分配任务，学生分组，收集财务报表。
2. 小组组长分配任务，进行汇总、分析。
3. 小组撰写财务分析报告。
4. 制作汇报文件 PPT。
5. 小组汇报、讨论、交流。
6. 同学提问、教师点评。

四、实训教学考核

1. 过程考核：实践活动执行过程。

2. 结果考核：小组财务分析报告和PPT汇报。

思享园地

怎样开好财务分析会

1. 各部门负责人财务分析报告

（1）本月营收：总量是多少；与预算/去年同期相比完成了××%；若超营收预算是什么原因（长期努力、综合营销、天上掉馅饼；偶然原因；共同作用；其他原因）。对副业营收也要按上述方法分析（如客房部的小商品销售）。若未完成营收预算是什么原因（市场原因、同行业竞争、价格政策、自然原因、政策环境、其他原因等）。

（2）本月利润：总量是多少；与预算/去年同期相比完成了××%；若超过预算和历史同期是什么原因；若未达到预算要求和历史同期水平是什么原因。

（3）本月费用：是否超预算/历史同期；节约/超支的原因；应制定哪些调整措施。客房和餐饮部应着重对成本状况进行分析，尤其应对原材料（餐饮部）和低耗品（客房部）进行重点分析。全店能耗情况按预算要求达到什么状态，与历史同期相比的状况，主要原因、采取什么措施。

（4）本月部门利润率（GOP）：达到多少；与预算和去年同期相比增/减状况；增/减原因；降本增效应采取哪些措施。

（5）平均开房率：达到多少；与预算/去年同期相比；升/降主要原因。

（6）平均房价：达到多少；与预算/去年同期相比；升/降主要原因。

（7）餐饮平均消费额：达到多少；与预算/去年同期相比；升/降主要原因。

（8）人力成本：达到多少；与预算/去年同期相比；升/降主要原因。

2. 财务部负责人的财务分析报告

（1）经营参数分析：全店的GOP状况、平均房价、月内开房率、餐饮人均消费额、接待人次（客房人夜次/餐饮人餐次/会议人会次/娱乐人场次）、人均创收率（=全月营业额/全店员工数）。

（2）盈利能力分析：总资产报酬率高，说明酒店资产运用效率高，意味着酒店资产赢利能力强，所以该比率越高越好；评价总资产报酬率时，需要与酒店前期的比率或同一目标市场定位的其他酒店的这一比率等进行比较，并进一步找出影响该指标的不利因素，以利于酒店加强管理。

（3）营运能力分析：营运能力主要指酒店营运资产的效率与效益。酒店营运资产的效率主要指资产的周转率或周转速度。

（4）偿债能力分析：包括短期偿债能力分析和长期偿债能力分析。

参考文献

1. 马桂顺．酒店财务管理［M］．3 版．北京：清华大学出版社，2019.
2. 徐虹，刘宇青．旅游饭店财务管理［M］．天津：南开大学出版社，2018.
3. 景诚，王茂盛．酒店财务管理［M］．南京：南京大学出版社，2019.
4. 陈安萍．酒店财务管理［M］．北京：中国旅游出版社，2018.
5. 张立俭，李峰，王光健．酒店经理人财务管理［M］．2 版．北京：清华大学出版社，2018.
6. 翁玉良．酒店财务管理［M］．2 版．杭州：浙江大学出版社，2015.

图书在版编目（CIP）数据

酒店财务管理 / 章勇刚，杨国强主编．-- 3 版．-- 北京：中国人民大学出版社，2021.11
新编 21 世纪高等职业教育精品教材．旅游大类
ISBN 978-7-300-29940-2

Ⅰ．①酒… Ⅱ．①章… ②杨… Ⅲ．①饭店-财务管理-高等职业教育-教材 Ⅳ．①F719.2

中国版本图书馆 CIP 数据核字(2021)第 199513 号

新编 21 世纪高等职业教育精品教材·旅游大类
酒店财务管理(第 3 版)
主　编　章勇刚　杨国强
Jiudian Caiwu Guanli

出版发行	中国人民大学出版社		
社　　址	北京中关村大街 31 号	**邮政编码**	100080
电　　话	010－62511242(总编室)		010－62511770(质管部)
	010－82501766(邮购部)		010－62514148(门市部)
	010－62515195(发行公司)		010－62515275(盗版举报)
网　　址	http://www.crup.com.cn		
经　　销	新华书店		
印　　刷	北京市鑫霸印务有限公司	**版　　次**	2014 年 5 月第 1 版
开　　本	787 mm×1092 mm　1/16		2021 年 11 月第 3 版
印　　张	17 插页 1	**印　　次**	2025 年 1 月第 6 次印刷
字　　数	342 000	**定　　价**	39.80 元